DISCURSOS DE ACUSAÇÃO

(AO LADO DAS VÍTIMAS)

Enrico Ferri

TEXTO INTEGRAL

TRADUÇÃO: FERNANDO DE MIRANDA

COLEÇÃO A OBRA-PRIMA DE CADA AUTOR

Discursos de Acusação

(Ao Lado das Vítimas)

Enrico Ferri

TEXTO INTEGRAL

TRADUÇÃO: FERNANDO DE MIRANDA

MARTIN CLARET

CRÉDITOS

IDEALIZAÇÃO E COORDENAÇÃO
Martin Claret

CAPA
Ilustração
Marcellin Talbot

MIOLO
Revisão
Lucyana Rocha de O. Torchia
Marinice Argenta

Tradução
Fernando de Miranda

Projeto Gráfico
José Duarte T. de Castro

Direção de Arte
José Duarte T. de Castro

Editoração Eletrônica
Editora Martin Claret

Papel
Off-Set, 70g/m²

Impressão e Acabamento
PSI 7

Editora Martin Claret Ltda. – Rua Alegrete, 62 – Bairro Sumaré
CEP: 01254-010 – São Paulo – SP
Tel.: (11) 3672-8144 – Fax: (11) 3673-7146

www.martinclaret.com.br / editorial@martinclaret.com.br

Agradecemos a todos os nossos amigos e colaboradores — pessoas físicas e jurídicas — que deram as condições para que fosse possível a publicação deste livro.

2ª REIMPRESSÃO – 2011

PALAVRAS DO EDITOR

A história do livro e a coleção "A Obra-Prima de Cada Autor"

MARTIN CLARET

Que é o livro? Para fins estatísticos, na década de 1960, a UNESCO considerou o livro "uma publicação impressa, não periódica, que consta de no mínimo 56 páginas, sem contar as capas".

O livro é um produto industrial.

Mas também é mais do que um simples produto. O primeiro conceito que deveríamos reter é o de que o livro como objeto é o veículo, o suporte de uma informação. O livro é uma das mais revolucionárias invenções do homem.

A *Enciclopédia Abril* (1972), publicada pelo editor e empresário Victor Civita, no verbete "livro" traz concisas e importantes informações sobre a história do livro. A seguir, transcrevemos alguns tópicos desse estudo didático sobre o livro.

O livro na Antiguidade

Antes mesmo que o homem pensasse em utilizar determinados materiais para escrever (como, por exemplo, fibras vegetais e tecidos), as bibliotecas da Antiguidade estavam repletas de textos gravados em tabuinhas de barro cozido. Eram os primeiros "livros", depois progressivamente modificados até chegar a ser feitos — em grandes tiragens — em papel impresso mecanicamente, proporcionando facilidade de leitura e transporte. Com eles, tornou-se possível, em todas as épocas, transmitir fatos, acontecimentos históricos, descobertas, tratados, códigos ou apenas entretenimento.

Como sua fabricação, a função do livro sofreu enormes modificações dentro das mais diversas sociedades, a ponto de constituir uma mercadoria especial, com técnica, intenção e utilização determinadas. No moderno movimento editorial das chamadas sociedades de consumo, o livro pode ser considerado uma mercadoria cultural, com maior ou menor significado no contexto socioeconômico em que é publicado. Como mercadoria, pode ser comprado, vendido ou trocado. Isso não ocorre, porém, com sua função intrínseca, insubstituível: pode-se dizer que o livro é essencialmente um instrumento cultural de difusão de idéias, transmissão de conceitos, documentação (inclusive fotográfica e iconográfica), entretenimento ou ainda de condensação e acumulação do conhecimento. A palavra escrita venceu o tempo, e o livro conquistou o espaço. Teoricamente, toda a humanidade pode ser atingida por textos que difundem idéias que vão de Sócrates e Horácio a Sartre e McLuhan, de Adolf Hitler a Karl Marx.

Espelho da sociedade

A história do livro confunde-se, em muitos aspectos, com a história da humanidade. Sempre que escolhem frases e temas, e transmitem idéias e conceitos, os escritores estão elegendo o que consideram significativo no momento histórico e cultural que vivem. E assim, fornecem dados para a análise de sua sociedade. O conteúdo de um livro — aceito, discutido ou refutado socialmente — integra a estrutura intelectual dos grupos sociais.

Nos primeiros tempos, o escritor geralmente vivia em contato direto com seu público, que era formado por uns poucos letrados, já cientes das opiniões, idéias, imaginação e teses do autor, pela própria convivência que tinha com ele. Muitas vezes, mesmo antes de ser redigido o texto, as idéias nele contidas já haviam sido intensamente discutidas pelo escritor e parte de seus leitores. Nessa época, como em várias outras, não se pensava no enorme percentual de analfabetos. Até o século XV, o livro servia exclusivamente a uma pequena minoria de sábios e estudiosos que constituíam os círculos intelectuais (confinados aos mosteiros no início da Idade Média) e que tinham acesso às bibliotecas, cheias de manuscritos ricamente ilustrados.

Com o reflorescimento comercial europeu em fins do século XIV, burgueses e comerciantes passaram a integrar o mercado livreiro da época. A erudição laicizou-se, e o número de escritores aumentou, surgindo também as primeiras obras escritas em línguas que não o latim e o grego (reservadas aos textos clássicos e aos assuntos considerados dignos de atenção).

Nos séculos XVI e XVII, surgiram diversas literaturas nacionais, demonstrando, além do florescimento intelectual da época, que a população letrada dos países europeus estava mais capacitada a adquirir obras escritas.

Cultura e comércio

Com o desenvolvimento do sistema de impressão de Gutenberg, a Europa conseguiu dinamizar a fabricação de livros, imprimindo, em cinqüenta anos, cerca de vinte milhões de exemplares para uma população de quase cem milhões de habitantes, a maioria analfabeta. Para a época, isso significou enorme revolução, demonstrando que a imprensa só se tornou uma realidade diante da necessidade social de ler mais.

Impressos em papel, feitos em cadernos costurados e posteriormente encapados, os livros tornaram-se empreendimento cultural e comercial: os editores passaram logo a se preocupar com melhor apresentação e redução de preços. Tudo isso levou à comercialização do livro. E os livreiros baseavam-se no gosto do público para imprimir, sobretudo, obras religiosas, novelas, coleções de anedotas, manuais técnicos e receitas.

O percentual de leitores não cresceu na mesma proporção que a expansão demográfica mundial. Somente com as modificações socioculturais e econômicas do século XIX — quando o livro começou a ser utilizado também como meio de divulgação dessas modificações, e o conhecimento passou a significar uma conquista para o homem, que, segundo se acreditava, poderia ascender socialmente se lesse — houve um relativo aumento no número de leitores, sobretudo na França e na Inglaterra, onde alguns editores passaram a produzir, a preços baixos, obras completas de autores famosos. O livro era então interpretado como símbolo de liberdade, conseguida por conquistas culturais. Entretanto, na maioria dos países, não houve nenhuma grande modificação nos índices percentuais até o fim da Primeira Guerra Mundial (1914/18), quando surgiram as primeiras grandes tiragens de livros, principalmente romances, novelas e textos didáticos. O número elevado de cópias, além de baratear o preço da unidade, difundiu ainda mais a literatura. Mesmo assim, a maior parte da população de muitos países continuou distanciada, em parte porque o livro, em si, tinha sido durante muitos séculos considerado objeto raro, passível de ser adquirido somente por um pequeno número de eruditos. A grande massa da população mostrou maior receptividade aos jornais, periódicos e folhetins, mais dinâmicos e atualizados, além de acessíveis ao poder aquisitivo da grande maioria.

Mas isso não chegou a ameaçar o livro como símbolo cultural de difusão de idéias, como fariam, mais tarde, o rádio, o cinema e a televisão.

O advento das técnicas eletrônicas, o aperfeiçoamento dos métodos fotográficos e a pesquisa de materiais praticamente imperecíveis fazem alguns teóricos da comunicação de massa pensar em um futuro sem os livros tradicionais, com seu formato quadrado ou retangular, composto de folhas de papel, unidas umas às outras por um dos lados.

Seu conteúdo e suas mensagens, racionais ou emocionais, seriam transmitidos por outros meios, como, por exemplo, microfilmes e fitas gravadas.

A televisão transformaria o mundo inteiro em uma grande "aldeia" (como afirmou Marshall McLuhan), no momento em que todas as sociedades decretassem sua prioridade em relação aos textos escritos.

Mas a palavra escrita dificilmente deixaria de ser considerada uma das mais importantes heranças culturais, para todos os povos.

E no decurso de toda a sua evolução, o livro sempre pôde ser visto como objeto cultural (manuseável, com forma entendida e interpretada em função de valores plásticos) e símbolo cultural (dotado de conteúdo, entendido e interpretado em função de valores semânticos). As duas maneiras podem fundir-se no pensamento coletivo, como um conjunto orgânico (em que texto e arte se completam, como, por exemplo, em um livro de arte) ou apenas como um conjunto textual (no qual a mensagem escrita vem em primeiro lugar — em um livro de matemática, por exemplo).

A mensagem (racional, prática ou emocional) de um livro é sempre intelectual e pode ser revivida a cada momento.

O conteúdo, estático em si, dinamiza-se em função da assimilação das palavras pelo leitor, que pode discuti-las, reafirmá-las, negá-las ou transformá-las. Por isso, o livro pode ser considerado um instrumento cultural capaz de liberar informação, sons, imagens, sentimentos e idéias através do tempo e do espaço.

A quantidade e a qualidade das idéias colocadas em um texto podem ser aceitas por uma sociedade, ou por ela negadas, quando entram em choque com conceitos ou normas culturalmente admitidas.

Nas sociedades modernas, em que a classe média tende a considerar o livro como sinal de *status* e cultura (erudição), os compradores utilizam-no como símbolo mesmo, desvirtuando suas funções ao transformá-lo em livro-objeto.

Mas o livro é, antes de tudo, funcional — seu conteúdo é que lhe confere valor (como os livros das ciências, de filosofia, religião, artes, história e geografia, que representam cerca de 75% dos títulos publicados anualmente em todo o mundo).

O mundo lê mais

No século XX, o consumo e a produção de livros aumentaram progressivamente. Lançado logo após a Segunda Guerra Mundial (1939/45), quando uma das características principais da edição de um livro eram as capas entreteladas ou cartonadas, o livro de bolso constituiu um grande êxito comercial. As obras — sobretudo *best-sellers* publicados algum tempo antes em edições de luxo — passaram a ser impressas em rotativas, como as revistas, e distribuídas às bancas de jornal. Como as tiragens elevadas permitiam preços muito baixos, essas edições de bolso popularizaram-se e ganharam importância em todo o mundo.

Até 1950, existiam somente livros de bolso destinados a pessoas de baixo poder aquisitivo; a partir de 1955, desenvolveu-se a categoria do livro de bolso "de luxo". As características principais destes últimos eram a abundância de coleções — em 1964 havia mais de duzentas nos Estados Unidos — e a variedade de títulos, endereçados a um público intelectualmente mais refinado.

A essa diversificação das categorias adiciona-se a dos pontos-de-venda, que passaram a abranger, além das bancas de jornal, farmácias, lojas, livrarias, etc. Assim, nos Estados Unidos, o número de títulos publicados em edições de bolso chegou a 35 mil em 1969, representando quase 35% do total dos títulos editados.

Proposta da coleção “A Obra-Prima de Cada Autor”

A palavra “coleção” é uma palavra há muito tempo dicionarizada, e define o conjunto ou reunião de objetos da mesma natureza ou que têm qualquer relação entre si. Em um sentido editorial, significa o conjunto não-limitado de obras de autores diversos, publicado por uma mesma editora, sob um título geral indicativo de assunto ou área, para atendimento de segmentos definidos do mercado.

A coleção “A Obra-Prima de Cada Autor” corresponde plenamente à definição acima mencionada. Nosso principal objetivo é oferecer, em formato de bolso, a obra mais importante de cada autor, satisfazendo o leitor que procura qualidade.*

Desde os tempos mais remotos existiram coleções de livros. Em Nínive, em Pérgamo e na Anatólia existiam coleções de obras literárias de grande importância cultural. Mas nenhuma delas superou a célebre biblioteca de Alexandria, incendiada em 48 a.C. pelas legiões de Júlio César, quando estes arrasaram a cidade.

A coleção “A Obra-Prima de Cada Autor” é uma série de livros a ser composta de mais de 400 volumes, em formato de bolso, com preço altamente competitivo, e pode ser encontrada em centenas de pontos-de-venda. O critério de seleção dos títulos foi o já estabelecido pela tradição e pela crítica especializada. Em sua maioria, são obras de ficção e filosofia, embora possa haver textos sobre religião, poesia, política, psicologia e obras de auto-ajuda. Inauguram a coleção quatro textos clássicos: *Dom Casmurro*, de Machado de Assis; *O Príncipe*, de Maquiavel; *Mensagem*, de Fernando Pessoa e *O Lobo do Mar*, de Jack London.

Nossa proposta é fazer uma coleção quantitativamente aberta. A periodicidade é mensal. Editorialmente, sentimo-nos orgulhosos de poder oferecer a coleção “A Obra-Prima de Cada Autor” aos leitores brasileiros. Nós acreditamos na função do livro.

---

* Atendendo a sugestões de leitores, livreiros e professores, a partir de certo número da coleção, começamos a publicar, de alguns autores, outras obras além da sua obra-prima.

Duas palavras prévias

Cumprindo a promessa feita no começo do volume Discursos Forenses *de Enrico Ferri, publica-se hoje um novo volume de discursos desse grande Mestre do Direito Criminal.*

Nele se agrupam, sob o título Discursos de Acusação (Ao Lado das Vítimas), *cinco dos seus melhores discursos, proferidos quando, defendendo a sociedade e as vítimas do crime, atacava os delinqüentes com a sua eloqüência quase miraculosa.*

Porque, se os seus discursos ainda hoje são belos mesmo estampados em outra língua, deviam ser impressionantes proferidos pela boca do tribuno, no calor produzido pelo choque das paixões, que sempre se desenvolvem à volta das grandes causas criminais.

Certos de que, além da homenagem ao grande Mestre falecido, a publicação deste volume não pode deixar de atrair o interesse dos leitores portugueses e brasileiros, pela soma de ensinamentos úteis que contém e pelo seu indiscutível valor literário e científico, cremos firmemente que ele será bem acolhido por todos aqueles que à questão criminal dedicam um pouco de atenção e de carinho.

O desastre ferroviário de Grassano

Tribunal Criminal de Potenza

Senhor Presidente, meus senhores:

Depois do que aqui disseram, por forma tão brilhante, os nossos aliados e os nossos adversários, sinto que tenho dois deveres imperiosos: o de não repetir o que já foi dito, mas, também, o de não trair o meu mandato, que é defender os prejudicados pelo desastre de Grassano.

Circunstâncias de ordem vária retardaram durante três anos este julgamento, que é agora febrilmente aguardado. Enquanto lá fora, como ainda há poucas semanas aconteceu em França, ao desastre ferroviário sucede, rápido e inexorável, o julgamento, nós, na Itália, em face de um dos mais cruéis desastres que registra a história do caminho de ferro, calamo-nos durante três longos anos. Mas a nossa dor e a consciência do nosso direito foram conservadas dentro de nós todos e, como diz Paul Bourget, o psicólogo artista: "o silêncio é o veneno do coração!". Calamo-nos, amigo Losávio, pobre sobrevivente estropiado, calamo-nos também na linda cidade de Matera, quando, faz agora um ano, se iniciou a discussão deste processo, e a administração ferroviária, no palacete para isso alugado, consentia que as suas testemunhas e os seus representantes, reunidos em banquete, pelas janelas abertas por causa do calor, deixassem ouvir aos que passavam — entre os quais estávamos nós, amigo Losávio, e tivemos de nos calar — as vozes excitadas e risonhas de quem se esquecia que estava ali para assistir a um julgamento que interessava 20 mortos e 48 feridos!

Calamo-nos; mas chegou, enfim, o dia da justiça e vamos, finalmente, ouvir o veredicto deste Tribunal, ao qual me é grato enviar a minha saudação reconhecida e a expressão da mais alta e merecida confiança. A V. Exª., senhor Presidente, que me orgulho de ter conhecido pessoalmente, pela inconcussa e diamantina firmeza do seu caráter e pelo lúcido, sábio e profundo conhecimento de todo o processo. E a todos os outros membros do Tribunal, seus dignos companheiros pela constante e cuidadosa atenção prestada ao desenrolar doloroso deste drama judiciário.

E ao ilustre representante do Ministério Público (procurador do Rei, Borelli), que na altiva integridade da sua consciência, impávido, tudo fez para cumprimento do seu dever, a si, meu nobre amigo, se este nome me é concedido pelas batalhas em que combatemos juntos pela santa justiça, todo o meu juvenil entusiasmo e a minha gratidão...

E permita-me ainda, senhor Presidente, que antes de iniciar as minhas considerações, eu envie as saudações do meu coração aos colegas desta forte Lucânia, que entre a beleza grega de Puglie e a galhardia da Calábria, reúne os dotes de uma e de outra, desde a cortês e hospitaleira Matera, até à rica e florescente Melfi e a esta montanhosa Potenza. É aqui, na Basilicata meridional e províncias vizinhas, que dorme a Itália do futuro; aqui, onde a planta humana é tão robusta e forte e só espera menos esquecimento dos poderes públicos; aqui, onde a terra só espera pelo beijo fecundo do arado e o gênio nasce, espontâneo e freqüente, passando por estes lugares sem deixar a baba corruptora de uma falsa civilização.

As minhas saudações, também, para o colega Sarli, o primeiro que desceu à liça, traçando as linhas essenciais da presente causa; e para si, colega Rizzuti, vindo da Calábria, gigante moço, para nos dar uma tão grande impressão de energia intelectual e moral e, qual jovem leão, sacudindo a juba, entre a multidão de amigos e de adversários, cravar a terrível unha no coração do processo, esculpindo-lhe os termos verdadeiros, inelutáveis. E a si, colega Lichinchi, que tão completamente esgotou a terrível prova do telégrafo, marcando a hora do desabamento; e, quando parecia que das fitas de papel e dos registros telegráficos, devia surgir, possivelmente, qualquer surpresa contra nós, o senhor, como hábil esgrimista, com a acerada ponta do florete furou, sem piedade, a ameaçadora bexiga.

Para mim, depois de tão fortes campeões, nada fica, exceto a consciência profunda, invencível, da beleza da nossa causa. Convicção até apaixonada, como, certamente, terá notado o ilustre Presidente durante o julgamento, exatamente como a espuma que sai pelo batoque da pipa de vinho generoso e revela a sua qualidade. Mas, precisamente, essa evaporação, de audiência em audiência, enfraqueceu bastante a minha paixão, e o generoso vinho de Ruoti ficou reduzido a um pobre vinho, sem cor e sem sabor. Não tanto, porém, que, espero, não me reste ainda o vigor suficiente para transmitir ao vosso espírito a minha profunda convicção, pelo que desde já, senhor Presidente, peço perdão se, por vezes, as minhas palavras forem além do meu pensamento.

Tratarei dois aspectos da questão: o lado social, que irrompe, vivo e palpitante, de todas as páginas deste processo; e uma questão especial, de fato e de direito, relativa ao maquinista Brambilla.

Tratarei, portanto, em primeiro lugar, do aspecto moral e social da questão, não por ódio a quem quer que seja, mas unicamente por piedade pelos mortos e feridos e pelas suas famílias, e em virtude da minha profunda convicção jurídica e moral. E também porque, além de juízes, V. Ex[as]. são homens e são cidadãos e, mesmo com a beca vestida, sentem o palpitar da vida. Sejam, como dizia Cícero, "a lei falante"; mas não oráculos misteriosos e impessoais, que vivem isolados do mundo, que lhes envia os seus gemidos e as suas dores, implorando a sua justa reparação.

Mas, antes de fazer suceder às hábeis, verdadeiras e eloqüentes "impressões" do colega Sansonetti sobre a moralidade e o âmbito da causa, o bisturi da anatomia, desapiedada porque assenta em elementos processuais, positivos e inatacáveis, tenho o dever cavalheiresco de saudar os meus fortes adversários e de lhes apresentar armas antes de combater. Em primeiro lugar ao colega Ruffa, que, em outras ocasiões, tenho ouvido, cintilante e crepitante de espírito sutil e profundo, porque não tem o fácil sorriso ou escarnecimento estereotipado, mas um humorismo verdadeiro e sabedor; mas que, nesta discussão, me pareceu inferior a si mesmo, porque, como homem de coração, devia sentir e sente que esta triste causa se prestava mal ao esquecimento no gracejo.

E a Diego Tajani envio, também, a minha saudação, como ao atleta do foro, terrível pelo nome, pelo talento e pela aliança com Enrico Pessina, a quem eu, apesar de não ter sido seu aluno, me orgulho de chamar Mestre, porque, morto Carrara, só ele nos resta dos dois gigantes da ciência criminal clássica italiana. A Enrico

Pessina, pois, em quem não sabemos se é maior a delicada cordialidade do gentil-homem ou a profunda energia do pensador, as minhas saudações. E, apesar de tudo, também para si, ilustre advogado Galateo, vai a minha saudação: porque se, por vezes, no decorrer da audiência, nos aconteceu deixar escapar um pouco de espuma do tonel de vinho generoso, não o fizemos por mal; admiro, creia, o seu zelo infatigável; sinceramente — faz o que deves, suceda o que suceder — é uma altiva e nobre divisa e o meu ilustre colega cumpriu o seu dever de representante da Sociedade ferroviária, com uma exemplar constância de atividade.

No seu lugar, eu teria feito o mesmo; mas prefiro defender as vítimas, da culpa ou do acaso, como veremos; e, no desempenho dessa missão, reclamo para mim um direito igual da mais ampla liberdade no ataque.

Repelindo um ultraje

E, dos adversários, lamento não ver hoje aqui o colega Magaldi, tão hábil campeão do foro potentino; sobretudo, porque tenho de lhe pedir que transmita um recado meu ao seu constituinte, o Diretor Geral da Sociedade, aqui chamado como civilmente responsável.

Senhor Presidente. Serei sempre impessoal no exame que vou fazer do processo; só a uma personalidade peço licença para me referir, porque devo fazê-lo.

Na audiência de 15 de outubro foi lido o interrogatório do Sr. Massa, que, entre outras coisas, legítimas porque são explicações de defesa, se permite acrescentar, que "quanto às aparências em contrário, que puderam dar lugar ao atual processo, não hesita em declarar que as considera o efeito de inatendíveis *bisbilhotices* ou de versões exageradas e alteradas, feitas ou postas a circular *em um certo público*, que deve estar um pouco influenciado pelos grandes interesses em causa e pelos conseqüentes manejos de *evidente especulação*".

Entre os rapazes que, na Universidade de Roma, têm seguido as minhas lições, figura um dos nossos colegas, o jovem advogado Martorano, desta cidade. Na audiência em que foram lidas essas palavras do Sr. Massa (e que alguém me garante, terem sido, na verdade "de baixa especulação", atenuadas ao redigir-se o depoimento), eu não estava presente: e foi talvez melhor. Mas li nos relatos que o meu jovem companheiro de estudos, o advogado Martorano, altivamente, juntamente com os outros colegas, protestou contra aquela cínica frase, que ousava exprobrar às famílias das vítimas, como baixa especulação, o pedido da legítima e devida reparação do dano, depois de tamanho calvário de dores e de lutas. E fiquei radiante com esse altivo protesto porque vejo transmitidos ao meu discípulo os meus ensinamentos, não tanto de conhecimentos científicos, como da integridade de caráter e da consciência do próprio direito e da própria dignidade.

Eu não conheço, nem vi nunca o Sr. Massa; mas agora falo não só como advogado, mas também como Enrico Ferri e não invoco a impunidade da toga.

É, na verdade, inegável, entre os povos latinos, a existência de uma certa impressão de menor simpatia pela parte acusadora nos processos penais, que não existe, por exemplo, nos povos anglo-saxões, mais propensos a apoiar a vítima do que o autor de um crime ou de um dano. E, até certo ponto, o nosso sentimento ainda pode explicar-se, e é um nobre indício de generosidade, quando a vítima tenha tido uma parte da culpa, provocando aquele que, depois, vem a ser acusado e contra o qual se constitui parte.

Mas no nosso caso, nada disto se dá. O que fizeram no desastre de Grassano, as vítimas, que, mesmo de longe, pudesse provocar o terrível prejuízo que sofreram? Nós representamos as vítimas inocentes: quer do caso fortuito, segundo a defesa, quer da culpa, na nossa opinião; mas sempre inocentes. E nós é que, indiscutivelmente, somos apenas vítimas; os acusados, e mais que os seus pobres empregados, a Sociedade ferroviária, de quem eles são também vítimas, são os únicos culpados.

E já que tanto se perdeu o sentido da realidade nesta enorme questão, a ponto de, ontem, termos, com desgosto, ouvido Diego Tajani chamar "vingador iludido" ao irmão de um morto, que terá, talvez, pedido uma indenização que vos pode parecer exagerada, mas que não deixa, por isso, de merecer todo o nosso respeito, nem deixa de ser um homem honesto, com direito a repelir o ultraje imerecido.

E ainda o Sr. Mattia Massa, comendador ou coisa parecida muito embora, se permitiu dizer que nós, partes lesadas, fazemos especulação, acrescentando à dor, que, no entanto, entre as coisas humanas, devia ser a mais digna de respeito, o ferrete do desprezo.

Pois bem, advogado Magaldi, diga ao seu representado, ao comendador Massa, que Enrico Ferri lhe chumba ao pescoço essa frase, que ele procurou ligar aos nossos pés...

O direito das vítimas

Na encantadora cidade de Taranto, que ao veleiro ansioso do sorriso da nossa bela Itália dá a saudação hospitaleira, um pobre velho, de entre os poderosos da terra, espera em vão e chora o seu filho, que ficou nas ruínas do comboio fatal na madrugada de 20 de outubro. E pede agora, destinando-a a obras de beneficência, a reparação, pelo menos material, do dano e da dor. Especulação evidente! E tu, pobre Losávio, que, com o Paradiso, foste chamado, pela defesa, a fazer parte de uma sociedade de "vingadores iludidos", tu que ficaste com um braço e uma perna despedaçados, como te atreves, camponês sem a celebridade judiciária do famigerado Schiavone, como te atreves a pedir ao Grande Cordão a compensação pelos membros esfacelados?

E o relatório do famoso inquérito administrativo, que a própria Sociedade interessada realizou em segredo, em 30 de outubro, na cidade de Nápoles, o relatório ditado pelo advogado Galateo, discutindo as várias hipóteses sobre as causas do desastre, diz, tranqüilamente, passados apenas 10 dias sobre ele, que "seria uma vã discussão acadêmica a que procurasse saber se com freios automáticos, que faltavam no comboio 265, se teria podido evitar ou tornar menos grave o desastre".

Discussão acadêmica?!

Mas... se a minha filhita, que lá de longe me chama com os seus olhinhos doces e os compridos e encaracolados cabelos de ouro, me fosse restituída em um montão palpitante de lama e de sangue, nem sei do que seria capaz a minha furiosa dor de pai! E fala-se de vãs discussões acadêmicas a um pai que perdeu o filho, fala-se em "evidente especulação" e chama-se "vingador iludido" ao irmão que pede uma indenização para a viúva e para os órfãos do seu irmão?...

Senhores, um pouco menos de dividendo aos acionistas e um pouco mais de coração!

As forças subsidiárias da justiça

E não é ainda tudo. Temos ainda o Contencioso ferroviário, do qual e contra o qual, em voz baixa, tanto se tem falado, descrevendo-o como o centro da "baixa especulação" organizada contra a Sociedade ferroviária, explorando os prejudicados. Pois bem: o Contencioso ferroviário de Milão está representado neste processo pelo colega Astengo e por mim. Quanto a mim, declaro desde já que nada sei acerca das relações contratuais estabelecidas entre o Contencioso e os prejudicados, que se constituíram parte. — Mas, diz-se, é, contudo, notório que o Contencioso fez contratos leoninos, reservando para si 20, 30 e até 50 por cento das quantias que forem liquidadas para pagamento dos danos às vítimas que ao Contencioso confiaram a defesa dos seus interesses.

Vejamos, porém, como se passam as coisas na realidade cotidiana.

Um pobre camponês afasta-se do campo em um daqueles vagões de terceira classe, que a Sociedade, que tem um tamanho horror pelas especulações dos outros, tem em um estado muito inferior às necessidades mais elementares da higiene e da própria saúde dos viajantes, mas fazendo-se pagar bem mais do que se paga para viajar, e muito mais comodamente, nas outras nações.

Dá-se um dos nossos freqüentes desastres ferroviários e o pobre camponês fica sem uma perna. Depois dos primeiros curativos de urgência, volta para sua casa e, ignorando a lei e os seus direitos, abatido na sua inconsciência de sujeição, fruto de tantos séculos de servidão e de ignorância, limita-se a maldizer da sorte adversa; e, pacientemente, aguarda na sua cabana — que nesta, como em tantas outras províncias, por vezes a poucos passos do caminho de ferro, recordam as cabanas da Austrália, como a de Schiavone — que venham dias melhores, confiados na providência Divina. Aguarda que, apesar da insuficiência dos alimentos e dos tratamentos, o ar vivificante das suas montanhas restitua às suas fibras aquela força, que lhe servirá para continuar na secular servidão de mísero lavrador.

Mas acontece que, um dia, bate à porta do seu tugúrio um guarda da linha férrea, um daqueles que, como ouvimos neste julgamento, andaram a fazer visitas amigáveis a algumas testemunhas deste processo; e interessando-se pela sua desgraça, oferece-lhe, em nome da Sociedade, cem ou cento e cinqüenta liras, ali, imediatamente, em moeda sonante... para que assine, mesmo com a cruz do analfabeto, o contrato de renúncia a qualquer outra indenização pela perna despedaçada.

O camponês quase não acredita nos seus olhos e diante dessa quantia, que, para ele, representa uma inesperada fortuna, faz o sinal da cruz e bendiz, até, as vísceras maternais e piedosas da Sociedade ferroviária, que assim obtém, ainda por cima, a fama de generosa... só porque atira para as mãos do camponês ignaro um óbolo mesquinho, em vez de algumas centenas de liras que lhe teria de pagar se ele recorresse ao Tribunal.

É esta a solução pacífica... quando não surge o Contencioso ferroviário. Mas se este intervém, explica ao campônio que a sua perna despedaçada lhe dá direito a uma indenização muito maior da parte de quem lhe fez pagar rigorosamente o bilhete de passagem, e então, em vez da aquiescência, assinada de cruz, às cem liras que lhe são entregues quase por esmola, surgem os processos mais ou menos clamorosos, o que faz compreender porque o Contencioso ferroviário goza de escassa simpatia por parte da Sociedade ferroviária.

Por isso mesmo, eu acho que é bom que o Contencioso ferroviário exista, pois ajuda o pobre, ainda que à sua custa, mas, em suma, ajuda-o contra esse colosso, que aqui, precisamente, se apresentou como digno do respeito universal só porque "é patrão de quase metade da Itália".

Na verdade, se na dolorosa e sangrenta engrenagem do mundo moderno, não garantirmos ao povo nem um só dia de justiça contra os poderosos e os onipotentes, o que lhe restará? O patrocínio gratuito, tal como existe, para nada serve; e eu desejaria que voltasse em breve aquele instituto eminentemente social, espécie de Tribunado judiciário, a que se chamava "o advogado dos pobres", que deveria ser um órgão permanente da justiça social, altíssimo pela independência e pelo saber, que, como o Ministério Público defende os direitos da sociedade inteira, vigiasse pela tutela dos direitos individuais, desconhecidos ou ofendidos por violências particulares, pelas calamidades públicas ou pelos abusos do poder.

Mas, enquanto não surgir esse Tribunado, e enquanto a justiça for tão cara e difícil para os pobres, bem-vindo seja, pois, o Contencioso ferroviário, que aos cidadãos menos iluminados pelas luzes da civilização moderna, afastados dos grandes centros, dá uma outra consciência das leis e do Estado, diferente daquela, a única que eles têm, do explorador inexorável! Como nos países anglo-saxões, onde ainda não existe a função do M. P. para a perseguição dos crimes, existem os detetives particulares, que se encarregam da sua descoberta e perseguição por conta dos cidadãos ofendidos, assim nos países onde a lei e a justiça não tomam a iniciativa das indenizações destes danos, considerando-as como meras relações de direito privado sem interesse público, é inevitável, e é bom, que surjam estes institutos subsidiários, que, no nosso caso especial, se chama o Contencioso ferroviário.

A Sociedade anônima

Analisada, assim, esta parte da acusação, que, com muita desenvoltura, nos era feita, a nós, as vítimas, clara ou veladamente, por parte da Sociedade e do seu diretor geral, a quem a devolvo, segue-se a parte do meu discurso, em que focarei o aspecto social desta causa. Vou, por isso, falar da "Sociedade anônima", que neste processo representa a figura mais característica e é o verdadeiro acusado do desastre, porque Morea e Brambilla, os dois empregados dessa Sociedade, não passam de cúmplices involuntários do desastre de Grassano, e, em grande parte, eles próprios vítimas desse desastre.

A Sociedade anônima, maravilhoso e monstruoso produto do mundo econômico moderno, de que ela personifica, realmente, a inegável grandeza de força, muitas vezes benéfica, mas, com muita freqüência, a dolorosa força do mal, que, mesmo fora da contínua, normal e anônima exploração dos pequenos, em maior número a favor dos grandes, em minoria, determina, de vez em quando, convulsões e catástrofes sangrentas. A Sociedade anônima, a que o ilustre colega Sansonetti chamou "um Estado dentro do Estado" e a que nós, com Spaventa, por ele recordado, poderemos, também, chamar "a Companhia das Índias": a Sociedade anônima, que, proibida sob pena capital pelo rei Jorge I da Inglaterra, se tornou e é, pelo contrário, o símbolo e o instrumento onipresente da civilização capitalista.

O acionista

O primeiro caráter deste organismo econômico, que exerceu uma grande influência em todas as fases do presente processo, é a *impersonalidade* e a *onipotência*. Quem é e onde está a Sociedade anônina? É toda a gente e ninguém; está em toda a parte e em lugar algum.

Um só elemento, invisível e onipotente, micróbio do mundo econômico, constitui e representa o seu segredo característico, e é o acionista.

O acionista, que se encontra em qualquer parte: entre os senadores como entre os deputados; entre as testemunhas como entre os peritos, mesmo da presente causa. Mas do qual não é possível documentar a qualidade e a presença, nem nós quanto àqueles que aqui vieram defender os interesses da Sociedade, sob um ou outro aspecto, nem o pobre Baccarini, quanto àqueles que, no Parlamento, sustentaram os seus próprios interesses, votando a convenção ferroviária; porque os acionistas mais importantes evitam de se mostrar ou de tomar parte nas assembléias sociais mais conhecidas fazem-se representar por um anônimo testa de ferro, conservando- o incógnito, para poderem, à sua vontade e interesse próprio, votar e agir, infatigavelmente, tanto na sala do Parlamento como na do Tribunal.

E é por essa razão, além de uma outra ainda mais evidente, "a das relações de interesse e de emprego", que a maior parte das testemunhas que aqui apareceram a defender a Sociedade ferroviária, não são de atender nos seus depoimentos. Digo que não são de atender, e desejo explicar, por exemplo, ao ilustre engenheiro Bronzini, que se empertiga quando nos ouve falar em "testemunhas ferroviárias", que com isto não queremos duvidar da sua honorabilidade e veracidade como cidadãos honestos, mas queremos, unicamente, indicar que as ligações de emprego que têm com a Sociedade, obrigam os juízes a só admitir as suas observações e explicações defensivas, muito a benefício de inventário. Não porque sejam testemunhas falsas: mas são, sim, testemunhas menos atendíveis. Neste sentido, ainda que afirmando um fato verdadeiro, a testemunha ferroviária, sobretudo a que se vale dos seus conhecimentos técnicos de engenheiro ou de telegrafista, é, naturalmente, levada a explicar, esclarecer e interpretar esse ou outro fato, esta ou aquela circunstância objetiva, do modo ou no sentido que melhor corresponder, já não digo ao seu interesse pessoal, de não prejudicar a Sociedade de que depende, mas até às suas disposições de simpatia, bem naturais e louváveis entre os que pertencem à mesma corporação ou sociedade.

Ora, este primeiro aspecto da ubiqüidade impessoal das Sociedades anônimas, manifestou-se, poderosamente, no presente processo.

A ubiqüidade da Sociedade Ferroviária

Logo que se deu a sangrenta catástrofe na madrugada de 20 de outubro, quem chegou, antes de mais ninguém, ao local do desastre? A Sociedade Ferroviária, na pessoa dos seus agentes e empregados, inúmeros em toda essa meia Itália, que está na sua esfera de ação.

Veremos dentro em pouco, a propósito do famoso Schiavone, indicado como testemunha de vista, como logo que se deu o desastre e antes de quaisquer outros, se encontraram no local dois representantes da Sociedade Ferroviária para recolher e fixar cuidadosamente as suas preciosas e mais ou menos verídicas declarações. Mas por agora, fixo-me naquela prova de ubiqüidade e de precedência, que deu, depois, origem ao inquérito administrativo e às respectivas conclusões, tenho que dizê-lo, completamente favoráveis à Sociedade... que procedeu a esse inquérito, e às não menos respectivas repetições, no Parlamento, daquelas mesmas conclusões, por parte de Saracco, então Ministro do Trabalho e, porque não o dizer, completamente favorável à Sociedade ferroviária.

Logo que chegou a Potenza a terrível notícia do desastre de Grassano, o prefeito, invocando os artigos 15º e 16º do regulamento de 1873 sobre caminhos de ferro, que obrigam a Sociedade, em tais casos, a colocar-se à completa disposição da autoridade governativa, inutilmente pediu um comboio especial para se dirigir ao local do morticínio. A Sociedade não se deu por entendida ou pretextou as costumadas e dilatórias exigências de serviço e, no entretanto, antes da autoridade governativa, que só à tarde lá pôde chegar, um engenheiro da Sociedade, partido de Nápoles, nessa mesma manhã chegou junto do desabamento homicida.

E foi justamente então que o engenheiro Bernaschina apresentou, pela primeira vez, aquela tese defensiva da instantaneidade, imprevisibilidade e contemporaneidade do desabamento com a chegada do comboio, que talvez já trouxesse de Nápoles, como disposição intelectual para explicar desse modo o fato doloroso, e que, depois, perdurou, obstinada, no inquérito administrativo e nas respostas do ministro Saracco à interpelação de Lacava, e em todas as fases do processo, único e imperturbável sistema de defesa por parte da Sociedade; única e condizente explicação por parte do governo; única, pontifical, monossilábica afirmação do exame Brioschi!

Eis a terrível força da Sociedade anônima! Não só obtém no

Parlamento as convenções, apesar da épica, eloqüente e evidente oração de Baccarini; não só obtém, com a decapitação moral da Engenharia civil, a instituição de um outro órgão burocrático, a Inspeção ferroviária; mas consegue, também, quando uma tremenda responsabilidade de infortúnios cai sobre ela, por sua culpa, como este processo demonstra, influenciar e prevenir, logo de início, as imparciais e pobres investigações da justiça, com atos administrativos seus, solícitos, rápidos, sugestivos, que tentam prejudicar o êxito definitivo da intervenção da justiça, com um sepulcral "o que sucedeu, já não tem remédio".

O engenheiro Bernaschina, chega, portanto, de Nápoles, em comboio especial, na própria manhã de 20 de outubro, junto do desmoronamento, e no volume do inquérito administrativo, junto aos autos, vejo subitamente (pág. 2, vol. IV), que ele descreve a terra como apoiada de flanco à parte do *tender* e do vagão das bagagens.

"Essa disposição desapareceu depois", diz o engenheiro Bernaschina, "mas creio que a deve ter observado mais alguém".

E desapareceu antes das constatações legais por parte da autoridade judiciária; e é bem sabido que o respeito pelos vestígios materiais do corpo de delito deve sempre, em todos os casos, impor-se ao espírito de toda a gente. Mas, felizmente, essa tal disposição e a respectiva interpretação do investimento de flanco, não só são desmentidas pelo bom-senso puro, porque é evidente que se o comboio tivesse sido investido de flanco por aquela enorme massa de terra em movimento, teria sido arrastado para o lado do rio, mas são, também, contraditadas por dois inatacáveis depoimentos, que figuram entre os primeiros do processo escrito.

Um heróico tenente de carabineiros

Ao tenente de carabineiros Caputo enviamos daqui a nossa saudação, não só porque mostrou sempre, nas suas declarações, possuir um caráter íntegro e diamantino, mas também porque foi, verdadeiramente, a testemunha providencial desta causa, desvendando o mistério da testemunha Schiavone, como providenciais foram a sua presença e o seu trabalho e o dos seus companheiros de armas no infeliz comboio, com o primeiro e precioso auxílio que prestaram aos pobres feridos... Socorro generoso que faz, assim, um nobre contraste com a conseqüente invasão de chacais que impiamente trataram de espoliar os cadáveres ainda quentes.

Nas declarações feitas ao juiz de instrução, o tenente Caputo diz ter-se salvo saindo por debaixo da sua carruagem, através das tábuas despedaçadas, e ter encontrado terra debaixo do vagão, entre os dois carris.

Portanto, se havia terra entre os carris, isso é a prova evidente de que ela caíra, com o desmoronamento, antes da chegada do comboio.

Mas há mais. O pretor Man., que não deve ser suspeito quando somos nós a invocá-lo, na sua descrição do local, no próprio dia do desastre, não fala, com efeito, nessa terra encostada ao comboio, e insistindo, pelo contrário, sobre a posição característica da locomotiva, "erguida sobre o desmoronamento como um cavalo encolerizado", explicitamente excluía desde logo a hipótese do comboio ter sido apanhado de flanco.

Aqui têm, senhores do Tribunal, dois límpidos e indestrutíveis depoimentos de fato, que desde o início colheram, da impressão genuína da tremenda cena, a prova mais clara e segura da anterioridade do desabamento, que para as testemunhas desse dia resultava, viva e eloqüente, de toda a realidade palpitante e dolorosa.

É só depois da descrição do engenheiro Bernaschina, de uma disposição "desaparecida depois", que se fala em terra encostada de flanco e de contemporaneidade instantânea do desmoronamento, e só porque essa cômoda explicação de aquiescência ao fato consumado encontrou fácil acolhimento por parte da Comissão de inquérito administrativo, de que foi relator o advogado Galateo, aqui presente, a quem devemos agradecimentos por várias coisas: 1º — pelo seu relatório acerca do inquérito administrativo, que, como direi em breve, em um ponto admite tal coisa que basta, só por si, para destruir toda a desculpa e o póstumo sistema defensivo da Sociedade nesta causa; 2º — por ter requerido a visita judiciária ao local do desastre, o que foi, para nós, uma mina providencial de descobertas e de eloqüentes constatações contra testemunhas e peritos; 3º — mas quanto ao terceiro favor, reservo-me para lho agradecer mais adiante.

Uma autoridade judicial... rebelde

E porque essa fácil conclusão do inquérito administrativo ainda encontrou um mais fácil acolhimento junto do Ministro das Obras

Públicas, que no Parlamento demonstrou que todos deviam estar contentes, ouvimos aqui o advogado Tajani, que já foi ministro da justiça, chamar nada menos que "uma revolta contra os poderes do Estado", ao trabalho feito pela autoridade judicial, para instruir e continuar o presente processo.

Mas evidentemente: visto que a Sociedade ferroviária, em um inquérito feito por sua conta, no segredo dos seus escritórios, com os seus engenheiros, chegados ao local antes de qualquer autoridade, tinha concluído, com grande sacrifício, que o desastre fora fortuito e imprevisível; e visto que um Ministro das Obras Públicas tinha acedido a fazer-se eco no Parlamento dessa heróica conclusão... tudo isto devia bastar às famílias das vítimas e à opinião pública comovida, e a autoridade judiciária devia, também, deitar a areia sobre essas conclusões e não falar mais no caso! Mas, ilustre Tajani, não ignora, decerto, que o Código Penal enumera entre os crimes sujeitos à ação pública o homicídio culposo e os desastres ferroviários, e não ignora, também, que no próprio dia 20 de outubro foram apresentadas à autoridade judicial duas queixas de outras tantas vítimas. Como poderia esta, portanto, cobrir com o seu silêncio a inumana desventura, como poderia trair, tão abertamente, o seu dever de tutelar o direito violado de tantos cidadãos honestos?

Mas o que haverá envenenado nesta causa, se, para sustentar os interesses de uma Sociedade anônima, o próprio sentimento moral e jurídico se ofusca a tal ponto, que ouvimos chamar "fruto de evidente especulação" ao pedido de indenização feito pelas famílias dos mortos e "revolta contra os poderes do Estado" à instrução regular e obrigatória de um processo penal?

A exploração do maior número e dos humildes

Continuando a descrever os caracteres mais salientes e mais conexos com essa causa, que são próprios da Sociedade anônima, parece-me que a segunda característica está na exploração do maior número, formado pelos humildes, em proveito do menor número, que são os grandes.

De todo este processo, por sintomas diversos e convergentes, brota, insistentemente, uma confrangedora nota humana. É o guarda Morea, meio cretino, a quem a própria defesa chamou "pobre de espírito"; são os 40 cêntimos por dia dados à Giliberti como salário do seu trabalho; e é a febre, a malária, do telegrafista Bruno, prostrado no seu catre, em uma estação perdida no meio dos campos, e que não responde às chamadas... enquanto o comboio noturno passa, fantasma pavoroso, marchando, inconsciente, ao encontro da morte. E é a estes seres humanos, nestas miserandas condições de espírito e de corpo, que a Sociedade ferroviária confia a vida de milhares de criaturas, que, por inevitável necessidade, aproveitam o "belo e horrível monstro de ferro que vence as distâncias", assegurando à Sociedade tantos lucros e aos passageiros atrasos e desastres.

E ainda há poucos dias, deram os jornais a notícia de que uma outra Sociedade Ferroviária tinha dado a um dos seus inspetores, quando se reformou, a gratificação de nada menos que meio milhão! Ora, eu não nego a justiça dessa dádiva, que deve estar em proporção com grandes serviços; mas o que eu nego, com toda a energia da minha alma, é a justiça dos 40 cêntimos dados à guarda da linha Giliberti e do enorme trabalho imposto aos empregados ferroviários, por um salário mesquinho e sem o suficiente repouso para reparação das forças, tão necessárias à sua difícil, delicada e longa missão.

Ah, com sinceridade, o colosso da Sociedade ferroviária recorda-me um dos soberbos e gigantescos robles desta forte Lucânia.

Vede como a árvore majestosa desafia, orgulhosamente, a fúria da tempestade. O tronco ergue-se colossal e os ramos nodosos contorcem-se direitos ao céu e a ramaria palpita ao vento o ao belo sol da Itália. O viajante, admirado dessa maravilha da natureza, passa e conserva dela uma grata recordação, mas nem sequer pensa que, sepultadas na terra, para baixo desse tronco soberbo, estão não menos majestosas e numerosas raízes, que com o seu trabalho humilde, modesto, silencioso, mas incessante e fecundo, dão a vida a essa árvore.

Assim é a Sociedade anônima. O grosso tronco, a ramaria soberba, os grandes acionistas, em suma, reservam para si honras e favores e os grandes ordenados e dividendos e vivem do trabalho humilde, ignorado, mas incessante e fecundo, das numerosas raízes modestas, que se chamam os guardas, os maquinistas, os guarda-freios, os telegrafistas e milhares de outros ofícios, todos identicamente fecundos e todos igualmente explorados e sobrecarregados com um enorme e inumano trabalho.

Lembrem-se, porém, que também as raízes, na grande árvore da vida social, vão adquirindo a consciência de si mesmas e que não deve levar-se ao extremo a exploração, se não querem que, em qualquer primeiro de Maio, as raízes se recusem ao habitual trabalho e sacudindo a terra que as cobre, procurem, também, obter a sua parte de ar e de luz! E lembrem-se de que, então, a uma tal revolta humana se não poderá chamar um caso fortuito e imprevisível, mas será, bem ao contrário, o efeito natural de culpas anteriores, de um esquecimento demasiadamente injusto e prolongado.

O dividendo do acionista

O terceiro e último caráter da Sociedade anônima, que me servirá de transição para a questão jurídica, sobre que assenta todo o presente processo, é o *espírito de especulação*, que domina tiranicamente toda a existência desse organismo econômico e tudo sacrifica ao resultado último e imperioso, que é o dividendo para o acionista.

Pensemos, de fato, que uma Sociedade Ferroviária tem o monopólio daquele único meio forçado de comunicações, que na sociedade moderna representa uma das maiores conquistas do gênio humano e dá ao século XIX, com o nome de século revolucionário, uma glória que só será ultrapassada por aquele ideal de justiça humana, que deve assinalar o século XX.

E justamente porque a Sociedade Ferroviária exerce esse monopólio, é ela quem impõe, só por si, as condições do contrato de transporte, no horário e nos preços, e o cidadão, quando tem de utilizar o caminho de ferro, só pode pagar e forçosamente suportar ambas essas condições.

Disto resulta que a Sociedade todos os anos encaixa centenas de milhões... contentando-se em invocar o caso fortuito quando, em vez de transportar incólumes os viajantes e as mercadorias, os expõe ao desastre e à morte. E limitando-se, depois, a concluir com soberana filosofia, como fez Tajani, que "o caminho de ferro nasceu homicida e o desastre é congênito nele, e que, por isso... é preciso ter resignação".

Eu creio, pelo contrário, que o desastre e a destruição não são fatalmente congênitos na obra do gênio humano; mas que só lhe ensangüentam o benéfico poder quando a sua aplicação é falseada e contorcida por um excessivo espírito de especulação. É só por isso, sem ter a adoçá-lo um espírito de eqüidade e de justiça, que a

Sociedade anônima não evita a exploração contínua desses humildes e dessas raízes, cuja soma de sacrifícios cotidianos e ignorados serve para acumular o dividendo dos acionistas, ao qual, mesmo sem ter em conta os freqüentes e sangrentos desastres, quase sempre devidos à excessiva economia de pessoal ou de material, pode muito bem aplicar-se o verso: "de que lágrimas grandes e de que sangue feito!"

A imputação jurídica da causa

Senhores do Tribunal. Entrando agora na questão da responsabilidade, é supérfluo repetir como nela devemos distinguir claramente as várias formas e razões dessa responsabilidade, porque da sua confusão se procurou, habilmente, tirar partido a favor da Sociedade ferroviária.

É evidente que, neste processo, se trata da responsabilidade penal por homicídio culposo, por parte de Morea e Brambilla, e da conseqüente responsabilidade civil por parte da Sociedade, daquela responsabilidade especial que não nasce do contrato de transporte, mas de um verdadeiro crime, ainda que não doloso, praticado pelos seus mandatários, segundo o artigo 1:153 do Código Civil.

O corajoso representante da acusação pública acrescentou, também, contra a Sociedade, a responsabilidade civil direta que, segundo o art. 1:151, recai sobre aquele que, por um fato seu, causa prejuízos à outrem; mas eu prefiro manter-me na posição mais límpida e segura do problema jurídico, já estabelecida no despacho de pronúncia.

É que o problema da responsabilidade civil, neste caso, apresentou-se, também, ainda que de fugida, sobre um outro aspecto, pondo-se em dúvida se a responsabilidade do desastre de Grassano resulta de uma culpa da Sociedade ferroviária em *exercício* e locatária, ou antes de um erro do Estado, *construtor* e *proprietário* da linha.

Tanto assim que, durante a primeira audiência, o advogado Tajani pretendeu, justamente, afirmar que "assim como o Estado é proprietário da linha para a alugar, assim, também, tem a obrigação de garanti-la dos possíveis danos e de reparar os que advenham". Em tal caso, senhores do Tribunal, se a Sociedade não for condenada pela responsabilidade penal dos seus agentes, dar-se-á o fenômeno estranho e imoral, de os prejuízos causados pelo desastre de Grassano serem pagos pelo Estado, quer dizer, por todos os contribuintes, compreendendo as próprias famílias das vítimas!...

Mas tenho a convicção profunda de que a vossa sentença não cairá nestas conseqüências de um doloroso absurdo, até porque a tendência moderna da jurisprudência é, precisamente, para aumentar cada vez mais a responsabilidade civil dos que produzem um dano; basta, para prová-lo, uma sentença recente da Cassação de Roma, na qual se decidiu que "os comitentes não podem ser admitidos a provar que não têm culpa *por não terem podido impedir* o fato de que resultou o dano".

E é este um aspecto altamente louvável da moderna jurisprudência. Porque eu estou de acordo com Enrico Pessina, quando censura a exagerada penalidade que o novo Código Penal italiano comina contra o homicídio involuntário, visto que nos delitos culposos não é, certamente, com a reclusão que se evitam os danos futuros, ou se compensam os danos passados, e a cadeia, em tais casos, vai de encontro ao sentimento público, que vê sujeitos a uma pena idêntica os que matam por meditada ferocidade e os que, desgraçadamente, provocam, sem querer, a morte alheia. E creio, justamente, que uma mais rigorosa e segura indenização dos danos, deve ser, nesses casos, a sanção social mais conveniente.

A responsabilidade civil objetiva

Mas eu vou ainda mais longe: para mim, o direito novo, melhor e mais vivamente nascido das condições e das necessidades da sociedade moderna, do que silogisticamente distilado de fórmulas antiquadas, deve estabelecer o princípio de puro bom-senso e de justiça social de que *quem tem os lucros deve sofrer os prejuízos*.

Quando rebenta uma locomotiva ou se deteriora uma carruagem, a Sociedade despende dinheiro para reparar o dano, sem fazer a sutil e, por vezes, bizantina distinção jurídica, se houve culpa ou caso fortuito. Para o material, destinado a uma dada empresa, a uma dada especulação, o capitalista, que todos os dias recebe os lucros, inclui no balanço as perdas, ordinárias e extraordinárias. Se, pelo contrário, é seu empregado ou um viajante que morre ou fica ferido, surgem logo as complicadas questões sobre a culpa, sobre o caso fortuito e sobre a responsabilidade direta ou indireta, e em suma, um perfeito labirinto de discussões mais ou menos jurídicas, as quais têm em vista um único fim: evitar o pagamento da indenização do dano... só porque em vez de máquinas e de viaturas, se trata de homens!

E o que sucede agora, para o desastre ferroviário, verifica-se em todos os desastres do trabalho, e os tímidos reformadores ainda estão a discutir se a obrigação da prova deve pertencer ao trabalhador vitimado ou ao capitalista especulador e toda a santa e arqueológica indignação dos juristas clássicos se manifestou quando se ousou propor a inversão da prova, que depois, na prática, não passaria de uma ilusória conquista em prol dos prejudicados.

O único princípio verdadeiro de justiça social é, torno a repetir, que quem tem os lucros sofra os prejuízos, sem distinguir se estes se dão no capital inorgânico e material que serve para a especulação, ou no capital orgânico, palpitante e humano que, como trabalhador ou como cliente forçado, é condição indispensável para que a especulação progrida e os lucros se realizem, pois que sem o capital vivo e palpitante que o ponha em ação, o capital material e inerte não daria nem um centavo de lucro, só por sua miraculosa virtude.

Mas visto que nós, na presente causa, temos de trabalhar, não em harmonia com as aspirações do novo direito, mas baseados nas leis vigentes, limitamo-nos à questão positiva da responsabilidade penal para os atuais acusados, e civil para a Sociedade Ferroviária, de quem os primeiros são agentes.

Uma testemunha cara

A este respeito são quatro os pontos culminantes da causa: o guarda Morea — a prova telegráfica — a testemunha Schiavone — e o exame geológico-ferroviário.

Ainda deixo de acrescentar um outro, relativamente ao maquinista Brambilla, do qual, porém, a responsabilidade me parece evidente e incontestável, porque a seu respeito não se falou em *negligência*, como se fez ultimamente, mas sim em *imprudência*, como direi dentro em pouco.

Daqueles quatro pontos culminantes da causa, eu, fiel à promessa de não repetir o que já está dito, nada direi a respeito do guarda Morea e da prova telegráfica, depois da eloqüente e irrefutável demonstração que, quanto a eles, aqui fizeram os colegas Rizzuti e

Lichinchi e o representante da acusação pública.

Referirei apenas, quanto a Schiavone, duas jóias judiciárias que me parecem utilíssimas para iluminar ainda melhor essa característica figura.

"Testemunha preciosa" chama-lhe o relatório do inquérito administrativo. E preciosa e cara para a Sociedade foi, verdadeiramente, a testemunha Gaetano Schiavone...

Movimento do advogado Galateo.

Cara... não pelo que custou, mas porque foi à sua volta que a Sociedade organizou o seu sistema defensivo, que tendia a fazê-lo passar como a única testemunha de vista, que teria providencialmente observado, da porta da sua cabana, como ele disse em pitoresca frase, admirável na linguagem de um pobre camponês, "o beijo do desabamento com o comboio" e o seu encontro simultâneo "como o do caçador com a lebre".

A testemunha cara, no sentido usual da palavra, foi verdadeiramente uma outra: o Sr. Motta, proprietário da colina desabada e que veio aqui testemunhar que está em negociações com a Sociedade ferroviária a respeito da terra caída e depois retirada, por um preço que, mesmo segundo as menores propostas da própria Sociedade, subirá a mais de 12.000 liras! É verdade que ele tem ainda exigências a fazer, porque parece que os pagamentos por transações amigáveis são lentos como as discussões jurídicas; mas, de qualquer forma, soma importante e, na opinião geral, lautamente superior ao valor real da terra perdida.

"Testemunha preciosa" portanto, o Schiavone, quanto à descoberta do qual eu tenho o dever de retificar uma pequena circunstância. Não foi, como se disse, o inspetor ferroviário Cocciola quem primeiro descobriu Schiavone, porque o inspetor Cocciola só chegou algumas horas depois, "ainda que antes, é certo, da autoridade governativa", ao local do desastre. Foi o próprio chefe da estação de Grassano, Sr. Trotta, que logo que teve conhecimento da medonha catástrofe, se dirigiu às 6 ou 6:30 daquela manhã, à casa da guarda nº 215 e aí, em plena linha, encontrou o Schiavone, que descrevia o beijo do desmoronamento e o indicou ao inspetor, o qual se apressou a conduzi-lo à presença do pretor, que redigia, então, aquele famoso auto de notícia, que o tenente Caputo se recusou a assinar.

É verdade que o advogado Tajani, sentindo toda a importância moral desta circunstância, disse ontem que Schiavone, antes de fazer as suas declarações a Trotta e a Cocciola, agentes ferroviários, as fizera ao carabineiro Neri. E porque seria, realmente, um dado precioso, se fosse verdadeiro, quis imediatamente obter a sua confirmação; mas nem o depoimento escrito, nem o que aqui prestou, oralmente, o carabineiro Neri, contém uma única palavra que, mesmo de longe, se refira a essa declaração de Gaetano Schiavone, anterior ao seu encontro com o chefe da estação ou com o inspetor ferroviário. Podemos verificá-lo facilmente.

E esta minha convicção, senhores do Tribunal, a propósito do nenhum valor a dar ao depoimento de Schiavone, está em mim tão enraizada e é tão inabalável, porque a recebi, viva e evidente, das palavras do tenente Caputo, no julgamento de Matera.

Um depoimento suspeito

Hei de sempre recordar-me da audiência efetuada em 21 de julho, no Tribunal de Matera, para decisão deste processo.

Nos dias anteriores, ao desejo dos contendores tinham diversamente correspondido os depoimentos dos queixosos e das testemunhas de acusação; mas a impressão da verdade começava já a surgir, em nosso favor, na consciência pública. Eis senão quando, entra em cena Gaetano Schiavone, que na audiência de 19 de julho veio afirmar — ainda que sem a pitoresca comparação do caçador e da lebre, renovada, mais tarde, pela sua inesquecível fantasia — a queda das terras simultânea com a chegada do comboio!

É evidente que nos não julgamos perdidos porque havia muitos elementos de prova contrários a esse depoimento. Mas, no entanto, Schiavone teria sido a única testemunha de vista e é inegável que o seu depoimento foi um terrível golpe para nós: e sentimo-lo, por isso.

Mas, dois dias depois, surgiu o depoimento do tenente Caputo. As suas declarações, além de outras razões a que já nos referimos, faziam reviver a terrível realidade dos fatos, de que foi testemunha e em que tomou uma parte tão magnânima, e isso bastava para ressuscitar o sentimento e a convicção de que a justiça estava e devia estar por nós e ao nosso lado. Mas em certo ponto, interrogado sobre a redação extemporânea dos famosos autos de notícia, ele descreveu a cena de Gaetano Schiavone, arrastado diante do pretor por um agente ferroviário, que o convidava a repetir o que a ele lhe dissera, por meio desta frase sugestiva: “Lembras-te de me ter dito, isto e isto e isto” e a resposta monossilábica de Schiavone: “Sim, é certo”.

Foi uma revelação para toda a gente. Ah, era essa a credibilidade daquela cínica pretensa testemunha de vista!

E quando o tenente Caputo, no que foi confirmado, depois, pelo delegado Stella, declarou que foi justamente por isso que se recusou a assinar esse auto, pela maneira porque eram ouvidas pelo pretor Tes., essas pretensas testemunhas, o juízo acerca da credibilidade de Schiavone ficou irrevogavelmente formado. E os nossos habilíssimos adversários sentiram-no bem: tanto assim que nessa mesma audiência de 21 de julho, os ilustres advogados Tajani e Pessina procuraram impedir a redução a auto das declarações do tenente Caputo, a ponto de eu ter de ameaçar, por fim, que abandonaria a minha toga se não fosse reconhecida essa garantia, como foi, depois de longa discussão, a fim de assegurar para sempre, à justiça, as revelações do tenente Caputo. E certo que, neste julgamento, o pretor Tes., procurou atenuar as razões da recusa de assinatura por parte do tenente Caputo...

Mas, senhor Presidente, para que nos havemos de demorar no exame dessas duas figuras da nova magistratura, que são os pretores Tes. e Man., que deixaram uma tão dolorosa recordação dos seus depoimentos neste processo? Prefiro calar-me o dirigir para vós, velhos magistrados, a minha reverente atenção, desejando que a pátria possa encontrar na nova magistratura homens que vos sejam comparáveis.

Foi, portanto, um raio de luz providencial, que o tenente Caputo lançou sobre a figura de Gaetano Schiavone; para nos revelar todo o seu verdadeiro valor como testemunha, destruindo as aparências das suas declarações.

E esta nossa convicção acerca da inatendibilidade de Schiavone, que, em vão, os nossos adversários procuraram, depois, sustentar com a referência inexata ao depoimento do carabineiro Neri, assim como com esse outro reforço, que à última hora aqui trouxe a Sociedade Ferroviária, com o depoimento do pequeno Garaguso.

As declarações de Schiavone, além de, desde a sua origem, serem destruídas por si mesmas, graças às suas divergências e contradições, que não repetirei e que ficaram bem patentes no último dia, quando eu fiz verificar (como provam os autos) que do ponto indicado por Schiavone não se podiam ver, ao mesmo tempo, a casa do guarda

Morea e o comboio e o desmoronamento, mas era necessário estar a alguns passos de distância, no limite extremo daquele círculo montanhoso, o que tornava ainda maior a inverossimilhança de, na madrugada fria e chuvosa de 20 de outubro, Schiavone se ter exposto à chuva, quase desportivamente, por uma não menos inverossímil "curiosidade habitual de assistir à passagem do comboio", coisa de todos os dias e, sobretudo... àquela hora!

Um pequeno Gervásio

Mas, além das inverossimilhanças e contradições, surge o reforço da pequena testemunha Garaguso.

Oh! Benigna figura de Alessandro Manzoni, ainda que eu pouco te siga na resignada e nada viril piedade dos personagens criados pela tua maravilhosa fantasia de artista, não posso deixar de te admirar pela sua profunda verdade psicológica. E lembro-me agora de uma das secundárias, mas sempre maravilhosas figuras da sua obra prima; daquele pequeno Gervásio, que chamado para servir de testemunha da cena violenta arquitetada contra a timorata e fraca oposição de Don Allondio ao casamento de Renzo e Lúcia, se sentia, diz Manzoni, quase transformado em um homem e com maior importância "porque tomava parte em uma coisa que era quase um crime".

A primeira referência que encontro a esse pequeno pastor Garaguso é no inquérito administrativo feito em Nápoles, dez dias depois do desastre. Fala-se aí de fugida, *sem se dizer o nome*, em um pastorzito que, juntamente com o seu patrão Gaetano Schiavone, teria assistido à tremenda cena, na madrugada de 20 de outubro.

Havia, portanto, uma segunda testemunha de vista, que teria reforçado estupendamente as afirmações de Schiavone. E, contudo, esse homem, em frente da autoridade judiciária, no seu primeiro colóquio, chamemo-lhe assim, com o pretor Tes., na presença do inspetor ferroviário, e nos seus diversos e repetidos depoimentos, diante do juiz de instrução ou nos julgamentos de Matera e neste de Potenza, nem uma só vez, nem mesmo por alusão distante, nunca Gaetano Schiavone se referiu à presença a seu lado do pastor Garaguso, na manhã de 20 de outubro.

Este só aparece na lista das testemunhas de defesa apresentadas pela Sociedade... A propósito, como teria conseguido a Sociedade descobrir o nome do pastorzito, se Schiavone não o disse no inquérito administrativo secreto?

Mas os engenheiros Balderini e Bernaschina falaram aqui, nesta audiência, em um certo relatório por eles feito acerca das declarações de Schiavone, prestadas perante eles na estação de Grassano e em que ele se referiu à presença do pastorzito. Mas esse relatório nunca foi apresentado à Sociedade, que tinha todo o interesse e todo o direito de apoiar com ele as palavras da testemunha Schiavone e, por isso, eu exprimo também a este respeito, francamente, as minhas dúvidas, tão legítimas como profundas.

ariamente bastante suspeita, depois da primeira alusão no segredo do inquérito administrativo, mas é, por si mesmo, tão desprovido de valor que não é preciso insistir um só momento neste assunto. Quero apenas reclamar a vossa atenção e sagacidade para a absoluta inverossimilhança das afirmações de Garaguso, quando diz que "por uma pequena razão de ordem pessoal" saiu da cabana na madrugada de 20 de outubro e assim viu o comboio. Ora, nós sabemos que para ver o comboio não bastava sair da cabana, mas era necessário dar, pelo menos, uns vinte passos, para chegar ao ponto extremo da colina: e é verdadeiramente estranho que um pequeno pastor, para satisfazer uma necessidade natural, como se tivesse tapetes persas diante da porta da sua cabana, sentisse a necessidade inconcebível de se afastar tanto dela, através de um terreno igualmente inculto, dando-se a um inútil incômodo.

São pequenos fatos, eu sei, mas têm por fim, como o fraco clarão de uma luz, atravessar a escuridão que cerca a figura do pequeno Gervásio... quero dizer, Garaguso, que veio reforçar o já arruinado depoimento de Gaetano Schiavone.

Um perito com demasiado zelo

E chegamos ao exame pericial.

Creio que, neste momento, o nosso venerando Presidente já deve ter uma idéia bastante precisa da minha inteligência, para que não suponha que eu tenho a ingênua pretensão de me querer cingir a uma discussão técnica, a uma discussão singular geológico-ferroviária com o senador Brioschi e os outros peritos.

Não, eu pretendo ocupar-me dos exames periciais unicamente

sob o ponto de vista jurídico, para ver se eles correspondem e como correspondem à função judiciária, que a lei atribui a esse gênero de provas.

O instituto e a função jurídica dos exames periciais, consistem em serem aclarados e resolvidos determinados problemas técnicos por pessoas sabedoras da respectiva disciplina científica, para que os magistrados possam decidir com conhecimento de causa.

Daqui tiram-se duas conseqüências evidentes: primeiro, que o exame pericial deve conter as circunstâncias de fato, em que se basearam as conclusões, e os raciocínios explicativos que demonstrem ao juiz como dessas circunstâncias se pode e deve chegar, cientificamente, àquelas conclusões; segundo, que o juiz, portanto, permanece árbitro soberano na decisão do ponto controvertido, quando outros elementos do processo lhe fornecem o fundamento e a razão de uma opinião diferente.

Ora, o primeiro defeito jurídico, que encontro naquele exame, é precisamente o de afirmar dogmática e monossilabicamente, mas sem nada demonstrar.

"O desmoronamento deu-se em 20 segundos": é a resposta pericial, e que era necessária, evidentemente, para sustentar a tese da contemporaneidade do desmoronamento com a chegada do comboio.

Mas por que e como podeis concluir vós, oráculos geológicos, que os milhares de metros cúbicos de terra que constituíram o desmoronamento homicida de 20 de outubro, caíram lá de cima em não mais de 20 segundos? Silêncio completo em todo o exame, tanto no que se refere a elementos de fato, como a raciocínios explicativos, através dos quais tenham chegado àquela conclusão!

Olhai agora para o exame caligráfico sobre a famigerada alteração dos algarismos reveladores da interrupção telegráfica, causada pelo desmoronamento: os conscienciosos peritos caligráficos, chegando à conclusão, que, de resto, surge como evidente ao primeiro golpe de vista lançado sobre o registo telegráfico, de que o algarismo primeiro feito foi um 4 que depois se tentou, falsamente, converter em um 5, dão todas as razões de fato, de lógica e de técnica que os induziram àquela conclusão.

Pelo contrário, no exame Brioschi desdenha-se qualquer explicação ou demonstração, pensando, talvez, que o magistrado tem de inclinar-se perante o *ipse dixit*. Mas contra a gratuita afirmação dos 20 segundos, basta o bom senso prático para nos dizer que, se é concebível a queda instantânea de um enorme bloco, todo de uma vez, que, depois de se ter desprendido lá no alto, perca, em dado momento, a última coesão com a massa a que estava ligado, caindo em um instante; não é concebível, por outro lado, que aquela enorme massa de terra mole, solta, misto de blocos argilosos, se tenha precipitado como um raio, em vez de cair e escorregar durante um tempo relativamente pouco curto.

E precisamente a este respeito, temos no processo não só outros elementos genéricos de prova, mas um outro exame pericial dos engenheiros Carelli e Brancucci, dos quais me é grato saudar o último, porque só ele, que na grande árvore da engenharia moderna talvez esteja nas raízes, se mostrou homem de caráter, só ele se atreveu, no sinédrio... no sinédrio dos ilustres peritos chamados em último lugar, a opor-se às conclusões que se pretendiam e quase não foram discutidas.

Ora, este exame, que está no processo escrito, claramente conclui que o gigantesco desmoronamento se deve ter produzido "em um tempo relativamente longo". Assim é que, mesmo sem atender ao senso prático e às impressões, que devem ter sentido no momento em que viram aquele pavoroso monte desmoronado e toda a barreira contígua, que quase pode dizer-se em crônico estado de desabamento (como demonstram os fatos, mesmo posteriores a 20 de outubro), os magistrados têm um outro exame pericial que, claramente, contradiz o dogmático monossilabismo do exame Brioschi, sobre a pretensa instantaneidade do desmoronamento, e a vossa opinião sosbre este ponto está, assim, completamente livre em um ou em outro sentido.

Mas ainda há outros dois gravíssimos defeitos jurídicos no exame Brioschi, que bastam para lhe tirar todo o valor jurídico: e são um evidente zelo defensivo e uma imperdoável reticência.

Sendo certo que o exame pericial, precisamente como investigação técnica estranha aos interesses particulares das partes em litígio e apenas inspirada pelas razões da ciência, deve ser, sobretudo e antes de mais nada, sereno e imparcial, nós vemos, pelo contrário, neste exame, a prova mais flagrante de um estridente e especial zelo defensivo, a favor da Sociedade e contra as vítimas.

A primeira prova desse zelo defensivo encontra-se no fato de o dogma dos 20 segundos, que se afirmam bastar para a queda daquela enorme massa de terra, ser apresentado como resposta ao 1º quesito de defesa... que não pedia essa resposta! O 1º quesito da defesa, referia-se às *causas* do desmoronamento e o 2º à *previsibili-*

dade. Só o 4º quesito apresentado pela parte acusadora é que, na verdade com quanta ingenuidade, pedia aos peritos uma resposta acerca da duração do desabamento.

Pois bem: os peritos afirmam, sem a sombra de uma demonstração qualquer, que aquela duração "não foi superior a 20 segundos" quando respondem ao 1º quesito da defesa, que fazia uma pergunta bem diferente, e nas lacônicas respostas, cheias de gravidade e de reserva, ao quesito da parte civil que se referia a esse problema, os peritos limitam-se a reportar-me, sem mais nada, à dogmática afirmação precedente. Portanto, responderam quando não eram interrogados, para tirar conclusões favoráveis à defesa; e responderam fugazmente às perguntas precisas da parte civil que, pelo menos, deveriam ter recordado aos peritos a obrigação de demonstrar a afirmação gratuita dos 20 segundos. E foi talvez não só por zelo defensivo, mas também que o exame foi redigido daquela forma.

Mas não faltam provas do seu zelo defensivo...

O 4º quesito da defesa está assim formulado: "Em face das normas ferroviárias em vigor pode verificar-se alguma irregularidade ou negligência sobre as condições de travagem e de composição do comboio 265".

E os peritos responderam que, não era preciso eu dizê-lo, nenhum comboio foi mais regular do que o apanhado pelo desmoronamento! E até aqui, paciência. Mas depois, sem que ninguém tenha pensado em perguntá-lo aos peritos, dão estes uma resposta que, pelo seu zelo defensivo, seria mais conveniente em uma assembléia de acionistas do que em um colégio de peritos.

"A este respeito, observemos que a composição dos comboios, segundo os regulamentos italianos, é mais favorável à segurança, pelas suas condições de travagem, do que a a≤39outras nações"... e, em seguida, segue-se um hábil e eloqüente confronto com os caminhos de ferro estrangeiros, que nem a própria defesa necessitava, pois os juízes terão de julgar segundo a lei italiana e as condições italianas da regulamentação ferroviária: não terão de fazer confrontos ou estudos de legislação e de administração internacional comparada! Mas, o zelo defensivo dos peritos é tão excessivo que, não obstante a afirmação da regularidade do comboio, segundo as normas vigentes na Itália, ainda querem acrescentar-lhe um diploma de benemerência à Sociedade ferroviária...

Respondendo ao 5º quesito da parte acusadora, sobre os sinais precedentemente indicadores do possível desmoronamento, os peritos dizem, naturalmente, que nenhum sinal percursor *foi descoberto*, transformando, assim, o seu parecer técnico, em um verdadeiro depoimento histórico, de fato, que não era da sua competência. Mas, em seguida, em um novo exemplo de admirável zelo, acrescentam, como se fosse uma conclusão de advogado em vez de um exame pericial: "É conveniente fazer notar que a Sociedade exploradora tinha todo o interesse em registar esses sinais, para propor ao Governo obras de defesa, a fim de diminuir as despesas de exploração, etc."

Mas, pelo amor de Deus, quem lhes pediu estas considerações forenses de defesa? E com que autoridade, porque ordens do juiz, tomam a iniciativa de as expor?

Acabaram-se os exemplos de excessivo zelo defensivo. Só um outro me permitirei ir buscar ao imponente exame pericial, na resposta ao 8º quesito da parte civil, em que se perguntava se não teria sido prudente e necessário, dadas as condições da linha e a velocidade do comboio, adotar freios diferentes dos de parafuso.

E ainda aqui os peritos, não só respondem de maneira a libertar a Sociedade da mais longínqua sombra de irregularidade no uso dos freios, mas, não contentes com isso, pretendem acrescentar e argumentar que, para utilizar freios contínuos (de ar comprimido), admitindo mesmo que o Governo pudesse, de acordo com a convenção, autorizar a Sociedade a dotar todo o seu material com freios contínuos, *teria sido uma dificuldade insuperável* o número de oficinas necessárias, etc., etc. E além disso, repete-se a cantiga dos confrontos internacionais que ninguém solicitou, afirmando que as Sociedades italianas não estão, neste ponto, abaixo das francesas, alemãs, etc., e, por isso, que bárbaro e iníquo espírito poderia responsabilizar a referida Sociedade Ferroviária italiana, pelo instantâneo, imprevisível o contemporâneo desabamento de 20 de outubro?

Uma reconstituição reveladora

Disse eu ainda que, além de um excessivo zelo defensivo, de que me parece ter dado exemplos e citado documentos indiscutíveis, o exame Brioschi pecava por enorme reticência.

Lembram-se que o último quesito proposto pela defesa se referia à negligência do maquinista, perguntando se este, "no momento em que verificou que a linha estava impedida, podia, com os meios de que dispunha, evitar o desastre".

É a habitual e vaga pergunta sobre a negligência, que porém, apesar de mal feita quanto ao problema da responsabilidade de Brambilla, deu causa, juntamente com a reconstituição verdadeiramente providencial, a que se descobrisse uma inqualificável reticência do exame pericial. Na verdade, os peritos, para darem uma resposta conscienciosa, fizeram aquela experiência acerca da visibilidade do desmoronamento, que nós repetimos na reconstituição. É inútil falarmos das conclusões defensivas a que chegaram os peritos; mas é muito instrutivo e útil, por outro lado, ver de que modo e com que consciência eles chegaram àquelas conclusões.

Para determinar o ponto de onde o maquinista teria podido ver o desmoronamento, os peritos fizeram a experiência em uma máquina, que não era a denominada *Germânico*, que puxava o comboio 265 em 20 de outubro e depois pretendem que se aceitem as suas conclusões em que afirmam que o corpo cilíndrico da máquina, em um dado ponto, impede a visão! Mas cinco centímetros a mais ou a menos nas dimensões das várias partes da máquina, produzem uma grande diferença na distância e nas possibilidades visuais, para que essa experiência, como eu fiz notar no auto da reconstituição, ofereça suficiente garantia de segura exatidão.

Mas isso é o menos; a enorme, a inexplicável, a inqualificável reticência, está em outro ponto.

Recordem-se, senhores do Tribunal, da descoberta que fizemos há dias, durante a reconstituição. Tendo ido ali precisamente para observar de que distância se podia ver o desmoronamento, chegados junto de uma ponte, um pouco para lá da casa da guarda, encontramos uma espécie de dupla via, cujo ramo do lado direito, que se afasta da colina, é constituído pela linha presentemente em atividade de serviço, sendo o ramo esquerdo formado por uma velha linha abandonada... mas que era a única existente ao tempo do desastre!

E esses velhos carris, como devem lembrar-se, vão em linha reta até à casa da guarda 214, pelo que o desmoronamento é visível para além da casa e bem para além daquela trincheira que, junto da já mencionada ponte, impede, pelo contrário, essa visão, quando se segue *pela nova linha desviada*!

Pois bem: o que fazem os peritos? Vão ao lugar do desastre: sobem para a máquina e observam que "a 197 metros da casa da guarda, isto é, a 848 metros do desmoronamento, há um momento em que se descortina o andamento da estrada, mas sem que, porém, se possa ver a linha ao pé do desmoronamento; a linha era, em seguida, ocultada *por uma alta trincheira*, e logo depois pelo corpo cilíndrico da máquina". E não reparam, nem dizem que toda essa experiência se realizou antes da casa e da ponte, *na nova linha*, construída um ou dois anos depois do desastre! E não reparam, nem dizem que a única experiência concludente possível deveria ser feita na velha linha abandonada porque sobre ela correu, inconsciente, para a morte, o funesto comboio de 20 de outubro!

E são esses os oráculos da ciência geológico-ferroviária! E é essa a atendibilidade de um exame pericial que se cala a respeito do desvio da linha e fala em experiências, sem dizer que as fizeram em uma linha *diversa* da existente no dia do desastre! De maneira que se a defesa não tivesse, tão providencialmente, insistido para que se fizesse a reconstituição, não só não teríamos, todos nós, visto a imensidade do desmoronamento e o estado pavoroso de toda a barreira nas proximidades, nem teríamos, mais uma vez, apanhado em erro a testemunha Schiavone, nem teríamos, finalmente, descoberto esse desvio da linha, sobre o qual o exame é reticente e em conseqüência, ainda por isso, perde, perante vós, todo o crédito judiciário.

Uma mentira geológica

Mas, antes de abandonar definitivamente este exame ao merecido esquecimento, quero fazer uma única observação, para vos dar uma nova prova da sua íntima e substancial contradição, que ainda mais desacredita as suas afirmações gratuitas ou reticentes.

O primeiro quesito, apresentado pela defesa, refere-se à natureza do terreno onde se deu o desastre, e o exame Brioschi, naturalmente para excluir a previsibilidade do desmoronamento, exclui que aquele terreno seja de natureza de *se desmoronar*.

Já antes do exame, o tinha também negado aquele Motta, proprietário, que espera as 12 mil liras da indenização amigável, contrariamente aos inúmeros depoimentos das pessoas práticas do lugar e contra, notai o eloqüentíssimo exemplo histórico, contra o próprio nome de "Frattina Motta" com que a experiência tradicional das populações, designava aquela infausta colina.

Curioso destino o das coisas e dos perigos revelados e repetidos pela voz pública e de que somente a autoridade ou quem tem a obrigação de evitar os desastres não tem conhecimento ou não providencia senão depois de se darem os desastres e as mortes!

Mas além disso, o exame Brioschi desmente-se a si mesmo, por evidente contradição lógica, e é, também, contraditado por certas declarações que, estou certo, a defesa nem sequer pensará em discutir.

Realmente, ao falar das causas do desmoronamento, o exame Brioschi diz que elas se resumem, principalmente, na ação da água das chuvas, que ensopando o terreno e aumentando-lhe, assim, o peso, provocou a desagregação por falta de coesão. E está bem: mas então, como concilia isso com a imprevisibilidade do desmoronamento e com a afirmada natureza estável do terreno? Mas as águas pluviais são um fenômeno periódico e freqüente e, por isso, perfeitamente previsível; e a sua ação de desagregação do terreno permeável era, portanto, absolutamente periódica e previsível, e o próprio terreno, precisamente por ser suscetível e estar sujeito a essa ação desagregadora da água das chuvas, só era e só podia ser um terreno de pouca estabilidade. Deve acrescentar-se a isto que a Frattina Motta está no sopé de uma montanha, como revela o próprio exame, e portanto em uma posição que agrava, pela dificuldade do escoamento, a referida ação da água das chuvas. Eu compreenderia que, se a causa principal do desmoronamento fosse, por exemplo, um terremoto ou um ciclone atmosférico, um fenômeno, em suma, já por si bastante raro e, por isso, quase imprevisível, se pudesse concluir que o desmoronamento por ele determinado era imprevisível e nem o terreno, por ter cedido à catástrofe, podia considerar-se de natureza pouco estável.

Mas afirmar que a causa principal do desprendimento de terras foi a água das chuvas e, em face de uma causa tão natural, previsível e periódica, concluir por um efeito imprevisível é, verdadeiramente, um absurdo.

E não só, como eu disse, o exame Brioschi se contradiz e suprime a si mesmo, mas até no famoso inquérito administrativo e nos relatórios e projetos da Sociedade ferroviária, juntos ao atual processo, temos o desmentido oficial das conclusões do exame Brioschi acerca da negada natureza desmoronável do terreno.

Ouvimos aqui dizer às testemunhas que duas outras quedas de terras sucederam à de 20 de outubro, naquele mesmo lugar e a poucos meses de distância e se elas não alarmaram a opinião pública, foi unicamente porque, felizmente, não produziram a morte de ninguém, apesar de uma delas, a de 5 de março de 1889, ter apanhado um comboio de serviço: e porque, quando não têm conseqüências lutuosas, esses fatos passam facilmente despercebidos.

Foi então que a Sociedade ferroviária pediu novamente ao Governo para desviar a linha, afastando-a da colina. O Conselho superior das obras públicas não foi dessa opinião, possivelmente por motivos de ordem financeira, visto estarem orçados em 10 milhões os gastos com essa obra, mas a Sociedade insistiu, observando (no *Relatório* de 24 de janeiro de 1891) que "apesar dos cortes já efetuados deu-se um novo desmoronamento em dezembro de 1890, no mesmo quilômetro 215".

Ouçam, senhores do Tribunal, a conclusão: "Esses fatos demonstram *indiscutivelmente* que os terrenos que constituem a colina, neste lugar, não se podem considerar estáveis, e que, por isso, a sua sistematização segundo o projeto uniforme, é um remédio insuficiente".

Essas palavras são precisamente da Kossuth, diretor técnico geral da Sociedade Ferroviária, e perante elas reverentemente nos inclinamos, fazendo notar que isso é o desmentido solene do exame Brioschi na parte em que nega a natureza pouco estável do terreno.

Mas basta, porque, por parte da Sociedade ferroviária, temos nós uma outra confissão preciosa, contida no Relatório final do inquérito administrativo, que admite se tenham dado já antes de 20 de outubro de 1888 "pequenas *deslocações*" (a frase é textual) para as quais, porém, houve sempre pronto remédio. Pondo de parte as dimensões, ficamos já sabendo que, contrariamente às negativas póstumas, houve *desabamentos* anteriores, e sabemo-lo pelo próprio relator do inquérito administrativo, que é o advogado Galateo, a quem, justamente, quero agradecer especialmente.

Adv. Galateo. — Divirta-se...

Ferri. — Eu não me divirto e peço ao Sr. Presidente para chamar o advogado Galateo ao respeito pelo senso moral... Eu não me divirto, mas defendo as famílias de vinte assassinados por vossa culpa...

Protestos do advogado Galateo, que afirma não ter assassinado ninguém...

Há aplausos na sala e gritos de: Viva Ferri. — *O Presidente reclama silêncio energicamente e em vista das aclamações a Ferri continuarem e aumentarem, o Presidente declara encerrada a audiência e dá ordem para fazer evacuar a sala.*

Os colegas e amigos cercam Ferri, abraçando-o e beijando-o, enquanto ele se aproxima da saída, sendo de novo aclamado pelo público, que o acompanha em massa até a casa, gritando: Viva a independência do deputado Ferri!

Audiência de 15 de novembro

Presidente. — O advogado Ferri tem a faculdade de continuar. Recordo-lhe que a sua tese é: a imprudência do maquinista Brambilla.

Negligência visível

Advogado Ferri: — Sr. Presidente. Dizia eu que a questão da responsabilidade do maquinista deve ser, na minha opinião, apresentada de maneira diferente daquela pela qual o tem sido até agora.

Na verdade, tem-se sempre falado em *negligência* do maquinista, que teria podido ver e só viu tardiamente que a linha estava impedida.

As experiências feitas pelos peritos para determinar o ponto de onde se poderia ver o desmoronamento, são destituídas de qualquer valor porque, como eu disse ontem, foram realizadas em um troço de linha diferente do que existia em 20 de outubro de 1888.

E daqui a distinção entre a reta que começa na casa da guarda e a curva da linha, que nós, porém, na reconstituição, vimos ser uma curva bastante doce, sem aquela grave diferença de visualidade da reta, que se podia talvez supor ouvindo falar tanto no comboio que saía da curva e da reta que começava, e só na qual, dizia-se, o maquinista podia, vendo o caminho diretamente, evitar a montanha de terras que o atravancava.

Parece-mo que, ainda aqui, a reconstituição foi verdadeiramente utilíssima e que se poderia também sustentar a tese da negligência do maquinista.

De fato, não só descobrimos que se via a direito a velha linha, mas também que essa visibilidade ia até junto da casa 214; portanto, também aqui se verifica a inexatidão de uma observação feita no relatório do inquérito administrativo.

Está bem que se afirme que o impedimento da linha só é visível quando se está em linha reta com ele; mas isto admite-se quando se trate de coisa pouco volumosa. E no presente caso trata-se nada menos que de meia colina precipitada para a linha, a ponto de, como vimos no local, todo o aspecto do monte ficar radicalmente modificado e o maquinista, que há muitos anos viajava sempre naquela linha, se estivesse com atenção, deveria tê-lo notado.

De fato, o relatório do inquérito administrativo, supondo a presença de Morea na casa da guarda na altura da passagem do comboio, observa que a "Comissão teve ocasião de verificar pessoalmente que olhando da casa da guarda para nascente, *para onde o olhar devia ser atraído pelo nascer do dia*, se distingue muito bem não só a linha para Grottole, mas ainda todo *o perfil do desmoronamento*, onde até então devia ver-se o perfil anterior do monte".

Apliquemos essa exata observação ao maquinista: justamente porque marchava para levante e os seus olhos deviam ser atraídos pelo sol nascente, e justamente porque se tratava não de um bloco de terra, mas de metade de uma colina e de uma enorme alteração do seu perfil, destacando-se sobre o fundo luminoso do céu do nascente; justamente por isso, o maquinista teria podido e devido ver de longe, se estivesse com a devida atenção, o desmoronamento produzido.

Nada vale a observação em contrário, de que o caso é outro agora, que já se sabe que está lá o desmoronamento, bem diferente de estar nas condições do maquinista que disso não tinha conhecimento, porque essa observação teria valor no caso de um pequeno impedimento da linha, mas não pode aplicar-se, porém, no caso de uma colina despenhada sobre a linha, produzindo uma enorme modificação no perfil de uma montanha, destacando-se de encontro à luz nascente de um dia nefasto.

Mas, repito, eu creio que bem mais certamente do que da sua *negligência*, a responsabilidade do maquinista provém de uma outra razão.

Todos sabem que o Código Penal vigente, como o por ele revogado, a propósito do homicídio culposo determina quatro modalidades de culpa punível: quando a morte de alguém (art. 371) é ocasionada pela *negligência* (que compreende também a falta de atenção e a inadvertência do Código anterior) — ou pela *imperícia* — ou pela *inobservância dos regulamentos* — ou ainda pela *imprudência*.

Eu sustento que, quanto ao maquinista Brambilla, o desastre de 20 de outubro é imputável à sua *imprudência*.

Um maquinista simpático, mas imprudente

Quem é Brambilla? Evidentemente que, como homem, ele forma um estranho contraste com o guarda Morea: este, raquítico, de fisionomia quase simiesca, imbecilizado pela desgraça congênita e pela malária, é uma dolorosa figura de homem; Brambilla, ao contrário, é um rapaz vigoroso, franco, de aspecto simpático e precisamente a isto ele deve o fato de, tanto no julgamento de Matera como neste, o acolher a simpatia geral que, pela involuntariedade do desastre, menos vivamente reclama a sua condenação.

Nem eu, pelo meu lado, nego a simpatia de Brambilla, como homem, que sabemos ter salvo uma criança saltando da máquina que estava quase a esmagá-la. Mas acrescento que se ele, como homem, é corajoso, justamente por isso é perigoso como maquinista, porque é audacioso e imprudente.

E imprudente foi a velocidade a que ele lançou o comboio 265 na madrugada fatal de 20 de outubro de 1888.

— É esta a minha tese.

Mas qual era, realmente, a velocidade desse comboio?

Recordemos, antes de mais nada, que Brambilla não estava esgotado pelo excessivo trabalho, pois só vinha desde Potenza, visto estar-lhe confiado o troço Potenza-Metaponto. E subitamente, compreendem-se os efeitos do depoimento prestado pelo tenente Caputo perante o juiz de instrução. "Depois de Potenza", disse essa testemunha, "aumentou a velocidade do comboio"; era o novo maquinista que, subitamente, fazia sentir os efeitos da sua vigorosa audácia.

O próprio Brambilla admite nos seus interrogatórios que a velocidade do comboio devia ser entre 50 a 55 quilômetros por hora; de 55 a supõe o fogueiro, segundo consta no inquérito administrativo; é sobre uma velocidade de 55 quilômetros que o exame Brioschi baseia os seus cálculos. Vejamos se esse número será de atender.

Uma velocidade imprudente

No volume IV do processo, encontra-se uma *cédula-horário* do comboio 265, oficialmente apresentada pela Sociedade ferroviária. Nela se lê que o comboio partiu às 5:38 da manhã de 20 de outubro da estação de Grassano e chegou às 5:50 ao quilômetro 215... e daí não prosseguiu a marcha do comboio fúnebre!

Ora, estes dados oficiais não são de atender.

Na verdade, qual é a distância precisa da estação de Grassano ao ponto em que o comboio chocou com o desmoronamento? A estação de Grassano fica no quilômetro 210 e 940 metros; a casa da guarda 215 é no quilômetro 215 e 331 metros, e, portanto, acrescentando cerca de 50 metros para lá da casa da guarda, temos uma diferença, entre 210.940 e 215.381, de 4.441 metros.

Ora, se o comboio, partindo de Grassano às 5:38 tivesse chegado, como diz a cédula-horário, às 5:50 ao local do desastre, teria gasto 12 minutos para percorrer 4.440 metros, isto é, teria andado 370 metros por minuto, cerca de 22 quilômetros por hora!

Velocidade absurda e que demonstra, evidentemente, a inatendibilidade da informação oficial que fixa nas 5:50 o momento do desastre.

Esse momento, em todo o processo escrito e oral, a começar na descrição do local redigida pelo pretor Man., está antes indicado como sendo às 5:45 horas.

Nesse caso, o comboio teria percorrido os 4.440 metros em 7 minutos, isto é, 630 metros por minuto e 38 quilômetros por hora.

Mas ainda não são essas as horas e a velocidade verdadeiras. O choque deve ter-se dado antes das 5:45.

O chefe da estação Trotta, no inquérito administrativo, diz que ele se deu às 5:44, mas nem isso é exato, porque gastando seis minutos para percorrer 4.440 metros, o comboio deveria ter a velocidade de 44 quilômetros por hora, certamente inferior à realidade.

Andando com a velocidade mais geralmente admitida, até pela defesa, de 55 quilômetros por hora, o comboio teria gasto 4 minutos e 8 décimos de minuto (ou seja 48 segundos) para percorrer os 4.440 metros e teria assim chegado ao lugar do desastre às 5 horas 42 minutos e 48 segundos.

Ora, o guarda Morea, no inquérito administrativo, depõe que o comboio passou "cerca das 5:40" e o guarda-freios Villani disse aqui, nesta audiência, que o desastre se deu entre as 5:40 e às 5:45.

Isso equivale a dizer que o comboio mortal percorreu a distância de Grassano ao desmoronamento em 4 minutos, no máximo, e, assim, andava com uma velocidade superior a 1.000 metros por minuto, ou sejam 60 quilômetros por hora!

E note-se que esta velocidade se obtém calculando como igual a velocidade em cada um dos quatro quilômetros percorridos depois de Grassano; mas se tomarmos em consideração que no primeiro quilômetro a velocidade devia ser menor, porque o comboio começa a andar lentamente, acelerando o andamento pouco a pouco, compreende-se que, no ponto do desastre, a velocidade devia ser ainda superior àquela por nós calculada de mil cento e trinta metros por minuto.

E estes dados matemáticos, de uma terrível eloqüência contra o trabalho do maquinista, correspondem perfeitamente aos restantes dados processuais. Se o acusado, a Sociedade e os peritos admitem que a velocidade era de 55 quilômetros, isso significa que devia ser superior; porque é verossímil, é humano, é freqüente que os acusados admitam sempre menos do que aquilo que, na realidade, se deu.

E depois não faltam testemunhas que, viajando no comboio, notaram a *extraordinária* velocidade deste. Que mais? O próprio Brambilla, como resulta do inquérito administrativo, ao chegar à estação de Trivigno, entre Potenza e Grassano, pediu ao condutor do comboio outro guarda-freios, que, de fato, entrou em atividade, porque sentia que o comboio não lhe obedecia. E este fato demonstra que o próprio Brambilla sentiu a imprudência da velocidade a que conduzia o comboio, para recuperar o atraso.

Mas o golpe de misericórdia é dado por uma testemunha que no julgamento foi bastante incolor, mas que no inquérito administrativo e no seu depoimento perante o juiz instrutor nos deu, verdadeiramente, a prova insofismável da imprudência de Brambilla. Refiro-me ao guarda-freios Villani, que foi o salvador da última carruagem do desgraçado comboio, porque já, com antecedência, lhe tinha apertado o freio. De fato, apesar de geralmente se ter acreditado que ele apertou o freio *depois* de ter ouvido os sinais de alarme do maquinista, a verdade é, pelo contrário, que os apertou antes e por sua própria iniciativa.

Ouçam as tremendas palavras, senhores do Tribunal (vol. I, fls. 115): "Antes de chegar à casa da guarda 214, observando que a velocidade do comboio se *alterara*, acelerando-se *para além do usual a fim de recuperar o atraso*, e observando, ainda, que a minha carruagem oscilava, julguei oportuno apertar os freios e *fi-lo sem que o maquinista tivesse, para isso, feito qualquer sinal*. Tanto mais que é **Prudente**, nas descidas com velocidade, apertar os freios, mesmo sem sinal do maquinista".

Aqui temos, portanto, a condenação inevitável de Brambilla, por evidente *imprudência* em ter-se lançado por *aquela linha* que conhecia como mal segura, em descida, *com aquele comboio* insuficientemente fornecido de vulgares e nada aconselháveis travões de parafuso, a uma velocidade vertiginosa, superior a 60 quilômetros por hora, dando, assim, origem a um desastre de excepcional gravidade.

Também a inobservância dos regulamentos

É verdade que o relatório do inquérito administrativo, preparando a defesa, tenta desculpar o maquinista dizendo que entre Grassano e Grottole ele não tinha, pelos regulamentos ferroviários, a obrigação de diminuir o andamento, que está, por exemplo, estabelecida algumas estações mais adiante, entre Ferrandina e Pisticci.

Mas, como vêem, este raciocínio teria um certo valor se eu baseasse a culpa do maquinista "na inobservância dos regulamentos, ordens ou disciplina"; de nada vale, porém, perante a acusação evidente de *imprudência*, que reflete a conduta do maquinista segundo as normas comuns da experiência e da prudência, independentemente de qualquer disciplina ou ordem especial.

E, contudo, será exato dizer-se que da parte de Brambilla não houve inobservância dos regulamentos?

O advogado Tajani, na sua hábil oração, disse que a Sociedade estava em regra, quanto ao número e qualidade dos freios, quanto ao atraso e à velocidade do comboio.

Deixemos de parte a regularidade dos freios e até o atraso, apesar de, quanto a este, se poder objetar que a enorme afluência de passageiros em Nápoles, *de regresso* das festas ao imperador da Alemanha, era de prever e que, por isso, a Sociedade teria podido fazer partir o comboio ordinário 265 à hora marcada, fazendo-o seguir, passados os dez minutos regulamentares, por um comboio especial, que teria, por certo, diminuído os lucros, mas talvez tivesse evitado o desastre.

Mas vejamos, porém, no que a velocidade se refere, se ela era a regular. Também Brambilla, na audiência de 26, antes de começarem a depor as suas testemunhas de defesa, insistia nessa regularidade, porque o comboio podia ter a velocidade ordinária de 50 quilômetros por hora e os regulamentos permitem o aumento de 10 para recuperar o atraso; e por isso dizia (e repetia, portanto, o que consta do exame Brioschi): "eu estava dentro da lei conduzindo o comboio à velocidade de 55 quilômetros por hora".

Quanto a este ponto haveria que verificar, à face de um horário oficial, se a velocidade ordinária do comboio ônibus 265 era realmente de 50 ou não seria antes de 45 quilômetros por hora. Mas, seja como for, já demonstrei que o comboio seguia com uma velocidade superior a 60 quilômetros por hora; e, por isso, bastaria esse fato para provar, ao contrário, a irregularidade daquela corrida vertiginosa.

A carta perdida de Edgar Poe

Sucedeu-me, neste ponto, uma coisa curiosíssima e que me recordou a famosa novela de Edgar Poe acerca da carta perdida. Devem lembrar-se de que o genial escritor americano, esgotado, bem novo, pelo alcoolismo, descreve como um indivíduo encarrega a polícia de procurar uma carta importantíssima que lhe tinha sido roubada. E recordam-se, certamente, que os mais hábeis agentes da polícia, demasiadamente hábeis até, se puseram à sua procura no quarto onde tinham concluído que devia estar escondida a famosa carta, e depois de um extraordinário trabalho de indagações minuciosas debaixo do sobrado e dentro das pernas das cadeiras que perfuraram, à procura da carta desaparecida, ficaram desconsolados quando o original dono do aposento lhes mostrou uma carta pendurada na parede, perfeitamente à vista, e quase provocante.

A excessiva habilidade dos agentes não tinha pensado que a melhor maneira de esconder um objeto era "não o esconder".

Aconteceu-me uma coisa semelhante, a propósito dessa afirmada regularidade dos 55 quilômetros por hora.

Se no inquérito administrativo, no interrogatório de Brambilla, no exame Brioschi, no discurso de Tajani, disse para mim mesmo ao estudar o processo, se afirma que a velocidade era perfeitamente regulamentar, é impossível que sobre uma coisa tão clara e precisa, como é um artigo de um regulamento, tenha podido haver um equívoco. E porque, para a responsabilidade de Brambilla era e é, para mim, suficiente a sua inegável imprudência, nem pensava em verificar este ponto da causa.

Mas um dia quis ver essas famosas instruções de outubro de 1886 sobre o serviço dos maquinistas, que no seu art. 3º determinam a velocidade dos comboios em atraso.

E verifiquei que, realmente, a primeira parte desse artigo autoriza os maquinistas a aumentarem 10 quilômetros por hora a velocidade para recuperar o atraso, ainda que, no art. 4º, logo a seguir, diga que essa recuperação deve fazer-se, de preferência, com uma menor paragem nas estações, do que com um aumento de velocidade do comboio.

Mas qual não foi o meu espanto ao lançar os olhos para a parte final do referido art. 3º? Foi uma verdadeira revelação, como a satírica indicação da carta visibilíssima aos agentes de polícia que a procuravam debaixo das tábuas do pavimento e nas pernas das cadeiras.

Aquela parte final diz que o aumento de 10 quilômetros por hora só é permitido quando o consintam as *condições da linha* e do *comboio*.

Ora, na linha Potenza-Metaponto e especialmente depois da estação de Grassano, quando a linha rasa a montanha que pende, ameaçadora, sobre ela, haverá as condições de segurança que permitam o aumento da velocidade? E naquele comboio, só com travões de parafuso, existiam as condições que permitissem saltar sobre a restrição da parte final do art. 3º?

Cabe ao Tribunal responder, porque a mim parece-me evidente que em Brambilla, perfeito conhecedor daqueles perigosos lugares, a culpa punível não pode excluir-se, quer porque procedeu como um maquinista imprudente, quer porque não cumpriu as disposições do seu regulamento, no prudente final do art. 3º.

E supérfluo dizer que, em face dessa responsabilidade do maquinista, para nada serve, também, a tese, da contemporaneidade do desmoronamento, porque como já decidiu a jurisprudência em casos semelhantes (como refere, por exemplo, Tassa, *A responsabilidade das companhias ferroviárias*, Turim, 1888, pág. 44 e 47 e Montesini, *Contratos de transporte*, Turim, 1890, I, 155), aquele que tem culpa é, também, responsável pelo caso fortuito, visto que se ele não incorresse na culpa o dano se não teria dado ou teria sido menos grave.

Senhor Presidente:

Não acrescento nem mais uma palavra para sustentar os nossos direitos porque a responsabilidade dos réus e da Sociedade Ferroviária me parece indiscutível.

É aos juízes que cabe, agora, a palavra. E tenho a convicção sincera e profunda de que ela não será de absolvição.

Porque uma sentença absolutória quereria dizer: o que lá vai, lá vai, e asseguraria a impunidade dos futuros desastres e tiraria da consciência pública toda a confiança nos trabalhos da justiça, provocando a desordem moral, porque, meus senhores, o sentimento anárquico nasce debaixo quando a anarquia desce do alto...

Mas não, a vossa sentença, que a Itália inteira aguarda, dará ao veredicto da consciência pública a autoridade da vossa consciência de magistrados, a sanção inexorável da lei, o selo da justiça triunfante.

Disse.

Uma derradeira manifestação de banditismo

Processo Cola Morra — De Nittis

Tribunal Criminal de Benevento

Senhores juízes, cidadãos jurados:

Sou eu o último a falar como representante da parte acusadora, em uma causa que é grave porque é indiciária e que é interessante, em alto grau, porque se refere a Cola Morra, que a si próprio se qualificava de "célebre bandido".

Pretendo ser calmo e ter a coragem da verdade, embora isso agrade ou desagrade seja a quem for, tendo como guia dois únicos critérios: o estudo do processo e a minha consciência, não só de advogado mas, neste caso, também de estudioso das misérias físicas e morais da humanidade.

E procurando dominar a onda de sangue ardente que do coração desejaria subir ao cérebro, para restituir aos adversários e aos companheiros as quentes saudações, limitar-me-ei a manifestar a minha satisfação por ter hoje de falar, neste processo, diante dos habitantes desta forte província, que resume em si, aos olhos de italianos e os estrangeiros, pelos seus monumentos, toda a história italiana, desde os vestígios do poder conquistador dos romanos, que estão junto do castelo medieval de Manfredi, até às largas ruas que a civilização italiana abriu neste centro fecundo, com a mole imponente e despropositada de um palácio provincial, que serve também para demonstrar que nem sempre são previdentes os critérios adotados no governo das coisas públicas.

E é com alegria que manifesto a minha satisfação por falar neste processo diante dos dois magistrados que estão um a dirigir o julgamento e o outro a representar a acusação pública, porque pertencem ao número dos poucos magistrados italianos que eu, nos meus estudos sobre crimes e criminosos, tive ocasião de citar como autores de publicações científicas.

A afluência de público a este Tribunal, em todas as audiências deste processo, é a prova humana de que não se trata de uma causa ordinária, mas de um processo que chama para sobre si, com a força da atração humana, as vibrações da consciência pública e por isso todas as classes sociais têm a sua atenção fixada na figura de Cola Morra e no destino que lhe dará o vosso veredicto. Os seus quatro cúmplices são olhados como sombras vãs, escondidas pelo clarão criminoso que produz a figura do bandido da Capitanata.

E a consciência pública tem toda a razão em procurar conhecer as origens desta causa, porque Cola Morra, na sua forte velhice, de audiência em audiência nos tem feito quase assistir aos últimos estremecimentos de um vulcão que está para extinguir-se, mas que 30 ou 40 anos antes, devia, decerto, ser um terrível vulcão. Cola Morra é uma ruína viva da velha Itália borbônica, sobre que passou o hálito oxigenado da revolução italiana, de que surgiu a verdadeira dignidade da soberania popular. Mas Cola Morra — como todos os bandidos — junto das populações oprimidas representa, também, o símbolo vivo do protesto e da rebelião contra as injustiças e as opressões dos poderosos. Por isso Cola Morra ainda hoje encontra à sua volta um sentimento de admiração popular, que é legítima e honesta quando manifesta os seus sentimentos de protesto e de defesa pelas vias legais, mas se torna em degeneração quando é violência arbitrária, cuja responsabilidade, porém, não pertence tanto à inconsciência popular como à incúria das classes dirigentes, que durante tantos anos deixaram o povo italiano sem uma eficaz educação social, e por isso o povo inconsciente personifica o seu amor pela justiça naquele a quem o seu defensor ontem chamava "um delinqüente".

Aos senhores jurados compete resolver se os cinco acuados são ou não os autores dos fatos ocorridos no lugar do *Pântano*, na noite de 11 de junho de 1900, contra Vincenzo De Nittis.

Causa indiciária

Cola Morra e os quatros cúmplices que estão na vossa presença são os autores desses fatos que a lei considera puníveis? É este o problema que têm de resolver; e devem resolvê-lo sem ter à vossa disposição os dados irresistíveis da evidência judiciária, que são a confissão do réu ou o flagrante delito.

Se Cola Morra tivesse confessado o crime ou tivesse sido surpreendido em flagrante delito, o caso seria simples, mas Cola Morra e os seus cúmplices negam que sejam os autores dos fatos em causa, constantemente proclamando a sua inocência; ninguém os viu, porque nem sequer o cocheiro Mancini afirma ter visto Morra e os seus cúmplices. A causa é, portanto, simplesmente indiciária, o que é sempre grave, porque para proferir o veredicto os senhores precisam, antes de mais nada, de ter a prova das circunstâncias de fato de que possam deduzir a decisão a tomar; devem examinar os diversos indícios, longínquos e próximos, diretos e indiretos, e chegar a conclusões que deverão decidir do destino destes cinco homens.

A causa indiciária é sempre uma causa grave para a justiça humana; porque nas causas indiciárias é preciso realizar um difícil e tormentoso trabalho de consciência e de espírito; as provas do fato não estão na nossa frente: não é como um mal do corpo em que o cirurgião vê claramente a sede e determina o remédio em conseqüência, mas é, antes, o caso do clínico, para quem a doença não se apresenta evidente e que, por isso, passando do conhecido para o desconhecido, tem de reunir os sintomas, desde os mais evidentes aos menos visíveis, e conjugá-los em uma relação de causa para efeito, para chegar à conclusão, isto é, determinar o diagnóstico da doença e indicar o remédio.

Na causa indiciária contra Cola Morra, o ponto central do vosso julgamento é decidir quem foi o autor do fato praticado em 11 de junho; mas, para decidir este ponto central, é preciso resolver, primeiro, na vossa consciência, alguns problemas secundários, que constituem como que as condições preliminares do juízo definitivo. Devem, por exemplo, resolver o problema da capacidade para delinqüir: os acusados são pessoas capazes de cometer o crime que lhes é imputado? É esta uma pergunta que em todas as causas indiciárias se apresenta como primeira indagação a fazer e como bússola diretiva; sobretudo tratando-se de Cola Morra, que tem contra si os precedentes da sua vida criminal.

Um outro problema surge depois, não por nossa intervenção, mas graças a Cola Morra: a questão do *depósito*. Porque não fomos nós que para aqui trouxemos essa questão, mas sim Cola Morra que, usando do seu direito de defesa, disse: "Não só estou inocente do crime de 11 de junho, mas também posso gabar-me de ter direito a reclamar de De Nittis a restituição dos ducados que recebi da família Siniscalchi". Estes dois pontos são as condições necessárias para chegar à atribuição do fato criminoso aos atuais acusados; além do que, surge um outro problema: o da determinação do grau de responsabilidade dos acusados, se forem considerados como autores do crime.

Portanto, senhores jurados, o caminho que terei de percorrer rapidamente, é este: capacidade para delinqüir — verdade do depósito — provas da execução dos fatos de 11 de junho — responsabilidade penal dos autores desses fatos.

O fato

O que se deu em 11 de junho? Todos o sabem que meia dúzia de bandidos atacaram a carruagem que transportava Vincenzo De Nittis, de regresso dos seus campos, para Foggia — ataque que teve por única testemunha o cocheiro Mancini. E De Nittis, apesar do pouco agradável encontro, chegou a Foggia são e salvo.

Não se trata, portanto, de um crime consumado, mas de uma tentativa de crime.

E qual era o crime que se pretendia cometer? O despacho de pronúncia diz que se tentou seqüestrar a pessoa de Vincenzo De Nittis para lhe extorquir dinheiro, e contra Vincenzo De Nittis dispararam-se, também, alguns tiros com a intenção de intimidá-lo e depois alguns outros para impedir a fuga da carruagem. São estes os fatos nas suas linhas gerais.

Quem é o agredido?

Quem podia ser o autor ou o inspirador desses fatos? Para decidir este problema podemos seguir dois caminhos: o primeiro leva-nos ao estudo da vítima, o segundo ao estudo de Cola Morra. Da vítima, porque se Vincenzo De Nittis fosse um homem mal visto, se tivesse uma infinidade de inimigos pessoais, por motivos públicos ou privados, ou porque fosse um usurário que reduzisse à miséria quem, acossado pela necessidade, recorresse ao seu dinheiro, ou porque fosse um homem que atentasse contra a honra das pessoas ou das famílias, atraindo, assim, os ódios e as vinganças, então, poderia dizer-se: quem terá sido o autor da agressão? Muitos seriam os homens que teriam podido tentar um ato de vingança contra Vincenzo De Nittis. Mas, bem ao contrário, os nossos ilustres, valorosos e incansáveis adversários (o elogio é muito sincero) tiveram ocasião de demonstrar neste julgamento que Vincenzo De Nittis é uma pessoa em quem, à modéstia do aspecto exterior corresponde o ouro puro de uma alma honesta e de uma vida límpida. Este Vincenzo De Nittis, a quem, na sua psicologia de bandido, Cola Morra chama, em tom depreciativo, "uma mosquinha", tão modesto que se conserva nesta sala silencioso e quase absorto, é, contudo, um homem que, no alvorecer do século vinte, tem por si esta força diamantina: é um homem honesto. E isto explica a coragem e a força demonstradas por esta "mosquinha" contra Cola Morra, o gigante da violência pessoal.

Vincenzo De Nittis também esteve no cadinho incandescente da vida pública, a que só resistem os temperamentos honestos, porque nas batalhas febris da vida política e administrativa, sobretudo nessas regiões onde ainda os rancores pessoais, as clientelas e os interesses particulares, assim como os programas mirabolantes, formam o tecido da vida pública e fornecem os mil olhos de Argus que indagam os mais fugitivos pensamentos e ações do adversário. Pois bem: Vincenzo De Nittis chegou, em 1879, a ser o chefe da administração de Foggia, levando para esse cargo critérios modernos, atacando as despesas megalomaníacas da administração precedente, que deixara dois milhões de dívidas à comuna de Foggia, e não podia pagar aos professores e empregados, os quais, por isso, não cumpriam os seus deveres e iam à repartição quando lhes apetecia... e Vincenzo De Nittis demitiu empregados que não cumpriam os seus deveres, e Vincenzo De Nittis, com as suas tendências de homem moderno, atacou essa trapalhada da camorra administrativa, a que se chama as *empreitadas públicas* e pretendeu que o imposto fosse municipalizado vinte e dois anos antes do ministério Giolitti-Zanardelli apresentar no Parlamento o projeto de municipalização dos serviços públicos.

Vincenzo de Nittis municipalizou o imposto em Foggia; e o

relatório posterior do comissário régio apresentou a administração de De Nittis como exemplar. Mais tarde foi eleito e reeleito síndico e deputado; e depois que se retirou da vida pública para a modéstia privada, faz aquilo que poucos ricos fazem na Itália; porque Vincenzo De Nittis é rico, tendo-se até apresentado esse fato, nas sucessivas audiências, como um estigma. Mas há muitas maneiras de ser rico: pode ser-se rico pelo trabalho honesto e consciencioso, graças a invenções ou descobertas, e então é uma riqueza que devemos respeitar. E apesar da minha consciência me dizer que, com o andar dos tempos, serão eliminadas da sociedade humana as iníquas diferenças entre a grande fortuna e a grande miséria, apesar de trabalhar para a realização desta tendência, nem por isso penso que, existindo a propriedade privada, não haja o dever de respeitá-la, trabalhando, no entanto, para que uma diversa organização social dessa propriedade, aumente o grau da fraternidade humana.

Mas, mesmo respeitando a propriedade privada, tenho o direito de observar e julgar o uso que dela faz este ou aquele proprietário.

Vincenzo De Nittis é latifundista, tem 200 ou 300 trabalhadores sob as suas ordens; mas será um desses grandes proprietários que vivem na ociosidade, gastando o tempo no jogo ou em outro vício semelhante? Não. Vai para o campo, com os trabalhadores, às quatro da manhã; não é homem para dissipações; vive no campo com os agricultores. É certo que tem um palácio, ao passo que os seus operários vivem em cabanas sórdidas e desumanas. Mas De Nittis não tem culpa disso porque, se amanhã, desse o que possui aos seus trabalhadores, não resolveria a questão social. É pela educação e organização dos trabalhadores, pela transformação gradual dos sistemas econômicos e jurídicos, que o problema da miséria pode resolver-se e não pela beneficência ou pela iniciativa pessoal. Portanto, não existe, apesar do preconceito comum, a menor contradição moral no socialista que tenha e conserve um patrimônio pessoal, com o qual assegure para si a satisfação das necessidades da vida. Se Vincenzo De Nittis passasse a viver em uma cabana de palha, a miséria dos seus operários em nada diminuiria com isso.

Mas De Nittis não se limita a dar a sua parte de trabalho, sob a forma de direção pessoal dos campos de cultura; demonstra, também, a bondade do seu coração, quando transporta no seu carro os trabalhadores atingidos pela malária, fazendo-os tratar em sua casa, falando-lhes com a cordialidade de um homem honesto — e direi, até, cristão — no mais nobre significado da palavra.

Quem foi o agressor?

E agora, pergunto: quem poderia ter tentado o rapto e o seqüestro deste homem, que não provoca rancores e a quem os seus trabalhadores vêem com bons olhos?

Quem? A voz pública, em 12 de junho, disse imediatamente: *Só um homem pode ter tentado a agressão contra De Nittis.*

Bem sabemos que precisamos de nos acautelar da voz pública, nos processos indiciários; mas é preciso distinguir entre voz pública e voz pública; aquela de que precisamos nos acautelar, é a que surge artificialmente, pouco a pouco, tardiamente, mercê das sugestões deste ou daquele interessado que, nas tavernas ou nas reuniões, vai insinuando calúnias, inventando fatos que não existem, sem ter a coragem de falar claramente. Esta voz pública é lama humana de que não agrada tratar; mas quando, acerca de um fato, a voz pública surge espontânea, como relâmpago da consciência unânime, desde Cerignola a Foggia e diz: só um homem pode ser o autor, Cola Morra — esta voz, só por si, não basta para condenar; mas é, no entanto, uma voz pública que nos deve fazer pensar, porque é imediata e espontânea e nos revela a intuição dos mil sentidos da consciência pública.

Um dos defensores de Cola Morra disse que essa voz era tão pouco atendível, que o próprio De Nittis só mais tarde se queixou de Cola Morra, em quem não falava sequer. Ora, isto pode ser um vôo de fantasia do defensor, mas é um vôo de Ícaro: porque basta abrir o processo para verificar que, pelo contrário, no fim das declarações por ele prestadas em 14 de junho, Vincenzo De Nittis, tendo-lhe sido perguntado quem julgava ter sido o autor do fato de 11 de junho, respondeu como pensava a consciência unânime de público: "o autor foi Cola Morra".

Quererá isto dizer que, assim, esteja provado ser Cola Morra o autor do fato? Não, são necessárias outras provas, diretas ou indiretas; mas, no entretanto, concluamos com este primeiro dado de fato, que é um fato humano que, evidentemente, não foi criado artificialmente pela polícia, pois teve a faculdade de fazer surgir uma opinião pública imediata. Se à polícia se der algum tempo, acredito que possa também criar e organizar uma opinião pública mais ou menos artificial. Mas, no nosso caso, porque surge a opinião pública assim espontânea, por uma fulminante associação de idéias entre o fato e o autor, porque surge a acusar Cola Morra? Por duas razões.

Antes de mais, porque aquela forma de crime de agressão faz parte da atividade especial de Cola Morra; se fosse um caso de letras falsas, por exemplo, a opinião pública não teria podido pensar em Cola Morra porque ele, que é dotado de uma notável inteligência natural, só andou dois anos na escola elementar e escreve de maneira infantil, não podendo, por isso, falsificar letras. É preciso chegar a uma fase de civilização superior para que o criminoso deixe a espingarda do bandido e pegue na pena do falsário; e é por isso que, se fosse um caso de letras falsas, ninguém teria pensado em Cola Morra. Se se tratasse de um estupro violento, também ninguém teria pensado em Cola Morra porque esse não era o gênero dos seus crimes, pelo menos antes da velhice o ter atingido. Mas os raptos, os seqüestros de pessoas, os resgates, constituem a trama da personalidade de Cola Morra, posteriormente a 1850; além disso, era notório que Cola Morra reclamava da família De Nittis a restituição de um depósito de alguns milhares de ducados, fazendo essa reclamação em altos gritos, por toda a parte. Por isso, a voz pública disse logo: só pode ter sido Cola Morra.

A capacidade para delinqüir

Mas — eis a segunda razão — Cola Morra seria capaz de cometer esse fato? Os senhores jurados devem ter notado que os hábeis defensores de Cola Morra de tudo falaram para desculpar o seu cliente; citaram todas as testemunhas, menos as de defesa, porque os senhores jurados devem recordar-se do desastre que foi a defesa de Cola Morra.

Comecemos por uma personalidade venerável, o Bispo de Lucera, que foi indicado em primeiro lugar para defesa de Morra; mas o Bispo não veio depor. Uma outra testemunha indicada pela defesa foi o advogado Conte; este, interrogado pelo Presidente, que conhece os mistérios da vida judiciária, acerca da sua opinião pessoal e da opinião pública sobre Cola Morra, disse: "Para mim, é um grande criminoso". E são as testemunhas de defesa que aqui vêm dizer isto! Mas se o próprio advogado de defesa Solaroli disse: "Para mim, Cola Morra é um criminoso!". E até o próprio Cola Morra, em uma das últimas audiências, disse: "Sou um bandido e não um salteador". Bandido ou salteador é uma questão de mais ou de menos, como disse uma testemunha, ao ser interrogada neste julgamento.

Mas não basta que Cola Morra seja um criminoso; é preciso saber que gênero de criminoso ele é; porque é preciso saber se tem atitudes e precedentes que revelem predisposição para o crime de que é acusado.

A figura criminal de Cola Morra

Que gênero de criminoso é Cola Morra? Uma das suas testemunhas de defesa, Furlan, falou aqui na boa conduta de Cola Morra durante os três anos que viveu em liberdade, entre uma prisão e outra. E a testemunha advogado Rosso disse que Cola Morra não é feroz.

Estou completamente de acordo com o advogado Rosso e com a testemunha Furlan, em que Cola Morra não é o tipo do sanguinário, porque a verdade é que ele é réu contra a propriedade e não contra as pessoas; é o tipo intermédio, que nos casos extremos não recua perante a violência, mas a tendência do seu espírito não é o derramamento de sangue, não é o estupro. Não violenta as mulheres e as crianças como outros bandidos; não! Cola Morra não é do tipo do bandido Caruso, que foi fuzilado em Benevento em 1865 e tinha cometido dezenas de homicídios; Cola Morra não é o bandido Caruso que, com a sua quadrilha, abusou corporalmente de vinte soldados incumbidos de cumprir um dever de defesa social, fera humana contra quem o meu espírito, no entanto, não sabe proferir palavras de ódio, porque os anos de estudo deram-me a convicção de que o delito é uma forma de anormalidade humana, da qual temos a necessidade de nos defender, mas contra a qual não é justo ter um sentimento de ódio. E do mesmo tipo de Caruso, recorda Lombroso o Carpinteri, que à ferocidade sanguinária juntava a vaidade do crime, que também existe em Cola Morra.

Realmente, Cola Morra não é sanguinário por essa forma; na sua vida só há um homicídio, e não é pouco. Mas conta-o ou fá-lo contar pelo seu biógrafo como uma espécie de duelo rústico, quando estava ainda em plena juventude. Eu faço as minhas reservas quanto a esta narrativa romântica porque as circunstâncias do fato não me parecem de molde a chamar-lhe um duelo rústico... Na verdade, o Grande Tribunal Criminal condenou Cola Morra a vinte anos de grilheta. E Cola Morra diz: "Peciletto, a testemunha falsa, agravou a minha posição, e se não fosse ele eu não teria sido condenado". Eu observo, no entanto, que Cola Morra tinha morto um homem; talvez possa dizer, com verdade, que uma testemunha agravou a sua situação, fazendo aumentar o número de anos da condenação, mas é o próprio Cola Morra que confessa ter morto um homem. Apesar disto, eu digo lealmente que Cola Morra não é o tipo do sanguinário feroz. Cola Morra esteve — por sua desgraça e para felicidade dos outros — 37 anos nas galés e teve poucos intervalos de liberdade. Mas nesses poucos anos praticou fatos que indicam o homem que resolve as questões sociais a seu modo, no egoísmo individual, para viver tranqüilamente sob o ponto de vista dos ducados, que, como ele diz, choviam nas suas mãos, impondo-se só pelo terror do seu nome.

E se quisermos ter um conceito resumido da figura de Cola Morra, bastará recordar os termos da sentença do Tribunal Criminal da Capitanata (setembro de 1861), pronunciada contra ele e aqui, por várias vezes, recordada.

É assim Cola Morra; é assim o gato que brinca com o ratito, divertindo-se em deixá-lo para o agarrar de novo e em prolongar-lhe o terror da agonia, porque ele não premedita o homicídio, mas quer, por exemplo, o dinheiro de um certo Padula. Cola Morra, em 1858, era um rapaz forte e bem parecido, com a barba preta, estava em plena força, e podemos, pelas explosões que teve nesta sala, apesar de velho, imaginar em que tom de voz e com que aspecto pessoal, com acompanhamento de pistola, em um lugar solitário, ele deve ter produzido argumentos persuasivos para o Padula. Morra, na audiência, repetiu aquilo que escreveu nas suas cartas de 1865, dizendo: "Sempre andei sozinho". Isso não é verdade; Padula foi seqüestrado porque Morra se fazia acompanhar por outros, e em circunstâncias análogas foi, também, raptado o filho de Pavoncelli. Morra não andava sozinho; foi visto com Bochicchio, que o biógrafo diz ser "um sanguinário" e diz que se estimavam como irmãos. E este é um dos aspectos menos justificáveis da vida de Cola Morra, que não é sanguinário, mas que faz vida comum com um sanguinário. É assim, portanto, Cola Morra, que não mata, que não tem sede de sangue, que cobre os pés dos seqüestrados com uma manta para os resguardar do frio e que os trata com bons modos, porque Cola Morra é um tipo bastante freqüente na época de transição entre a velha civilização dos Governos passados e a civilização italiana de unidade nacional.

Como Gasparone e Tiburzi

Assim é que, nos anais da vida criminal, há dois famosos bandidos, de quem Cola Morra reproduz alguns aspectos característicos, e que são Gasparone e Tiburzi. Basta ler-lhes a história, no *Homem delinqüente* de Lombroso, para verificar que eles não foram sanguinários por ferocidade nativa, mas simples bandidos, a quem, como a Cola Morra, os proprietários, mal protegidos pela força do Estado, pagavam, como taxa de seguro, grandes somas mensais. E, por outro lado, aqueles bandidos, para se defenderem das emboscadas e das denúncias, protegiam e davam até dinheiro aos pobres, muito por cálculo, mas um pouco, também, por aquela generosidade que é fácil em quem utilmente arranja o dinheiro.

Senhores jurados. Creio não sair do âmbito da causa em discussão se, em traços rápidos, descrever a personalidade de Cola Morra: porque do vosso veredicto, seja ele qual for, sairá não só obra de justiça, mas também obra de educação social, para tirar a falsa auréola do crime à personalidade de um violento, de um bandido. E é bom que o povo saiba quem são e como são realmente estes tipos de criminosos, a quem a lenda rodeia de simpatia e, por vezes, de admiração.

Vejam como Gasparone se assemelha a Cola Morra: "Conta-se que o cardeal Ippolito Cappello foi obrigado por Gasparone a restituir a casa e os campos a uma família de lavradores, devedores insolventes, dando-lhes ainda mais cem escudos de ouro. Um pastorzito dos Abruzzos pagou para se livrar do serviço militar com dinheiro que Gasparone exigiu a um padre usurário de Rocca Massima". Sempre respeitou os jornaleiros e os camponeses, sendo para eles generoso, pilhando somente "os ricos, padres e frades" e só punindo os pobres quando o "traíam". Mas Gasparone tinha sobre a consciência vários homicídios, ao passo que Cola Morra só tem um.

Um outro ponto de contato entre Gasparone e Cola Morra, é

também que Gasparone teve, igualmente, o seu biógrafo, mas mais importante, pois houve um oficial francês que publicou em Paris, em 1867, as *Memórias de Gasparone*.

Gasparone morreu com 88 anos; e Cola Morra tem agora 75 e todos os dentes na boca, apesar dos 37 anos passados nas galés... e eu conheço as galés porque tive de freqüentá-las para os meus estudos. Não passam de uma forma estúpida de vingança póstuma, que não melhora os homens, nem garante a sociedade. Mas se tirarmos a estes bandidos a auréola em que os envolve a inconsciência popular, em virtude dos seus gestos de generosidade mais ou menos desinteressada, fica deles só a falta de senso moral e, portanto, de remorso. E uma das características deste tipo de homens, é que procedem como o gato que brinca com o ratinho, para lhe fazer sentir os espasmos da receada agonia.

Mas Tiburzi ainda se assemelha mais à figura de Cola Morra, que tem, no entanto, proporções muito mais modestas.

Antes de mais nada, parece que Tiburzi não era um delinqüente nato, um sanguinário feroz, apesar de ter cometido vários homicídios.

Até aos trinta anos não tinha cometido qualquer delito; foi aos trinta e um anos, em 1867, que matou um guarda com quem tivera uma discussão. Condenado em 1869 a 18 anos de galés, delas fugiu em 1872, entrando para uma quadrilha de salteadores. De então por diante cometeu dois assassinatos, cinco homicídios, três assaltos e dois furtos; mas cometia, sobretudo, extorsões, tendo sido registradas vinte e quatro.

Notemos, porém, que os seus crimes de sangue não foram o efeito daquela ferocidade que caracteriza os homicidas natos, mas sim o produto daquele espírito de vingança e de reivindicação, que substitui a justiça nos países bárbaros e sem o qual não existiriam os bandidos.

Matou, por exemplo, um pastor porque tinha batido em um porco do seu filho Nicola; mas, antes disso, verificou a sua identidade, contando as brochas das botas do homem e confrontando-as com os rastos notados no terreno, como faria um juiz de instrução.

Matou o bandido Pastorini, seu companheiro, em uma espécie de duelo grosseiro provocado por uma injúria; matou um outro companheiro, Becchinelli, para pôr termo aos excessos que ele praticava e que acabariam por comprometer a quadrilha.

Muitas vezes, podendo matar impunemente, no matagal, alguns

carabineiros e guardas, absteve-se de fazê-lo e mandou-os depois avisar.

"Esse bandido — nota Sighele no *Mundo Criminal italiano* — transformou o crime em um contrato, o furto em uma taxa: metamorfose estranha, em que não sei se é mais para admirar a astúcia de quem a realiza ou a velhacaria de quem a ela se presta". E um Procurador do Rei confessava ao próprio Sighele: "Depois que por aqui anda Tiburzi os crimes diminuíram nos arredores de Viterbo, porque os malfeitores têm mais medo dele que da justiça".

E no julgamento, perante o Tribunal Criminal de Viterbo, um delegado de segurança pública disse que os proprietários consideravam Tiburzi como um mal necessário e lhe pagavam as taxas, ou para não serem incomodados, ou porque era ele, com a sua quadrilha, que, realmente, fazia o serviço da segurança pública. Porque ele, em conclusão, não permitia aos pequenos ratoneiros que lhe fizessem "uma concorrência desleal", roubando animais ou gêneros sem conhecimento dele, que era ladrão por grosso, pois parece que não arranjava menos de 30.000 liras por ano, o que, naqueles tempos, dava para viver como um grande senhor.

E como gentil-homem, Tiburzi conversava, de vez em quando, com os proprietários e com os caçadores da região de Viterbo. E, como os *land-lords* ingleses, durante alguns meses do ano ausentava-se dos seus domínios e vivia em Roma e até em Paris, como um grande senhor.

E, nota Lombroso, que neste seu gênero de vida muitas vezes Tiburzi se traía com atos vaidosos ou impulsivos, próprios dos delinqüentes natos.

O retrato psicológico de Cola Morra

A figura de Cola Morra é muito mais modesta, que a de Tiburzi, mas pertence ao mesmo tipo. Também Cola Morra não é denunciado pela classe abastada porque o teme e ele a serve. E o povo dos humildes vê-o passar, distribuindo dinheiro muitas vezes, e castigando os que estão acima de si, pondo os opressores no seu lugar, e, por isso, o povo não pode deixar de sentir pela sua figura uma admiração doentia, de que o povo não tem culpa, mas sim a sociedade que aos humildes devia dar uma melhor educação e mais claros exemplos de justiça.

Eis o tipo de Cola Morra; dirão agora os seus defensores que ele é uma vítima da sociedade, um produto do ambiente. É essa a verdade; mas é uma verdade unilateral, incompleta. É certo que foi o ambiente quem assim o formou; Tiburzi não teria sido bandido sem as florestas do Viterbese; mas as florestas não bastam, porque, então, todos aqueles que vivem nas florestas e nas montanhas deveriam ser outros tantos Tiburzi. Não! Um homem faz-se bandido porque ao nascer já traz esse estigma hereditário.

Como nasce um Francisco de Assis, que enche o mundo de obras e de palavras piedosas, assim nascem Gasparone ou Morra, que espalham à sua volta a morte e o crime. Por conseqüência, ambiente e personalidade, inseparavelmente, constituíram este homem, do qual posso, portanto, dizer que não lhe faltava e antes tinha capacidade para delinqüir, em relação ao fato de 11 de junho.

Durante largos dias esteve Cola Morra na nossa presença; eu vi-o e observei-o bem; nem uma só vez tive por ele um sentimento de ódio ou de desprezo; e quando Cola Morra julgava tratar-me de cima para baixo, quando dizia de mim: "aquele não passa de um conferencista", pensei que o seu pensamento simbolizava, assim, a civilização antiga e bárbara do tempo dos Bourbons, em que a espingarda, a violência e o abuso do poder dominavam o mundo, e que ignorava, como um cego de nascença, a nova civilização, em que a palavra, símbolo da idéia, é uma grande força de educação e de transformação humana.

Olhem para a figura de Cola Morra: a sua fisionomia é a de um homem normal, com uma barba solene como tinham os outros bandidos que eu citei; só tem uma particularidade fisionômica: apresenta-se com bons modos, mas, depois, revela, pouco a pouco, um certo sorriso significativo, que é uma particularidade característica da sua personalidade, que com 75 anos de idade ainda conserva os traços viris e amáveis.

Mas em Cola Morra, acima de todas as outras manifestações pessoais, está a sua vaidade megalomaníaca. Em uma audiência exclamou: "O Rei deve vir julgar Cola Morra!". É a vaidade do criminoso que as observações da ciência italiana revelaram ser um dos caracteres que mais sobressaem nos homens que vivem do crime, não em conseqüência de circunstâncias da sua vida, mas por tendência instintiva.

É o caso do capitão de ladrões Crocco, quando procurava salvar o irmão da acusação, e interrogado acerca das razões porque o fazia, respondeu: “Porque se assim não fizer, a raça dos Crocco acabará!”.

A vingança é um outro sentimento congênito deste tipo, como em Musolino, Gasparone, etc. Esses vivem da vingança, preparada durante os longos anos do cumprimento das penas.

Além disso, nessas figuras de criminosos, como em Cola Morra, encontramos a repugnância pelo trabalho honesto e metódico. São criaturas que pretendem viver sem trabalhar; e como devemos protestar contra todos aqueles que vivem sem trabalhar, porque quem o fizer, sem ser um inválido, consome sem produzir e é, portanto, um parasita da sociedade, devemos também estigmatizar o bandido que vive do roubo, sem trabalho.

A pretensa generosidade do bandido

Falemos, finalmente, da pretensa generosidade deste bandido! Apesar de Cola Morra não ter feito qualquer prova de fatos benéficos, e de na sua biografia não se citarem fatos concretos, não me repugna acreditar que tenha semeado os ducados de ouro durante a sua vida. Mas essa generosidade seria devida à sua filantropia? Não! Era devida ao interesse de garantir, assim, a liberdade, evitando as denúncias alheias, e não sou eu só quem o diz, pelo conhecimento científico que tenho da psicologia criminal, mas di-lo, também, o seu biógrafo, no opúsculo que, por várias vezes, aqui foi citado.

A generosidade do bandido não provém, portanto, do seu desejo de ajudar a humanidade sofredora, mas é, antes, um cálculo interesseiro a fim de não ser denunciado. Caruso enquanto não maltratou os camponeses não pôde ser preso pela polícia; uma noite matou um na taberna e um mês depois estava nas mãos da justiça e era fuzilado; a vida do bandido é assim. A história do banditismo demonstra que os cúmplices dos bandidos são sempre os servos, os criados e agricultores, dependentes dos grandes senhores: “Se me deres boas indicações, dou-te uma parte do roubo”. Portanto, Cola Morra é, até sob este aspecto, a figura característica do bandido não sanguinário, mas ladrão e seqüestrador de pessoas, que quando dá dinheiro o faz com o interesse egoísta de se defender das denúncias dos humildes e dos sem fortuna.

Por isso, a conclusão desse primeiro problema, que consiste em saber se Cola Morra teria capacidade para delinqüir e para cometer o fato de 11 de junho, parece-me bem clara.

O fato de 11 de junho é uma agressão com tentativa de seqüestro de pessoa; é, portanto, um crime característico da personalidade de Cola Morra, de quem nós dissemos aquilo que disseram as suas próprias testemunhas de defesa; fizemos a sua descrição, não abstratamente, mas segundo os dados positivos da biografia de Cola Morra e segundo os seus gestos e pensamentos, exatamente interpretados e examinados à luz das conclusões mais seguras da psicologia criminal.

A sua gabarolice

E isso servirá, também, para desfazer uma outra lenda que se tentou divulgar a respeito de Cola Morra, no que se refere à sua amizade na cadeia com Spaventa e Settembrini. Ah! Não, senhores jurados. Não podemos prestar-nos a tão inverossímeis mistificações. As figuras dos patriotas e dos mártires, que são a mais elevada e a mais nobre expressão do mais puro altruísmo, não podem aproximar-se das dos bandidos e salteadores. Estes, se, por vezes, têm gestos que podem, para os inexperientes, comparar-se com os dos homens mais generosos, estão, na realidade, muito distantes deles, pelo abismo moral que os separa. Pode o assassino feroz caminhar para o patíbulo, como vi na guilhotina de Paris, com passo firme e ar indiferente. Mas, para quem o observe bem, essa tranqüilidade do assassino é o fruto da sua insensibilidade física e moral e não passa de uma feroz imitação do aspecto de heroísmo sereno e forte, que os mártires de uma idéia apresentam em face da morte, desde Felice Orsini a Guglielmo Aberdan.

E ainda sobre este ponto de incontestável gabarolice, Cola Morra foi desmentido pelas suas próprias testemunhas de defesa. Não falarei de Mauro, cujo perjúrio se verificou aqui na audiência pública. Mas todos sabem que se provou, definitivamente, que Cola Morra nunca esteve no presídio de S. Stefano; e Settembrini esteve só e sempre no presídio de S. Stefano, inferno horroroso, onde viveu misturado com malfeitores vulgares e sanguinários, para aos tormentos do corpo lhe acrescentarem os da alma... E entre as testemunhas indicadas em defesa de Morra, o cantineiro de S. Stefano declara que: “Morra nunca foi cantineiro de S. Stefano”, o que foi confirmado pelo chefe dos guardas do presídio. Mas, além disso, a tentativa de gabarolice de Cola Morra foi completamente posta a claro, quando a testemunha Scoppa, indicada pelo próprio Morra, veio dizer-nos: "Sim, foi cantineiro, mas no presídio de Procida e não no de S. Stefano". E agora, se é esta a personalidade de Cola Morra, se nele existe a capacidade para delinqüir, para cometer o fato de 11 de junho, vejamos esse fato.

A causa para delinqüir

Antes, porém, de examinar as provas específicas do fato, é preciso indicar os motivos, porque, só por si, o assalto, a extorsão, pode ter unicamente por motivo roubar dinheiro à vítima; mas se no processo existem alguns elementos que nos ponham diante de outros motivos, de outras causas que não excluam mas reforcem aquela, devemos examiná-las.

Não fomos nós, mas sim Cola Morra, quem para aqui trouxe a questão do depósito e da restituição que ele pretendia obter de De Nittis. Cola Morra conta que, um dia, seqüestrou Siniscalchi e o deixou com vida, não saciando, assim, a sua vingança, em troca de 24.000 ducados, uma parte dos quais diz ter confiado, no dia de Santa Ana de 1860 (26 de julho), a Giovanni De Nittis, padeiro, o qual, depois de lhe ter restituído uma terça parte, se recusou a fazer a restituição do restante.

Ora, Vincenzo De Nittis, filho daquele Giovanni De Nittis, constituía-se parte neste processo, não para ter a satisfação de carregar na mão que há de condenar os acusados, mas, sobretudo, para se defender a si e à memória de seu pai, da fábula do depósito.

Essa lenda pertence àquela espécie de voz pública que não surge imediatamente após o fato, mas que se vai formando na opinião pública sob a influência interessada dos maldizentes e dos inimigos. E tanto é assim que essa lenda nunca correu durante a vida de Giovanni De Nittis, que morreu em 1882.

Uma lenda

Por isso, a lenda do depósito nunca chegou ao conhecimento de Giovanni De Nittis, mas só, tardiamente, correu contra Vincenzo.

Giovanni De Nittis viveu até aos fins de 1882 e tudo demonstra que Cola Morra não se atreveria a repetir na sua cara essa infame história, porque Giovanni De Nittis, como aqui disse uma das testemunhas, lhe teria respondido: "Se não acabas com essa calúnia, faço-te saltar os miolos". Giovanni De Nittis era um padeiro; mas apresentamos documentos demonstrativos de que em 1845, quinze anos antes do pretenso depósito, Giovanni De Nittis tinha herdado do pai o bastante para viver com comodidade; tanto assim que, em 1846, tinha arrendado 400 geiras de terra; já, portanto, estava em uma boa situação econômica. Além disso, Giovanni De Nittis exercia a indústria de padaria, que nos extensos campos da Capitanata era uma verdadeira e grande indústria, porque não se pode dizer que a grande indústria só existe na Itália setentrional. Cerignola e S. Severo, por exemplo, são centros de grande indústria, em que se pisam as uvas por meio de máquinas a vapor e — ainda há pouco tempo, estando em Cerignola — eu andei 13 quilômetros de comboio dentro das propriedades do duque de Bisaccia para chegar à grande fábrica de vinhos, organizada com toda a perfeição técnica do mundo moderno.

A padaria era, então, uma forma de grande indústria, porque em 1845 era preciso fornecer o pão cotidiano a todos os trabalhadores das vastas propriedades da Capitanata. E chamar, pejorativamente, "moleiro e padeiro" a Giovanni De Nittis, como aqui fez Cola Morra, ao contar as suas histórias, pode ser uma outra expressão da vaidade megalomaníaca do bandido. Mas nós apresentamos certificados demonstrativos de que Giovanni De Nittis, em 1846, trazia arrendadas 400 geiras de terra, e em 1859 comprou o palácio, que os seus ainda possuem, por 8.000 ducados.

Portanto, esse homem não precisava dos ducados de Cola Morra para ser rico. E é necessário distinguir entre as diversas formas da riqueza: quando vemos um homem enriquecer imprevistamente, é bom ter cuidado; que tenha ganho na loteria não é crível, porque esta é uma contribuição lançada sobre os ingênuos; que tenha encontrado uma panela cheia de ouro, contam, às vezes, as criadas às crianças, mas as panelas não se encontram; um homem pode enriquecer por meio de uma descoberta industrial, como o judeu da pequena cidade alemã que no seu velho laboratório conseguiu inventar a rede para incandescência, a qual tinha um grande valor industrial, pois permitiu prolongar, durante alguns anos, a existência do gás iluminante, perante a luz elétrica, que mais tarde ou mais cedo acabará por triunfar. E Auer ficou milionário em um ano, cobrando sete liras de cada redezinha, que lhe custava menos de uma lira. Em casos assim, compreende-se que um homem fique milionário de um momento para o outro. Mas em todos os outros casos, o enriquecimento imprevisto só pode ser o fruto de qualquer especulação, mais ou menos escura e mais ou menos afortunada, como nos famosos "golpes de Bolsa" ou em certos "casamentos de conveniência", mas, com maior probabilidade, de ações pouco decentes ou até criminosas.

Giovanni De Nittis não roubou a fortuna; o seu patrimônio foi juntado pouco a pouco, trabalhando à vista de todos, na padaria e na agricultura: e é esta, portanto, a prova incontestável da sua honestidade. E todos sabem que a grande produção cerealífera, na Itália meridional, teve de 1865 a 1875 o período das vacas gordas, porque as rendas eram baixas, a concorrência da América ainda não tinha surgido e os operários não estavam ainda unidos nas leis de melhoramento, o que permitiu aos arrendatários realizar imensos ganhos, que agora estão descontando, porque chegou a época das vacas magras. Ouvimos todos a descrição feita pelo ex-síndico Tota, como testemunha, do incansável trabalho que, gradualmente, deu origem à riqueza que Vincenzo De Nittis herdou do pai. E esse depoimento foi a prova indiscutível e indiscutida que os nossos adversários fizeram: a prova de como essa riqueza se formou, a prova que só por si desmente a fábula do enriquecimento por meio do depósito de Cola Morra.

O desmentido constante

Essa fábula, que não surgiu antes de Giovanni De Nittis ter deixado o mundo, surge, depois, quando Vincenzo De Nittis, jovem inteligente e moderno, leva para a administração pública critérios modernos e para as suas propriedades a cultura intensiva, aumentando o salário aos operários, porque sabe que o proprietário tem interesse em tratar bem os seus trabalhadores, pois que o trabalhador extenuado e descontente não faz produzir a grande mãe, a terra, que não é fecundada pelo arado sem energia, nem pela enxada cansada. Mas procedendo assim, Vincenzo De Nittis arranja muitos inimigos e invejosos, quer entre os parasitas da Comuna por ele licenciados, quer entre os proprietários vizinhos. E é então que a lenda se forma pouco a pouco, como aquela voz pública artificial de que falei há pouco, a ponto do jornal *Trovatore*, fazer alusões assim terminadas: *muitos agradecimentos ao amigo Cola*. Mas como se há de querelar essa expressão? E depois o *Trovatore* insiste e Cola Morra pede a restituição, e visto que Vincenzo De Nittis não se queixou, isso torna-se, para a maledicência geral, em uma prova da verdade do depósito. Mas, note-se bem, o artigo do *Trovatore* não estava assinado, pelo que só o editor teria podido ser responsabilizado pela calúnia. E, finalmente, para que necessitava De Nittis de se queixar, se por três vezes foi nomeado síndico e eleito deputado? Para que havia de mover esse processo?

Nada vale dizer que, existindo a lenda alguma coisa de verdade nela deve haver. E eu sei alguma coisa, pessoalmente, a esse respeito, ao lembrar-me da lenda que há algum tempo me acompanha e que até aqui em Benevento vim encontrar: a lenda da minha riqueza e de que, ao meu serviço, tenho criados de libré e baixela de prata! Nessa lenda, criada pela bisbilhotice mesquinha, na falta de armas mais fortes contra mim, não é verdadeiro o fato dos criados, nem o da baixela de prata, mas só é verdade que eu sou e me sinto realmente rico, unicamente porque, desde o alvorecer da minha vida social, me consegui libertar da obsessão de acumular um patrimônio, para o deixar aos filhos, que, como geralmente sucede, sabendo-se filhos de um homem rico, teriam a tentação de estragar o dinheiro e a saúde nos bordéis e no jogo.

Circunstâncias persuasivas

Mas mais, senhores jurados: Cola Morra saiu da cadeia em 24 de abril de 1884, e interrogado imediatamente, visto que a lenda se havia formado nos dois ou três anos anteriores à sua libertação, com o fim de ser utilizada, depois, como arma contra De Nittis, Cola Morra respondeu logo: "Eu nada sei desse depósito". É certo que mais tarde, neste julgamento, Cola Morra reafirmou a historieta do depósito. Mas vejamos um pouco: Cola Morra teria dado a Giovanni De Nittis, em 1860, 12.000 ou 17.000 ducados. Cola Morra vai para a cadeia em 1861 e lá permanece até 1884. Pensem na posição de um homem que vive na cadeia durante muitos anos, sabendo que fez um depósito desses; esse homem, da cadeia, cobriria de cartas os parentes e amigos. Mas Morra diz: "Escrevi a esse respeito à minha irmã Loretta". — E nesse caso, a ser verdade o que ele diz, porque não foi Loretta Morra, que se diz ter tido conhecimento do depósito, reclamá-lo a Giovanni De Nittis? Nenhuma testemunha aqui veio dizer isso. Mas o preso, que na solidão da sua cela só pensa em readquirir a liberdade, teria escrito cartas todos os meses para reaver o seu depósito. Nem a irmã fala dele aos outros parentes; ninguém diz uma única palavra a esse respeito antes de 1884.

E então, ao sair da cadeia, não era preciso ter a inteligência natural de Cola Morra para compreender que isso podia ser uma mina a explorar. A lenda do depósito podia servir-lhe de meio para sugar esta "mosquinha" que na sua consciência de homem honesto e de filho dedicado teve, pelo contrário, a coragem de resistir nada menos que ao terrível e temido Cola Morra de Giandonato de Cerignola! E toda a história do depósito é uma lenda tão falsa que, na sua consciência honesta, o advogado Solaroli as resumiu nas conclusões, dizendo que "há argumentos que levam a suspeitar da existência desse depósito". Mas como pode bastar uma simples suspeita para vibrar uma punhalada no coração de um filho que quer defender o pai da calúnia de ser banqueiro de bandidos?

E onde arranjou Cola Morra tanto dinheiro? Morra diz: "Esse dinheiro era meu"; mas como? Foi obtido a título de resgate. Isto equivale a dizer, portanto, que o senso moral desapareceu totalmente do seu espírito. O crime não dá a propriedade e o bandido não pode dizer: "o dinheiro é meu, porque é o fruto dos meus honrados latrocínios".

Mas, mais ainda, como havia Siniscalchi de pagar o resgate de 24.000 ducados, que são 100.000 liras? Em 1859, na Itália borbônica, 100.000 liras tinham o valor de perto de meio milhão do nosso tempo; a vida então era muito barata! A unificação da Itália deu a liberdade e a independência à pátria, mas o que então custava um custa agora três ou quatro. E nós, na campina mantuana, costumamos ouvir dizer aos velhos camponeses que, no tempo dos austríacos, havia menos miséria, menos contribuições, menos empreiteiros e menos ladrões dos dinheiros públicos. É isto o que dizem dos Bourbons os velhos destas províncias, porque eles tinham, é certo, a *força*, como a Áustria tinha a opressão política, pelo que a revolução patriótica foi sobretudo sentida pelas classes intelectuais, mas tinha também, para a arraia miúda, as *festas* e os *bodos*.

A vida era fácil nesses tempos e 24.000 ducados, em 1858,

seriam — como montante de resgate — uma soma tão grande que faria época na memória popular. E, pelo contrário, ninguém disso teve conhecimento! Só o Padre Casciano disse: "Ouvi falar em dois ou três mil ducados...", porque das lendas sempre alguma coisa resta. "Caluniai, caluniai" — dizia Voltaire — "da calúnia sempre ficará alguma coisa".

As mentiras de Cola Morra

O processo Siniscalchi! Tivemos esta manhã a sua última manifestação, em uma das últimas audiências, quando foram lidos os depoimentos dos filhos de Siniscalchi, que diziam: "O nosso pai nunca falou em ter sido seqüestrado por Cola Morra"; do banco da defesa disse-se: Mas existe o processo! — Mas a defesa teve o cuidado de não observar que, se tivesse existido um processo pelo seqüestro de Siniscalchi, seria anterior a 1859 e, portanto, Cola Morra deveria ter respondido por esse fato, juntamente com os outros, perante o Grande Tribunal Criminal. Ora, na sentença condenatória, que já aqui recordei, não se fala no seqüestro de Siniscalchi por parte de Cola Morra ou de outros. Não! O dinheiro nunca o tiveste, Cola Morra; Siniscalchi nunca pagou qualquer resgate; não foi, por isso, o teu depósito que deu a fortuna a Giovanni De Nittis; e a própria defesa não o sabe dizer por forma concreta e constante.

Surge, em seguida, uma carta dirigida por Cola Morra ao inspetor da segurança pública, em 1895, na qual Cola Morra fala no pretenso depósito, mas sem precisar a soma, o que só faz no seu interrogatório de 21 de junho de 1900; segue-se, depois, o segundo interrogatório, de 24 de setembro de 1900, e volta, então, a não saber precisar a quantia. Tratando-se de uma questão de poucas liras, isso ainda se compreenderia, mas os milhares de ducados deviam estar bem impressos na sua memória. Além disso, a própria forma do depósito não se lhe apagaria da memória, se ele fosse verdadeiro. E a respeito da maneira porque o depósito foi feito, Morra umas vezes diz: "Fui eu que levei a De Nittis os 24.000 ducados". Mas aqui, na audiência, disse pelo contrário: "Foi Giovanni De Nittis que veio buscar os ducados ao bosque da *Incoronata*". O que significa que, mais uma vez, tem razão o provérbio, a sabedoria popular destilada pelos séculos, quando diz que "para mentir é preciso ter uma grande memória".

Compreendo que Morra procure defender a sua liberdade! É

humano, é um direito que lhe pertence, mas isso não diminuirá, evidentemente, a coragem que eu sinto de dizer a verdade, não por ele estar naquele banco infamante, mas porque estou couraçado contra ele pela serenidade do meu espírito. E ele até afirmou a sua amizade com Giovanni De Nittis! — "Costumávamos jantar um com o outro!"

Ouvimos, é verdade, a testemunha Alfredo De Nittis, interrogada por Morra se era ou não verdade que foi uma vez jantar, no campo, com seu pai, responder: "Sim, é verdade". Mas o que significa isso, para provar a verdade do depósito? Significa unicamente que, uma vez, Cola Morra, "célebre bandido", se apresentou na herdade de De Nittis e pediu de comer. Quando eu era pequeno, dava o banditismo os últimos suspiros na minha província, quanto a extorsões e seqüestros de pessoas, e recordo-me de meu pai contar as aventuras de um bandido Borghi, ainda vivo, que eu, mais tarde, vi morto em conseqüência de um combate entre a sua quadrilha e os carabineiros.

Pois lembro-me bem de que, nessa época, bastava que o Borghi se apresentasse em uma casa e dissesse o seu nome, para todos, cheios de medo, cederem aos seus pedidos de dinheiro e de comida. Como diz a canção de criminosos, arquivada por Lombroso: "Só de ouvir Gollocchio — as pessoas tinham medo!"

Cola Morra fez o mesmo. Foi à herdade de De Nittis e disse: "Quero jantar consigo!". Com as atuais condições de segurança pública, seria menos difícil dizer: *vá-se embora*; mas naquela época as coisas não corriam assim. Era preciso suportar a imposição. E, portanto, se a imposição foi súbita, não constitui a menor prova a favor da verdade do pretenso depósito.

O advogado Solarolli chegou até a dizer que talvez Morra tenha feito brincar nos seus joelhos Vincenzo De Nittis: mas esqueceu-se de pensar que, nessa época, já Vincenzo De Nittis tinha 15 anos e que, por isso, não era fácil a Cola Morra fazê-lo saltar sobre os joelhos.

Vejamos, agora, as cartas de Cola Morra a Vincenzo De Nittis. Certamente não as esqueceram: uma delas acaba com um melífluo: "seu fiel Morra", mas as outras são ameaçadoras. Isso não impede Morra de arquitetar uma outra mentira, dizendo que aquela carta é assim melíflua porque foi combinada entre ele e Vincenzo De Nittis... E então Cola Morra, na audiência, volta a ser o velho leão e diz: "Tive a coragem *social* de dizer ao cocheiro: 'pára', e ele parou". Eu, na verdade, chamo a isso *coragem criminal*, mas, pergunto, o que tem isso com a carta de Morra para De Nittis? Mas quando falou Morra em ter combinado uma carta com Vincenzo De Nittis? Pela primeira vez, na audiência. Por que o não disse nos interrogatórios? Fala, agora, em carta combinada. Já se sabe! Ao vir para a audiência pensou melhor no caso, estudou a própria defesa.

Mas essas variações e "espirituosas invenções", como disse Carlo Goldoni, constituem mais uma atitude da sua vaidade criminal.

Mas, continua a defesa: "E a insistência de Morra impedir, repetidamente, o depósito? Isso demonstra que Morra tinha a consciência de reclamar o que lhe era devido". Mas não! Não; ilustres adversários, isso é psicologia normal, que pode servir para a interpretação cotidiana dos atos ordinários de pessoas vulgares. A psicologia criminal, pelo contrário, ensina que Cola Morra se tinha agarrado à idéia do depósito como à de uma pensão gratuita para a velhice; não sabia como havia de acabar a vida, encontrou a idéia dessa vinha para desfrutar e a ela se agarrou, com a tenacidade própria do seu temperamento.

Mas, acrescenta a defesa, temos também as interpostas pessoas; o simples fato de Vincenzo De Nittis receber Cola Morra e as interpostas pessoas, demonstra que Vincenzo De Nittis sabia alguma coisa desse depósito.

Antes de mais nada, devemos fazer uma correção a tudo aquilo que a defesa afirmou, dizendo que Cola Morra não falou no depósito a Giovanni De Nittis, porque não poderia falar-lhe cara a cara e dizer-lhe: "Confiei-te o dinheiro, nega-o se és capaz". Disse-se só que Morra falou a Giovanni De Nittis utilizando como intermediário, o filho Vincenzo. Mas verifico que no seu interrogatório Cola Morra diz, pelo contrário, que falou duas vezes pessoalmente com Giovanni De Nittis. Portanto, não é verdade que não tenha tido ocasião de lhe falar pessoalmente.

A verdade é que, quando Cola Morra se apresentou, por duas vezes, na presença de Giovanni De Nittis, este lhe deu a mesma resposta que, mais tarde, Vincenzo De Nittis voltou a dar-lhe; ou seja, a negação e o desmentido mais claro e inamovível.

E as interpostas pessoas? Solicito toda a vossa atenção, para este fato das interpostas pessoas.

Vincenzo De Nittis na sua querela, nos seus interrogatórios e nos seus depoimentos neste julgamento, descreveu como os senhores

Capozzi lhe foram falar nesse depósito e como ele lhes respondeu com a mesma firme repulsa. O episódio, portanto, redunda em vantagem para ele.

Mas, insiste-se, Vincenzo De Nittis recebeu Cola Morra nos fins de 1884, e, depois disso, algumas vezes mais. É certo; mas assim como ninguém desmentiu que Vincenzo De Nittis sempre tenha dado a mesma resposta negativa aos pedidos do bandido, assim também esse procedimento de De Nittis é todo em sua honra e demonstra que teve a coragem moral suficiente para resistir, apesar do perigo de vida, porque, como diz o biógrafo de Cola Morra, este não perdoa!

E Vincenzo De Nittis recebe Morra porque não é fácil expulsá-lo, mas resiste-lhe e, forte no direito da defesa de seu pai, Vincenzo De Nittis não paga... E apesar disso percorre todos os dias as extensões desabitadas da Capitanata, sabendo, no entanto, que Cola Morra tem um cavalo de sela à sua disposição.

Mas há mais: Cola Morra no interrogatório de 21 de junho, disse que Giovanni De Nittis deu uma boa quantia para os seus advogados de defesa.

Se isso fosse verdade, a circunstância do depósito tomaria uma certa consistência. Mas o mal, para Cola Morra, é que isso não é verdade, e, mais uma vez, o provérbio tem razão quando diz que "é mais fácil apanhar um mentiroso que um coxo".

Cola Morra tinha todo o interesse em provar esta circunstância e tinha duas maneiras de prová-la. A primeira, quando disse: "Giovanni De Nittis mandou-me, para a cadeia de Lucera, 1.000 ducados". Ora, quanto a isso, temos os livros da cadeia; e porque não se folhearam esses livros para ver se o fato se tinha dado? A defesa fez com esses livros o mesmo que fez com o processo Siniscalchi. Falou neles, mas não os mostrou, e por isso as suas palavras passam como espuma na água e fumo no ar.

A segunda maneira consiste em que, segundo Morra, De Nittis teria dado essa soma ao advogado Barisano, seu defensor. Ora, o advogado Barisano morreu em dezembro de 1884, e Cola Morra saiu da cadeia em abril desse ano, estando, portanto, sete meses em liberdade durante a vida do advogado Barisano; e durante esses sete meses, Cola Morra não procurou o seu advogado, que recordou aqui, na audiência, com palavras de gratidão, e não o foi cumprimentar, nem dizer-lhe: — Preste-me um último serviço declare-me por escrito que recebeu 4.000 liras da mão do senhor Giovanni De

Nittis, para me defender em 1861. — Não! Não o fez porque sabia que, se o fizesse, o advogado Barisano lhe diria: "Não recebi nada".

Tu, Cola Morra, a quem não falta inteligência, não procuraste o advogado Barisano porque bem sabias que essa afirmação era uma lenda, inventada para produzir uma coação moral sobre Vincenzo De Nittis e conseguir, assim, a pensão para a tua velhice. É esta a verdade, e a verdade resulta do processo, como demonstrei.

Assim é que também não é verdadeiro um último argumento dos advogados de defesa, que não se esqueceram de nenhum.

Os senhores jurados podem dizer, com razão, que não existe nenhum ângulo deste longo processo que não tenha sido examinado e analisado sob todos os aspectos, e que este julgamento lhes forneceu já todos os elementos necessários para poderem julgar com pleno conhecimento de causa. Dizem os nossos adversários: — Como explicam que a lenda só tenha atingido Vincenzo De Nittis? Por que não se dirigiu Cola Morra a outros?

Respondo que isso não seria uma razão convincente porque se ele, ao sair da cadeia, veio encontrar uma lenda criada e alimentada pelos adversários políticos e administrativos de De Nittis, aproveitou-a logo, porque a sua consciência de criminoso não lhe opôs qualquer obstáculo moral e tentou explorar a lenda para arranjar uma pensão, tipo Tiburzi.

Mas verifico no processo que também não é verdade que Cola Morra, ao sair da cadeia, se tenha voltado unicamente para Vincenzo De Nittis. A verdade é que Cola Morra tinha arquitetado uma lenda igual, com a mesma Loreta Morra, em relação a outras pessoas e com as mesmas particularidades que usou para o caso De Nittis.

Cola Morra, na carta para o inspetor da segurança pública, diz que tem um outro depósito de 8.000 ducados nas mãos de um tal Bonelli.

Interrogado Bonelli, este não só desmente o fato, mas prova tais circunstâncias de tempo e de lugar, que iluminam plenamente a mentira de Cola Morra, que não é um sanguinário, não, mas que é um bandido.

E depois disto, quem pode, de boa fé, afirmar a verdade desse depósito, do qual nem ao menos a origem se provou, visto não existir o processo Siniscalchi?

A verdade é que de um lado temos um bandido que se agarra a uma lenda criada por outros, como última esperança de empresa criminosa. E, do outro lado, está Vincenzo De Nittis, que no heroísmo posto na defesa do nome de seu pai, na modéstia da sua pessoa, mas com a força diamantina da sua honestidade, responde ao bandido: Tu mentes!

As provas do fato

Senhores jurados! Em face do que eu disse até agora, o fato de 11 de junho, cujos autores têm de julgar, cabe, portanto, na personalidade e na atividade habitual de Cola Morra. E Cola Morra tinha um motivo especial para realizar contra Vincenzo De Nittis um fato como o de 11 de junho, que era um pretenso depósito de avultada quantia, feito em 1860, depósito que, na realidade, só existe nas pretensões ou nas esperanças que Cola Morra à sua volta edificou, por sua própria velhacaria.

Tudo isso, porém, não prova que seja ele o autor do assalto; é preciso muito mais para os senhores jurados poderem chegar, com aquela inteligência e consciência para que recorrem unanimemente tanto os advogados da defesa quanto os representantes da acusação pública e privada, para que a vossa inteligência consciente possa proferir um veredicto de condenação ou de absolvição. Além destes dois indícios, que são a capacidade e a causa para delinqüir, devem ver ainda quais são as provas específicas a favor e contra os acusados. Nem uma palavra direi a respeito dos cúmplices, a não ser, talvez, na última parte do meu discurso.

Cola Morra, como precedente específico do fato de 11 de junho, que é uma tentativa de seqüestro de pessoa com o fim de extorsão, tem, para com Vincenzo De Nittis, o fato de 15 de janeiro de 1895, no qual, felizmente, a carruagem assaltada por Morra não levava Vincenzo De Nittis e, por isso, foi deixada prosseguir incólume o seu caminho para Foggia. Mas, diz a defesa, a sentença do 1895 não passou em julgado por Cola Morra ter sido julgado à revelia, não explicou as provas que demonstravam ter ele participado naquele fato e só pela prevenção que o seu nome produzia nos juízes, foi condenado. Mas não! Devemos observar que é exato que, na primeira instância, Cola Morra não se defendeu porque era revel, apesar de ter escrito aquela carta em que já falei; mas Cola Morra nem sequer fez oposição à sentença condenatória. Ora, senhores jurados, devem responder a esta pergunta: o que faria, em tal caso, um inocente?

Mas um inocente, a primeira coisa que faz é apelar da condenação injusta. Cola Morra, pelo contrário, fica escondido e faz sentir, como ele diz, ao prefeito, ao ministro e ao Rei, que não se apresentará sem ter sido agraciado. E surge, então, o doloroso episódio da graça, que não foi, porém, um perdão completo com cancelamento da condenação; foi uma comutação e fixação de residência, a obrigação de viver em uma longínqua Comuna, fora daquele ambiente em que Cola Morra estava habituado a viver.

Uma comutação de pena

Mas, no entanto, quis-se fazer passar essa graça, aos vossos olhos, como um ato pessoal do Soberano, em reconhecimento não direi da benemerência, mas da quase respeitabilidade de Cola Morra. Ora, sabem quantos pedidos de graça recebe o Rei em cada ano? 35.000!

Se o Rei tivesse que olhar nem que fosse só para a capa dos respectivos processos, não poderia fazer mais nada senão examinar os 35.000 pedidos; desses 35.000 só são deferidos cerca de 3.000, entre perdões completos e comutações. Os critérios para conceder a graça ou a comutação, são, porém, diversíssimos.

A propósito disso, vou contar-lhes como foi o início dos meus estudos sobre os presos: em 1880, com 24 anos, sendo eu professor da Universidade de Bolonha, obtive do Governo autorização para estudar os forçados do então "presídio penal" de Pesaro. A minha primeira visita àquele estabelecimento penal, decorreu como vou contar-lhes.

Dirigi me para o gabinete do Dirctor, munido da minha autorização, mas, ao subir a escada, ouvi lá dentro uns gritos de protesto. Entro e vejo um velho, descalço, com um par de sapatos na mão, que invectivava o diretor, dizendo: "Tu és a causa da minha ruína". Perante a minha surpresa, o diretor disse-me: "Queixa-se de mim por ter obtido o perdão!". Mas como? — pensei: sempre tenho lido que os presos só pensam e desejam sair da cadeia! Quando o forçado viu que o diretor se dirigia a mim com certo respeito, julgou-me algum alto personagem e dirigindo-se-me, disse: "Protesto contra o perdão, porque não quero ir-me embora, pois já não tenho família na minha terra e aqui, graças a Deus, sinto-me bem".

Mas porque lhe teriam concedido a graça, se ele a não pedira? A razão é esta: há na Itália cerca de 60.000 presos mantidos pelo

Estado, e, por isso, o ministro, quando quer fazer um pouco de economia, concede perdão aos presos mais velhos... Como vêem, o direito de graça não é exercido pessoalmente pelo Rei, mas pelo poder executivo e com critérios que, muitas vezes, nada têm que ver com a justiça.

Portanto, a graça concedida a Cola Morra não deve ter sido inspirada em razões de justiça, porque é deplorável que o governo de um país civilizado perdoe a um bandido que está escondido, em estado de rebeldia contra as leis, representadas pela sentença do magistrado.

Não foi, certamente, o Rei quem lhe concedeu o perdão; o Rei só se ocupa dos casos excepcionais. A graça de Cola Morra foi um favor ministerial, quem sabe por meio de recomendações mais ou menos eleitorais. A comutação de pena obtida por Cola Morra não cancela, no entanto, a sentença de 1895, da qual Cola Morra não apelou; e Cola Morra, em 11 de junho, repetiu contra Vincenzo De Nittis o fato de janeiro de 1895!

Uma fantasia... corajosa

Diz a defesa: *Os senhores são uns lunáticos, não houve assalto*. Ontem, o ilustro colega Solaroli, espremendo o cérebro na prensa da sua dialética, chegou a formular a seguinte hipótese: "Os vidros do carro de De Nittis quebraram-se em um choque com uma carroça, e desse incidente De Nittis inventou o assalto!". Um outro defensor de Cola Morra disse, pela sua parte: "Não só estamos em presença de uma pavorosa fantasia de De Nittis, mas trata-se de uma criação, de uma cabala da polícia".

Isso equivale a dizer que os acusados não podem ser condenados, porque o crime não existe! Como coragem de defesa, não está mal, e eu admiro-a. Unicamente digo: se tivesse havido um choque com uma carroça, porque não procurariam e indicariam como testemunha o dono dessa carroça? Nunca vi que, depois de um choque, do qual resulte um dano maior ou menor, todos sigam o seu caminho sem procurar saber a quem cabe a responsabilidade.

Mas, diz o advogado defensor, que deve ter sido uma carroça roubada e, por isso, não foi possível encontrar o condutor. Eu compreendo que, por vezes, as necessidades da causa, obriguem o advogado a fazer de homem-mosca, para poder agarrar-se aos espelhos. Mas também penso que os processos não se decidem por meio de afirmações fantasistas. E note-se que, para admitir que o fato de 11 de junho não foi uma agressão, é preciso admitir que Vincenzo De Nittis deve ser um malfeitor de uma espécie rara, para assim arquitetar uma calúnia dessa ordem contra Cola Morra e contra os seus quatro cúmplices, que, nem sequer de vista conhecia. E não hesitaria em forjar uma calúnia para mandar cinco inocentes para a cadeia? Isso não pode dizer-se sem ter a prova imediata. Se Vincenzo De Nittis tivesse forjado uma calúnia, teria dito: "Havia um homem de grandes barbas brancas — como Cola Morra — entre aqueles seis ou sete", mas ele limitou-se a dizer: "não conheci ninguém, não posso fornecer qualquer indício". E isso é natural em uma pessoa fechada em um carro e surpreendida por duas descargas, a que os defensores chamam invenções, mas que, por outro lado, são afirmadas não só por De Nittis, mas também, e sobretudo, pelo cocheiro.

É verdade que também se encontrou uma carroça voltada e que ninguém se apresentou a reclamá-la. Mas para concluir desse fato que foi a carroça que chocou com o carro de De Nittis, seria necessário dispor de qualquer outro elemento processual.

Parece-me, pelo contrário, que, naquela carroça, foram encontrados uma espingarda, uma cartucheira e alguns sacos com palha, em que fala um documento do processo.

Mas ninguém ouviu os tiros! Estamos de acordo, mas isso não quer dizer nada. Experimentem ser vítimas de uma agressão noturna e venham, depois, dizer-me se no momento em que correram para a polícia, pensaram e tiveram o desejo de gritar pelos campos afora, perguntando se alguém ouviu os tiros! Mas haverá naquele ponto herdades ou estará próxima alguma aldeia para que se possa obter o socorro de alguém que tenha ouvido os tiros? Não há por ali casas, nem agricultores a quem recorrer porque à hora a que os fatos se deram todos os trabalhadores já se tinham retirado dos campos.

O homem honesto não precisa gritar a notícia para procurar gente que tenha ouvido os tiros. E para confirmar as suas afirmações, basta a espingarda que foi encontrada no local do crime!

Não se pode dizer, portanto, que a agressão tenha sido uma invenção de Vincenzo De Nittis e do cocheiro Mancini, porque eles são homens honrados, incapazes de caluniar inocentes; a verdade da agressão resulta, ainda que indiretamente, da instrução processual.

Uma cabala da polícia?

— Mas, dizem os nossos adversários, trata-se de uma cabala da polícia. E ouvi aqui arrancos de eloqüência contra a polícia, que considero completamente descabidos. A polícia na Itália, como em todos os países, tem duas funções: uma função política e uma função judiciária, ou seja, a caça aos revolucionários e a caça aos criminosos de direito comum. Se quisermos falar, tanto na Itália, como na França ou na Alemanha, da criação de perseguições e da invenção de processos contra os revoltados, admito que assim seja em 90 por cento dos casos.

Mas não creio que a polícia, nos crimes comuns, faça o que imaginou a defesa de Cola Morra. No fundo, a tese da defesa reduz-se a afirmar que a polícia de Cerignola e Foggia forjou, pelo menos, uns trinta depoimentos falsos. De fato — excetuando as testemunhas da parte acusadora e as de defesa e algumas testemunhas de acusação que não têm relação direta com o fato — todas as outras vieram aqui narrar um conjunto de indícios que provam, de forma luminosa, que o autor do fato de 11 de junho é Cola Morra. E todas essas testemunhas seriam falsas e criadas pela polícia? Ora, na polícia há, como em toda a parte, gente boa e gente má.

Como em todas as coisas, além do elemento da própria função social, temos o elemento da personalidade de cada um e, "quando olhamos para a magnífica vitrine"— diz Dumas — "vemos dois cestos de peixes iguais, mas uns são sãos e outros não, porque têm um pequeno defeito que não se vê". Pois esse pequeno defeito invisível pode existir, também, em alguns membros de uma corporação acadêmica, administrativa ou política.

Mas, além do mais, vieram a este julgamento funcionários distintíssimos e não podemos, por mera fantasia, acusá-los de terem criado do nada uma acusação tão grave contra Cola Morra e os seus cúmplices.

E impossível, também, teria sido criar trinta testemunhas falsas, que viessem aqui depor acerca dos fatos de 11 de junho. Porque se se tratasse apenas dos dois ou três guardas municipais que aqui ouvimos, ainda poderíamos admitir essa possibilidade, como simples possibilidade. Mas além dos três guardas municipais temos os três Delgrosso, unanimemente considerados como pessoas honestas; e ainda três agentes de Carapelle e todos os outros. A polícia teria conseguido levar todas essas testemunhas a colaborar nas suas falsidades e calúnias? Os três Delgrosso, que relacionam com Cola Morra o fato de 11 de junho, foram ouvidos logo no dia seguinte, como prova o auto de 12 de junho; isto é, segundo a tese da defesa, o delegado Goffredo e o inspetor Manganaro deviam ter, poucas horas depois do fato, fulminantemente, procurado falsear os depoimentos das três testemunhas. Mas isso pode dar-se a entender quando se escreve um romance de aventuras e não quando se têm de provar fatos e quando os depoimentos resistem à prova do julgamento público. Porque se fôssemos acreditar no que disseram os advogados, nos seus discursos de defesa, nem uma só das testemunhas seria isenta de mácula e sobre quase todas pesa a suspeita ou até a acusação de falsidade. Ah, não! Se as julgavam falsas, era quando estavam a depor que lhes deviam dirigir perguntas que o demonstrassem. Mas os nossos adversários tiveram o cuidado de não o fazer, talvez porque, em uma das primeiras audiências, obtiveram uma tal resposta de um rapazola que estava a depor, que os persuadiu a não as incomodar mais.

E o que disse Cola Morra contra o delegado Goffredo, o que disse contra os três Delgrosso, que afirmaram a sua presença nas proximidades do local do crime, pouco antes deste ser tentado?

Mutilação de documentos

A verdade é que o dia 11 de junho fornece graves indícios contra Nicola Morra. E por isso os seus defensores, para distrair deles a nossa atenção, recorreram ou a fantasmagorias ou à produção de documentos demasiadamente *ad usum delfini*. Por exemplo, o advogado Solaroli observa que não é verossímil que estivesse fechada a vidraça do lado direito da carruagem. Mas esquece-se da circunstância de, naquela tarde, pouco antes, ter havido um temporal, com vento, que produz a malária. Mas, diz o advogado Solaroli (e aqui desagrada-me, verdadeiramente, que tenha caído em um equívoco tão grave ao ler um documento da causa): — a testemunha Manganaro, só depois da denúncia de De Nittis se dirigiu à vila Ruggeri e encontrou os vidros no chão; ora, continuou Solaroli, os vidros tinham-se quebrado, ao que afirmam, na vila Pântano! Como pode ser isso! Ou a carruagem semeou os vidros ao longo do caminho?

O mal, para a defesa de Cola Morra, é que Manganaro não disse isso. O que Manganaro disse foi que se dirigiu à vila Ruggeri, mas acrescentou, no entanto, que os vidros quebrados foram encontrados no lugar do primeiro recontro. Não é com tais artifícios de deformação probatória, que uma defesa zelosa pode esperar conquistar a consciência dos jurados. E, continua a defesa: — O cocheiro Mancini diz coisas inverossímeis: de noite vê um homem mascarado, vê que estão vestidos de escuro e que um deles tinha a barba preta.

Ora, os senhores jurados recordam-se bem que o fato se deu às oito e meia da tarde de 11 de junho, e que, a essa hora e nessa estação, não se pode falar em noite já tão escura a ponto de impedir certas sensações visuais. Entre as suas recordações literárias, todos devem ter presente a figura sorridente de Alessandro Manzoni, e este, para se referir à hora do anoitecer, diz: "a hora a que as coisas se tornam todas da mesma cor". Ora se o cocheiro tivesse falado em diversas cores, o caso poderia parecer estranho: mas ele só viu fatos escuros e uma barba preta, isto é, da cor com que o crepúsculo tinge todas as coisas, e, por isso, o seu depoimento permanece firme e persuasivo.

E impressionou-me ver que, contra a testemunha Mancini, mais uma vez o defensor de Morra se referisse, inexatamente, a um documento do processo. Com efeito, disse ele que Mancini, na sua querela, conta que, em 2 de junho, Cola Morra, a cavalo, procurou o seu patrão, e não é verossímil que, pouco depois, Cola Morra tente apoderar-se de Vincenzo De Nittis.

É fácil responder, antes de mais nada, que Mancini fixa em 2 de junho a data desse encontro e a agressão teve lugar nove dias depois. E é, por isso, muito verossímil que Cola Morra, a quem não falta a astúcia, tratasse de se mostrar em companhia de De Nittis, justamente para afastar de si as suspeitas, quando se procurassem os autores da agressão que premeditava.

Forçada a ceder terreno quanto às circunstâncias de fato, que estão contra Cola Morra, a sua defesa combate no campo aéreo das suposições e da fantasia lógica. E diz que, pessoas com prática de semelhantes crimes, para realizar a agressão teriam, em vez de um carro, atravessado uma trave no caminho, se pretendessem organizar bem as coisas.

Antes de mais nada, pelo menos na minha terra, as traves não servem para transportar as pessoas raptadas. Se tivessem posto uma trave a atravessar a estrada, teriam feito uma coisa estúpida, porque, para fazer parar a carruagem, bastava o nome e a figura bem conhecida de Cola Morra, acompanhados por uma espingarda e quatro ou cinco cúmplices. Ao passo que para transportar a pessoa seqüestrada, a melhor coisa era um carro; agora a trave!...

"Mas" — diz a defesa — "teriam feito parar a carruagem a dois quilômetros de Foggia para serem logo descobertos!". E aqui leu um trecho de um documento judiciário, que para apuramento da verdade deve, pelo contrário, ser todo lido, porque o Procurador do Rei, depois de ter apresentado a si mesmo essa dúvida, a respeito da vizinhança de Foggia, continua: "Não foi, porém, tolice escolher aquele ponto para a agressão, porque era nele que, graças aos meandros da estrada, a vítima receosa melhor podia cair nos braços dos seus seqüestradores". E surge o advogado Basile, que diz: "Mas se pretendessem seqüestrar De Nittis, o mais seguro teria sido dar um tiro no cavalo". E o seu colega Solaroli reforça: "Teriam dado uma punhalada no coração do cavalo".

Mas, se quisermos fantasiar as diversas modalidades possíveis do assalto, poderemos forjar duzentas hipóteses, como eu faço para os meus alunos, quando lhes falo da técnica do crime.

Atirar ao cavalo! Não, porque no seqüestro de pessoas, qual é o ato essencial e decisivo? É o de paralisar a vítima, que pode estar armada. Como procedem, sempre, os salteadores? Em primeiro lugar, intimidam a vítima e dizem: "Pára; a bolsa ou a vida". É esta a técnica constante do salteador consumado.

Psicologia comum e psicologia criminal

Uma última tolice Morra teria cometido e isto, para os seus defensores, é outro argumento para afirmar a inverossimilhança da narrativa de De Nittis. Cola Morra ter-se-ia deixado ver — antes do crime — na ponte de Carapelle e teria dito: "Vou a Foggia"; a pouca distância do lugar onde, depois, se cometeu a agressão. — Ora, disse-se, Cola Morra não é nenhum estúpido que vá confiar a toda a gente as suas intenções, e, por isso, se é indubitável que proferiu aquelas palavras na ponte de Carapelle, exclui-se que tenha, pouco depois, participado na agressão. Pois bem, mais uma vez estamos em presença de um raciocínio de psicologia comum, válido para as coisas ordinárias da vida cotidiana, entre homens normais: mas para a psicologia dos delinqüentes, que é, como demonstramos, diversa da normal, o raciocínio também nos serve a nós para sustentar a conclusão contrária.

Há uns doze anos, tive uma polêmica artística com Tomaso Salvini. Nas suas *Memórias*, então publicadas, Salvini dizia: "Quando represento Macbeth, suprimo uma cena inverossímil: aquela em que Macbeth, depois de ter assassinado Duncanos, aparece na praça segurando nas mãos o punhal ensangüentado. Isso é inverossímil, porque todos os criminosos procuram esconder as provas do seu crime". E publiquei, nessa altura, uma carta, para demonstrar, pelo contrário, que, no caso em discussão, tinha razão Shakespeare e estava em erro Salvini. Este raciocinava segundo a psicologia normal, atribuindo ao espírito criminoso de Macbeth os sentimentos e as idéias e o modo de proceder de uma pessoa vulgar.

Mas o fato é que o delinqüente não é um homem como os outros da sua mesma classe... tanto assim que, apesar dos incentivos próprios da miséria, da embriaguez, e da cobiça, a maior parte dos homens não cometem crimes, ao passo que os delinqüentes acabam sempre por cometê-los. E Shakespeare teve, portanto, naquela cena, a intuição maravilhosa daquilo que, só agora, a psicologia criminal cientificamente estabeleceu, isto é, que entre os caracteres do delinqüente figuram a imprevidência e a imprudente propalação do crime, podendo, por isso, dizer-se que os criminosos multiplicam os vestígios dos seus crimes.

Os anais criminais, como demonstrei no meu livro sobre o *Homicida*, registam casos freqüentes de claras manifestações do próprio crime, como no caso de Macbeth. E na carta para Salvini eu citei, entre outros, o caso de Sobber, de Viena, que matou a mulher à martelada e, em seguida, limpou as mãos ensangüentadas às calças e saiu, assim, para as ruas da cidade, sendo, como é natural, imediatamente preso.

Nada tem, por isso, de inverossímil — quando ao critério de verossimilhança se dê por base as noções técnicas em vez do senso comum — que Cola Morra, figura clássica do criminoso, se tenha mostrado na ponte de Carapelle pouco antes do crime; tanto mais que aquela ponte não era um lugar freqüentado e que Cola Morra podia, também, ter pensado que obteria o silêncio complacente ou receoso de quem o tivesse visto. Cola Morra não é um vulgar ratoneiro, que se esconde antes e depois do crime: é o "bandido célebre", que passeia por toda a parte a sua pessoa aureolada de terror e o faz com a audácia do impudente.

Onde estava Cola Morra?

E então, se em vez de sofismar tanto sobre os indícios reunidos, perguntássemos a Cola Morra: — Mas, se não participou na agressão contra Vincenzo De Nittis, diga como e onde passou a tarde e a noite de 11 de junho?

— Ah! Não, devagar — interrompe o advogado Basile — Cola Morra não é obrigado a dizer o que fez. E, juridicamente, o advogado Basile tem razão. Juridicamente, o acusado pode dizer: "Não tenho que provar a minha inocência"; e pode, também, encerrar-se em um silêncio ainda mais eloqüente; pode dizer: "Não respondo; à acusação compete provar a minha culpa". E, legalmente, isso é exato. Mas, moralmente, e segundo a experiência social é, porém, também verdade que o inocente não se encerra nesse silêncio negativo e trata de dar explicações e informações, caindo, assim, por vezes, em contradições, o que não sucede aos delinqüentes mais astuciosos, mais espertos e... mais culpados.

E Nicola Morra, que é perito em processos penais, compreendeu que um silêncio negativo pouco persuade os juízes da inocência de um acusado, e por isso ele, antes mesmo da minha pergunta agora formulada, tentou justificar a sua conduta, e tentou dizer como passou a noite de 11 de junho. Mas isso não deu resultado!

Cola Morra foi interrogado três vezes; vejamos o que disse, nesses três interrogatórios, acerca da maneira como passou a noite de 11 de junho. No primeiro contou que esteve em casa de Cristoforo Morra; mas devem lembrar-se que Cristoforo Morra disse: "Sim, infelizmente tenho um filho que se chama Nicola Morra e conheço, também, o velho Nicola Morra, que um dia me procurou e me pediu (com bons modos, digo eu, só com a indicação do seu nome) alguns lacticínios e 800 liras. Mas não foi em 11 de junho, foi alguns dias antes".

Este desmentido da testemunha podia, ainda, derivar do fato de Cola Morra se ter equivocado, a respeito do dia exato da conversa, admito-o, mas isso não me tira a mim o direito lógico de afirmar que essa primeira explicação, tentada por Cola Morra, nada vale e nada lhe aproveita.

No segundo interrogatório, devem lembrar-se, deu uma outra versão e caiu em um outro equívoco, não de dia, mas de horas, pois tendo a agressão tido lugar às 8:30 da noite, ele alegou uma conversa, que a testemunha indicada disse ter tido lugar às quatro horas da tarde.

Ora, esta mudança é já suspeita, só por si.

Tanto assim que, no seu último interrogatório, de 24 de setembro, disse que em 11 de junho esteve em Carapelle desde às 4 da tarde até à meia-noite "e vieram ver-me várias pessoas!".

Ora, pondo de parte todas as outras considerações, perguntamos nós: se Cola Morra esteve em Carapelle das 4 horas à meia-noite, indo de um lado para outro, como explicar que não tenha podido aqui trazer uma única testemunha de Carapelle, para dizer: esteve comigo na taberna ou a passear? Mas, acode o advogado Basile: poderia ter ido a um lugar que não quer confessar! Pois bem, se quiséssemos deixar passar como realidade esta fácil fantasia, Cola Morra teria dito ao juiz: "Nessa noite estive em um lugar que a minha honra não me deixa confessar"; se não o disse, é porque o fato não se deu.

Três testemunhas de vista

Ao contrário, para demonstrar a presença de Cola Morra no lugar do crime e em cima da carroça, abandonada depois, e que foi apreendida pela polícia, temos as testemunhas Delgrosso, os dois irmãos, um mais velho e outro mais moço, de quem a defesa, agarrando-se como a mosca aos espelhos, disse: "Mas como, carniceiros que deixam a loja para ir ao mercado!". Os Delgrosso tinham fechado a loja, segundo a defesa. Eu digo, pela minha parte, que a tinham aberta: e esta afirmação vale tanto quanto a sua e por isso... continuemos. Dizem os adversários: "O primeiro auto de notícia apresenta só dois Delgrosso e o segundo acrescenta um outro Delgrosso, rapazola de 10 anos: isso é a prova palpável de uma maquinação da polícia". Mas, digo eu, um homem de 35 anos e outro de 22, com ótimos precedentes, seriam escolhidos, com tanta facilidade, pela polícia, para servirem de testemunhas falsas? E, não contente com isso, a polícia acrescentou-lhes um garotete de 10 anos... para mais facilmente ser atrapalhado pelas primeiras perguntas dos advogados! O rapaz aqui compareceu, mas, contrariamente às esperanças dos adversários, não se embaraçou e respondeu, através do enredado das perguntas, tão de acordo com os irmãos mais velhos que, certamente, vos convenceu da sua veracidade.

— Mas, insistem os adversários, o rapaz não soube dizer se a carroça, em que os Delgrosso viram, juntamente com outros, Cola Morra, era puxada por um cavalo ou por uma mula!

É claro que, se a carroça fosse puxada por um dromedário ou por uma girafa, compreender-se-ia que se estranhasse que, quem tivesse visto a carroça, não tivesse visto a girafa ou o dromedário. Mas quando um homem vê uma carroça, de aspecto vulgar, puxada pelos animais do costume, a sua atenção é atraída pelo que é mais curioso e insólito. Viu Cola Morra, que tem uma fisionomia que se vê de longe, uma fisionomia característica, que se adapta à sua personalidade de "bandido célebre", e que, por isso, chama a admiração, receosa ou inconsciente, de quem passa. Os cavalos e as mulas não têm a celebridade de Cola Morra, e por isso o pequeno Delgrosso vê, mas não repara se a carroça é puxada por um cavalo ou por uma mula, vê e fixa, entre admirado e espantado, o bandido Cola Morra que segue em cima da carroça.

Se amanhã, em Benevento, se espalhasse a notícia de que o Presidente do Conselho, Zanardelli, andava a passear pela cidade, toda a gente fixaria a sua atenção em Zanardelli, sem se interessar pelas outras pessoas, das quais, por isso, ninguém se recordaria depois.

Cola Morra de Giandonato de Cerignola, o célebre bandido é, como a coruja para os passarinhos, o espantalho que fascina... A inconsciência servil do povo, quando o povo não têm outras distrações na sua vida de esgotamento que não sejam as procissões religiosas ou o jogo e as rixas na taberna.

Resta-me apenas falar em uma só e última circunstância, que foi invocada pelos advogados de defesa, e que consiste, desta vez, em um documento verdadeiro e completo. Em 12 de junho, Delgrosso, disse: "Das 4 às 4 e meia, vimos essa manobra de Cola Morra, que saiu na carroça às 17 horas". Pelo seu lado, o auto do guarda Taranto diz que: "Cola Morra partiu de Carapelle às 18 horas". Essa circunstância é importante, não porque prejudique a possibilidade de tempo, visto que, com a carroça, mesmo partindo às 6 de Carapelle se pode estar às 8 na vila Pântano, onde se deu a agressão, mas porque, na realidade, contém um desacordo efetivo.

Mas os senhores jurados devem saber perfeitamente o que é uma instrução penal. Dá-se um assalto à mão armada, que é sempre uma coisa grave; se alguém se dirige à polícia e diz: agrediram-me, não lhe prestam grande atenção; mas se quem se queixa é De Nittis, ex-deputado, e o suspeito autor é Cola Morra, já é natural que a polícia proceda nessa mesma noite às primeiras indagações. Mas como se fazem essas indagações? Os agentes da polícia escrevem, intimam, tomam apontamentos, ouvem testemunhas, reduzem tudo a autos de notícia. Não têm, portanto, tempo para arquitetar, peça por peça, uma maquinação caluniosa, que possa resistir ao cuidadoso exame das provas. Por isso mesmo, se a polícia judiciária tivesse fabricado os depoimentos falsos dos Delgrosso, teria posto a hora de acordo com a indicada pelo guarda Taranto, porque, volto a dizer, a experiência ensina que as contradições e desacordos de alguns detalhes são mais freqüentes nas declarações verídicas do que nas que são artificiosamente preparadas e combinadas.

Três mulheres

Por outro lado, os depoimentos dos Delgrosso são confirmados pelo da Balestrieri. E a taberneira Balestrieri é uma das duas únicas testemunhas indicadas por Cola Morra e, portanto, pessoa em quem Cola Morra deposita confiança. E ela falou com Cola Morra no dia e hora indicados pelos Delgrosso e unicamente acrescenta que Cola Morra bebeu água e não vinho: o que, para mim, é um pequeno indício sintomático, que completa a figura do "bandido célebre", porque todos os capitães de bandidos têm por hábito só beber vinho em circunstâncias excepcionais, sabendo perfeitamente que a embriaguez é um de seus inimigos.

— "Mas", exclamam os defensores, "a Balestrieri também foi comprada pela polícia!"

Seria bem fácil afastar assim as provas incômodas, quando todos devem recordar-se que outras duas testemunhas confirmaram as palavras da Balestrieri: e são a Tammarro e a Chiocca, que ainda, a meu requerimento, acrescentaram uma circunstância característica. E foi que, ficando a taberna da Balestrieri a 100 metros para lá da ponte de Carapelle, dela se podia ir para o local do crime passando por Carapelle ou passando pela estrada consular. E Cola Morra, com os seus, prefere não passar com a carroça por Carapelle...

Resta só examinar o último argumento apresentado pela defesa de Morra: a impossibilidade de tempo.

Ficou assente, recordam-se, que à meia-noite do mesmo dia 11 de junho, Cola Morra estava em Carapelle e bateu à porta da Tammarro, de quem gozava os favores e a quem queria dizer adeus, na previsão de ser preso no dia seguinte, como autor da agressão horas antes praticada.

— Mas, dizem os advogados de Morra, se a agressão teve lugar às 8:30, como poderia o velho Cola Morra encontrar-se em Carapelle à meia-noite?

Fez-se, sobre este ponto, uma experiência judiciária e o perito percorreu "em passo ordinário" a estrada, do lugar do crime a Carapelle, em duas horas e três quartos.

Por conseqüência, Cola Morra, ainda robusto apesar dos anos e com asas nos pés para se afastar do lugar do crime, podia, comodamente, percorrer a mesma estrada em três horas, das 9 à meia-noite.

Portanto, tudo, senhores jurados, absolutamente tudo prova que Cola Morra estava no lugar do crime, na noite de 11 de junho; mas qual foi o crime? É esse o último problema.

A responsabilidade de Cola Morra

Cola Morra é acusado, no despacho de pronúncia, de ter levado outros à prática do crime e de ter, também, nele cooperado diretamente; os outros são considerados como cúmplices, por terem facilitado a execução do crime de extorsão, mediante o seqüestro de pessoa. O relatório do Grande Tribunal acerca do caso Padula diz o que Cola Morra e os seus cúmplices teriam feito de Vincenzo De Nittis se o tivessem podido levar com eles. Os dois tiros disparados contra a carruagem na noite de 11 de junho têm dois fins diferentes: o primeiro foi para intimidar, é evidente; o tiro disparado por aqueles homens contra a carruagem não se destinava a matar De Nittis, porque se o matassem não obteriam dinheiro, mas foi dado para o aterrar. Esperavam que ele, em lugar de se arriscar a perder a vida, lembrando-se de que era rico, sem família e sem filhos, se comprometeria a pagar o preço do resgate. Mas o cocheiro Mancini, ao primeiro tiro, instintivamente, chicoteia os cavalos e tem a felicidade de transportar para longe a carruagem; e quando ela está para lhes escapar, um daqueles indivíduos dispara um segundo tiro.

Com que intenção? Cabe aos senhores decidir se foi com a intenção de matar o cavalo para não deixar fugir a presa ou para matar o homem que guiava o cavalo ou para matar o que estava dentro da carruagem, e era a vítima designada da sua empresa criminosa.

Para julgar, só existem, a este respeito, impressões e induções pessoais e eu, como parte acusadora, não quero insistir por uma ou outra tese. Basta-nos que Cola Morra e os seus cúmplices sejam considerados responsáveis do crime que está provado contra eles e não temos a ferocidade de pedir, também, a sua condenação por homicídio tentado ou frustrado.

E agora, senhores jurados, têm na sua presença o processo, documentado e analisado em todos os seus aspectos. E se me restasse a menor dúvida acerca da criminalidade de Cola Morra, não hesitaria em dizê-lo.

Cola Morra é o autor do fato de 11 de junho; tudo o acusa, nada o salva, nada o defende.

E julgo, assim, terminada a minha missão. Não vos peço, nem à inegável cortesia de todas as classes sociais de Benevento, desta forte flor desabrochada no encontro dos dois rios, o Calore e o Sabato, não peço, como dizia o ilustre colega adversário, os louros da vitória. As minhas palavras são impregnadas de tristeza e de piedade ao pedir a condenação. Mas penso que as razões da vida civilizada e da justiça estão acima dessa aberração do sentimento popular que faz do bandido o tipo do criminoso cuja impunidade está assegurada.

Não podemos duvidar que Cola Morra e os seus cúmplices praticaram o crime de 11 de junho; eu, em consciência, não hesitaria em proferir o monossílabo condenatório. E não é para obter os louros da vitória e da satisfação pessoal que aguardarei o vosso veredicto, mas com a idéia de que Benevento e uma grande parte da Itália espera de vós, jurados, um veredicto que seja palavra de justiça, mas, ao mesmo tempo, obra de educação social, que ensine o nosso povo, com o apoio solene da lei, a respeitar, a admirar e a exaltar, não os ociosos nem os ladrões dos bancos e dos campos, mas unicamente aqueles que pedem ao honesto trabalho, manual ou intelectual, a eqüitativa remuneração do esforço empregado para a realização de humanas condições de existência individual e coletiva.

Disse.

A decisão foi condenatória.

Censura pública ou difamação pessoal?

Tribunal de Lucera

Senhor Presidente, meus senhores:

Dizia o ilustre representante do Ministério Público que esta causa, Palieri-N., é um dos habituais e característicos processos de difamação. Creio, porém, que teria exprimido mais completamente o seu pensamento se tivesse dito que, na causa agora sujeita à vossa decisão, devemos distinguir entre a forma e o conteúdo.

O conteúdo é, realmente, o de um vulgar processo por difamação. A forma, porém, destaca-se da vulgaridade dos processos por difamação, pois foi sob a bandeira neutral da crítica administrativa, que o senhor N. fez passar, como mercadoria em contrabando, a difamação pessoal. E declaro desde já que não pretendo negar que, nos escritos publicados e querelados, haja uma parte de crítica e censura administrativa, que constitui o direito de qualquer cidadão. E é esta a tese, unilateral e incompleta, que os oradores da defesa expuseram ao Tribunal.

Julgamos, porém, que não é possível proferir uma sentença justa, se a esta parte de crítica administrativa não se juntar a decisão sobre a parte pessoalmente difamatória.

Mas, por uma outra razão, parece-me que o atual processo, no seu desenvolvimento e nas suas origens, se ergue um pouco acima dos vulgares processos por difamação, e que é uma causa a que eu chamarei sintomática.

Foi, realmente, hábil, da parte do orador da defesa, advogado

Nicoletti, tentar limitar o âmbito da sentença a proferir por este Tribunal, só a parte material da presente causa.

Mas, porque, como não se verifica a geração espontânea no mundo orgânico, também não se produz no mundo jurídico, nem no mundo social, pergunto: como e por que pôde acontecer que a presente causa desse origem àquelas manifestações materiais, que, juridicamente, tendes de decidir? E faço essa pergunta porque é aquela a base de fato da decisão judiciária, base de fato que não pode ser apreciada, sem a enquadrarmos na crítica mais ampla dos fatos que não se discutiram neste julgamento, mas que transpiram e se adivinham através de todos os documentos do processo.

Trata-se de uma causa sintomática, porque não se pode limitar à manifestação de uma aversão, de um rancor restrito e pessoal entre N. e Palieri. A mola, a alma deste processo pode ser essa; mas é certo que a parte material da causa tem a sua origem nas condições sociais e administrativas de Cerignola, onde Palieri era um dos chefes de um partido, e N. era o escudeiro escrevinhador do outro partido administrativo.

De forma que, devendo eu, com todas as reservas que me impõe a minha posição de parte acusadora, tratar esta causa a fundo, não poderei eximir-me à obrigação de dizer quais são, na minha opinião, as origens e as causas dos fatos que levaram Palieri a intentar este processo.

A este propósito não agradecerei ao Tribunal a atenção (de resto, devida) prestada ao desenvolvimento da causa.

Nem agradecerei, afora o recâmbio cordial das delicadas saudações, ao companheiro advogado Trombetta, nem aos adversários.

As palavras de Temistocles

Aos adversários que usaram da palavra, com o excitado discurso do jovem Lembo e a extensa oração de Nicoletti, posso responder, em meu nome e no de Palieri, que tenho a honra de representar como advogado e como amigo, como Temistocles respondeu ao seu acusador: "Se os fatos correspondessem às tuas palavras, eu estaria morto; mas visto que as tuas palavras não correspondem aos fatos, estou vivo e respondo".

O mesmo poderíamos nós dizer aos adversários. É estranho que eles, proclamando, no entanto, que se queriam cingir à história dos documentos, tenham, em seguida, acumulado tantas inexatidões, que tiraram, completamente, todo o fundamento verídico à sua argumentação.

Vou dar alguns exemplos.

O primeiro orador da defesa sustentou que N. podia, em qualquer caso, usufruir o benefício do artigo 49º do Código Penal, quanto à legítima defesa, porque na sua correspondência para o *Corriere delle Puglie* se limitava a responder aos ataques contra ele publicados no jornal *L'Indipendenza*. Pois bem, basta examinar os documentos para ver que o primeiro número da *Indipendenza* foi publicado em 27 de junho, um mês antes de se realizarem as eleições em Cerignola. O segundo número foi, indubitavelmente, publicado em 5 de julho.

Ora, no número 183 do *Corriere delle Puglie*, vem publicada a segunda correspondência de *Livius*, que é precisamente a que contém quatro quintas partes da difamação. Essa correspondência está datada de Cerignola, 4 de julho. Isso prova, senhores do Tribunal, que N., no número 183 do *Corriere*, só podia, em qualquer caso, responder ao primeiro número da *Indipendenza*, porque o segundo só foi publicado em 5 de julho. E assim, por incompatibilidade cronológica, cai a tese adversária, segundo a qual N. pretendia defender-se, a si e ao seu partido, dos ataques que lhes foram feitos nos números seguintes da *Indipendenza*, ataques que não existiam no primeiro número, publicado em 27 de junho.

E tudo isso sem notar que as frases da *Indipendenza* não contêm difamação contra pessoas indicadas com precisão, que tivessem o direito de se queixar.

Mas nisso tudo vemos nós um exemplo da errada crítica histórica dos adversários, que querem apresentar a favor de N. um estado de legítima defesa anterior aos ataques a que, segundo afirmam, N. se viu forçado a responder!

Uma avalanche de inexatidões

Em seguida, o advogado Nicoletti sepultou-se, automaticamente, sob uma avalanche de inexatidões.

Afirmou que o móbil da questão do imposto foi um sentimento de vingança de Palieri contra os antigos arrematantes, porque estes tinham intentado um processo contra a administração, por lhe ter sido consignado um âmbito ideal, simbólico, para cobrança do imposto, e não um âmbito material. Pois basta consultar os autos para nos convencermos do contrário.

Do documento número 82, emanado da Prefeitura, conclui-se que, na sessão de 13 de maio de 1896, o conselho comunal de Cerignola tratou da questão do âmbito de aplicação do imposto, e nela se falou em uma conta de despesas judiciais, apresentada pelo advogado De Martinis em 1894. Portanto, está provado, por documento junto aos autos, que o processo acerca do imposto foi intentado e acabado pelos antigos arrematantes anteriormente a 1895, isto é, quando não era síndico Palieri, mas sim Carmone. Falta, por isso, completamente a base de fato em que assentavam os argumentos do advogado Nicoletti. A verdade é que os senhores arrematantes, que eu nem de vista conheço, mas de quem falarei, porque todos os arrematantes de imposto são do mesmo tipo e todos têm a mesma forma de proceder, moveram um processo contra a Comuna, porque diziam ter um âmbito de imposto simbólico e não real, o mesmo, no entanto, com que a Trezza continua a cobrar o imposto, sem que, por isso, sejam prejudicados os seus interesses!

Os arrematantes do imposto moveram um processo à Comuna, quando a administração Palieri ainda não tinha sequer aparecido no horizonte administrativo de Cerignola. Os arrematantes venceram a questão; e no tempo de Palieri vieram a juízo pedir somente a liquidação e determinação dos danos. Mas Palieri, que no interesse da Comuna de Cerignola queria pagar só os danos realmente existentes, disse aos arrematantes que queria ele demonstrar se houve danos e quais foram eles na realidade. Iniciado o julgamento, R. e os outros arrematantes cessaram todas as pretensões de liquidação de danos e calaram-se porque o tribunal concedeu à Comuna o direito de provar a não existência desses danos. Aqui têm no que se resume a anedota inicial da vingança de Palieri contra os arrematantes.

Isso demonstra que os nossos adversários têm uma exatidão histórica, que merecia, realmente, ser esclarecida e posta no seu verdadeiro lugar. Os nossos adversários podem ser muito inteligentes; mas os fatos são o que são e não podem ser mudados, por maior que seja a sua inteligência.

O advogado Nicoletti caiu de inexatidão em inexatidão porque, além do caso do imposto, afirmou, por exemplo, que na questão da luz elétrica se pretendia favorecer L., e disse que no primitivo projeto de eletrificação estavam indicadas nove casas fornecedoras de máquinas elétricas. Mas disse Nicoletti que, depois da passagem do projeto das mãos dos Engenheiros para as de L., na redação definitiva se reduziu a uma só o número das casas que podiam fornecer os materiais, e, precisamente, a casa indicada foi aquela de que L. era representante exclusivo. Isso que disse o advogado Nicoletti não é verdade, porque no projeto definitivo se diz que as casas que podem concorrer são todas as indicadas no anteprojeto e segue-se uma lista de diversas casas com a indicação de todos os artigos de material elétrico que poderiam fornecer. E assim, como L. não é o representante de todas essas casas, desaparece de uma só vez a base de fato da afirmação de Nicoletti, de que Palieri teria indicado apenas a casa de que L. era representante.

Essa causa resiste, em absoluto, à habilidade adversária.

Mas ainda temos mais.

O advogado Nicoletti, falando da questão do imposto, mostrou ter feito uma preparação mais literária que jurídica. A propósito dessa já famosa questão do imposto ouvi tantos e tantos adjetivos, que Nicoletti deve ter andado a pescá-los em qualquer vocabulário, poucos minutos antes da discussão. Todos esses adjetivos são, por assim dizer, de uma índole corrosiva. Entre todos sobressai, porém, o adjetivo *obsceno*.

Mas, apesar da insistente riqueza dos seus adjetivos, ou talvez por esse fato, o advogado Nicoletti caiu em uma outra inexatidão de fato.

Um livro

Em virtude de uma certa divisão do trabalho entre os adversários, Nicoletti ouviu Lembo falar em um tal F., representante da Trezza, que tinha sido processado por burla e que, para se defender, tinha caluniado a mesma Trezza. E em um livro que Nicoletti atribuiu a Andrea Costa, mas que é de um tal professor Alberto Costa, leu Lombo aquilo que F. disse, para se salvar e acusar a firma Trezza. Não me ocupo do que se diz nesse livro porque creio que nada há nele de verídico; demasiado sei que, dentro e fora de Montecitório, a corrupção por meio de dinheiro é uma das razões porque o nosso país está tão abaixo dos sonhos dos que conseguiram unificá-lo.

O essencial é que o advogado Nicoletti exclamou aqui ontem: — A testemunha Feliziano traz um pouco de luz a este processo, dizendo que F. veio a Cerignola para tratar com Remígio Palieri. E Nicoletti acrescentou: Vêem! Esteve em Cerignola aquele F., que, instrumento de corrupção, cobre de notas as escadas dos ministérios, para melhor as subir! Não pode, portanto, haver dúvidas que alguma coisa se passou! — Mas o advogado Nicoletti, antes de lançar uma dúvida desta espécie, devia, pelo menos, confrontar as datas. Ora, a arrematação do imposto teve lugar no outono de 1895. Nessa época, veio a Cerignola um tal F., mas esse F. não era o do livro. Esse livro foi impresso em 1891, e o F. de quem nele se fala, Paride F., foi, nesse ano de 1891, condenado pelos jurados de honra a nove anos de prisão; portanto, o F. do livro estava ainda na cadeia, quando um outro F. esteve em Cerignola, em 1895.

Os entendimentos não se realizaram com o F. corruptor e condenado, mas com um indivíduo diferente.

Ora, eu posso compreender e justificar que um advogado se engane. Mas o advogado Nicoletti, antes de lançar uma insinuação moral tão grave contra Palieri, devia estar certo do fato apontado e não me devia sujeitar a esta tarefa de lhe dar um formal desmentido, porquanto o F. de 1895 nada tem que ver, à exceção da semelhança do nome, com o F. corruptor e condenado. Tínhamos, portanto, razão ao recordar as palavras de Temistocles: "Se as tuas palavras correspondessem aos fatos, eu estaria morto; mas as tuas palavras não correspondem aos fatos, por isso estou vivo e te respondo". Assim respondo eu, em nome de Palieri, e em plena solidariedade moral com ele.

O advogado Nicoletti quis, também, referir-se, ontem, à parte por mim tomada em outros famosos processos por difamação, em que figurei como defensor e não como parte acusadora.

E lamentava a minha mudança de atitude.

Censura pública e difamação pessoal

Ora, eu publiquei as minhas *Defesas Penais*, e declaro a Nicoletti que não julgo necessário recorrer ao meio de que se servia, por vezes, o meu venerado mestre Carrara, que dizia: "Na cátedra sou professor e no Tribunal sou advogado". Não, eu não recorro a qualquer subterfúgio, e digo que sustento a mesmíssima tese, tanto agora que sou parte acusadora, quanto de outras vezes em que tenho sido defensor. E declaro que, se quando fui convidado pelo Sr. Palieri e pelo meu amigo o advogado Trombetta, me tivesse convencido de que N. exercera a censura pública, no interesse do bem comum, não teria aceitado a procuração para este processo.

Mas, bem ao contrário, convenci-me que N. é indigno de usar o nome de censor público, e que não passa de um difamador personalista. Aceitei a defesa de Palieri, animado do mesmo entusiasmo com que, no Tribunal de Lecce, defendi o *Rinnovamiento* de Astuni e o Dr. Barnaba. Esses tinham publicado um artigo contra Trinchera e eu sustentei os direitos da censura pública, por duas razões fundamentais, que se existissem nesta causa me teriam feito recusar a defesa de Palieri.

A primeira razão é que o Dr. Barnaba e o diretor do *Rinnovamiento* eram e são dois homens honestos. E por isso assumi a sua defesa. E depois os artigos contra Trinchera eram de crítica objetiva sobre a atividade do deputado e não o atacavam na sua vida privada, nem na sua pessoa.

Permita-me o Tribunal que eu leia os trechos querelados dos artigos do *Rinnovamiento*, e verá a enorme e insuperável diferença. Neles dizia-se:"A última e menos luminosa página da crônica da região, refere-se a esta eloqüente antítese: Astuni inteira de um lado, o ilustre deputado do outro; fórmula esta que dá como resultado Astuni sem presídio militar, e a solução não podia ser outra, porque a vontade do terrível Júpiter tonante é superior à vossa, meus caros concidadãos; e a habilidade do grandiloqüente deputado é superior à de um simples e humilde administrador de comuna. De nada vale a favorável inspeção governativa, que indicou o grandioso edifício de soror Fuentes, aqui em Astuni, como a sede mais oportuna para a penitenciária militar, por considerações de ordem topográfica, higiênica e técnica".

E, para um outro ponto de acusação, as palavras querelladas eram estas: "O homem caro ao nosso país pelo aumento do ágio de cobrança, pelo esforço prometido e não prestado a favor do nosso novo Liceu, devia ser coerente consigo mesmo".

E, de fato, verificou-se que, tendo o imposto de Astuni sido arrematado em basta pública por Narraci ao ágio de 0,60 por cento, o prefeito anulou essa praça, concedendo, por seu arbítrio, a cobrança do imposto a um tal Cozzolino, ao ágio de 1,25 por cento, só porque Cozzolino se lhe apresentara com um bilhetinho onipotente do ilustre Trinchera!

Ora, em tudo isto, ataca-se, porventura, a vida privada de Trinchera? Diz-se, porventura, que Trinchera se esforçou por fazer construir a penitenciária em Francavilla por uma questão de interesse particular? Não, faz-se apenas crítica serena e objetiva; censura-se a Trinchera o fato de ter feito construir a penitenciária em Francavilla e não em Astuni, e nada mais. E qual foi o resultado do processo? Foi a absolvição do diretor do jornal e a condenação de Barnaba, apesar do Ministério Público ter retirado a acusação, em um discurso corajosíssimo e muito ponderado, cujas conclusões haviam sido, com antecedência, decididas pela repartição competente do Ministério Público.

Pois bem! Eu era então defensor. E se hoje estou contra N., não preciso de recorrer a subterfúgios para justificar a minha atitude. Na verdade, para poder exercer a crítica administrativa, são necessárias duas condições: 1ª — Que quem faz a censura seja um homem honesto. 2ª — Que sob a bandeira neutral da crítica administrativa não se queira passar, como contrabando, a vulgar difamação.

Se N. puder provar que é um homem honesto e que nos seus artigos não há difamação privada, então eu afastar-me-ei e pedirei ao Tribunal que o absolva.

Mas, como dizia o Ministério Público, há documentos e fatos no processo, que tornam impossível essa afirmação da parte do querelado, Sr. N.; e por isso eu entro no exame da causa, com a certeza de não contrariar os meus princípios de livre crítica, porque, neste processo, não é, decerto, o acusado quem pode invocar esse direito.

As ofensas à pessoa privada

De fato, o Tribunal tem que, antes de mais nada, resolver este problema: verificar se nos artigos incriminados existe matéria difamatória. Deve, para isso, pegar no nº 183 do *Corriere* e ler toda a correspondência de *Livius*. Nessa correspondência e nas subseqüentes, existem, realmente, críticas administrativas. Nesse ponto estamos de acordo. Assim, quando N. diz que Palieri, com Pavoncelli e com o prefeito, cometeu irregularidades administrativas, está no seu direito e faz crítica administrativa. Mas não é isso que os senhores juízes têm que decidir. O que têm a fazer é julgar N. por aquilo que, de difamatório, ele, sob o pretexto da crítica administrativa, imputou pessoalmente a Palieri, como chefe da administração comunal e como pessoa. Para isso, basta lançar um rápido olhar sobre os artigos incriminados. Entre outras coisas, diz-se neles: "E houve quem comparasse Palieri a Signa, protótipo dos deputados do *Lodo Parlamentar* de Escarena". Ora, aqui não se fala do administrador, mas de Remígio Palieri, pessoa privada, de quem se diz nada menos que é um protótipo do *Lodo Parlamentar*, isto é, um tipo romanesco de deputado, sustentado por uma atriz, que se deixa corromper e que acaba por fazer falsificações. Mas quando N. diz isto acerca de Remígio Palieri, faz uma crítica à sua administração ou pratica uma difamação pessoal?

Neste processo, a difamação pessoal vem, assim, envenenar tudo o que nele possa haver de crítica administrativa. "Quando se fala da incomparável honestidade de Palieri, surge um coro de vozes que invocam o passado e recordam que o imposto foi concedido à Trezza, porque a Trezza fez sacrifícios por Palieri". Isso lê-se também no nº 184 do *Corriere*. Ora, isto não é crítica administrativa. O imposto, diz N., foi-lhe dado porque a Trezza fez sacrifícios por Palieri. Isso, em linguagem corrente, quer dizer que Palieri recebeu dinheiro dos cofres da Trezza. E isso é crítica administrativa ou é difamação pessoal pura e simples? Bom seria para si, Sr. N., que provasse a verdade do que escreveu e demonstrasse que não teve a intenção de difamar.

E o que eu digo quanto ao imposto, poderia dizer-se quanto a qualquer outro fato particular, dos que são referidos nas sucessivas correspondências de *Livius*. "O senhor Palieri, diz Livius, vai a Roma e a Nápoles para consultar os médicos, queixando se de neurastenia, e depois faz com que a Comuna lhe pague as despesas". Ora, isso não é um ataque ao síndico e à sua função pública, mas uma difamação pura e simples, dirigida contra a honra particular de um cidadão. O Sr. N. não pretende falar, por certo, de neurastenia política, mas sim de neurastenia material e fisiológica, que é uma doença da pessoa como homem e não da pessoa como funcionário público. E quando afirma que Palieri gastou 200 liras em assuntos pessoais, dizendo, falsamente, que fora a Nápoles e a Roma para tratar de negócios da Comuna, comete uma difamação pessoal contra Palieri.

E quando diz que Palieri escolheu Lindemann para os trabalhos das janelas e varandas, porque lhe devia dinheiro e queria obter um maior prazo para o pagamento da sua dívida, fala do Palieri síndico ou do Palieri homem? E quando diz que só assim Palieri pôde evitar o imediato pagamento das suas dívidas, julga poder afirmar que está a fazer crítica administrativa? Não pense que pode brincar com a ingenuidade impossível, não de um Tribunal, mas de qualquer homem de experiência média.

Nem vale a pena falar nos interesses dos operários de Cerignola. Francamente, isso é um argumento que deveria ser posto de lado, porque se os operários de Cerignola construíram os palácios dos ex-arrematantes do imposto, receberam os salários que receberiam em qualquer outro trabalho; a não ser que me provem que os arrematantes reservaram uma pequena casinha para os pedreiros que construíram os seus palácios, rapidamente ganhos com os lucros da arrematação do imposto. Mas pretende-se apenas, evidentemente, passar gato por lebre.

E venham depois falar-me dos interesses dos operários de Cerignola contra o caso Lindemann! A razão estaria do vosso lado, se, por tal fato, os operários agrícolas passassem da sua miséria para uma melhor condição econômica, o que não é verdade. Nós queremos a redenção do operário, mas não pelos meios desejados por N., e, de resto, certas questões não têm aqui a sua oportuna discussão porque não se deve tentar turvar a água.

E continua a falar em "carrocinha ou carroção elétrico". Mas quando diz essas palavras, quero, evidentemente, dizer que os interesses privados de Palieri andavam a par dos interesses públicos.

E quando fala no assessor C., dizendo que não é correto que C. tenha tomado parte na deliberação respeitante ao empréstimo por ele feito, pode talvez ter razão. Mas isso não destrói o fato que a administração Palieri contraiu dívidas para com o Banco de Itália no montante de 50.000 liras e de 15.000 liras para com C.

Portanto, C. emprestou dinheiro, ao juro de 8 por cento, como o Banco Agrícola. Administrativamente, por conseqüência, poderão fazer críticas, mas não podem, sem cair da crítica na difamação, chamar imoral a esse fato, nem podem dizer que "é mais imoral quem tem a vara na mão", isto é, o síndico, acerca do qual escrevem que aprovou o pagamento dos juros ao assessor, com este fim: "eu fecho os olhos a teu respeito e tu fechas os olhos ao meu". Ora, senhores juízes, esses são os fatos que, situados para além da censura pública, constituem, evidentemente, o material jurídico do crime, a que se chama difamação pessoal.

Estamos de acordo com os adversários em que as correspondências do *Corriere* contém uma parte de crítica administrativa. E disso não nos ocupamos. Mas contém, também, difamações pessoais e particulares, e é por elas que pedimos ao Tribunal uma sentença condenatória, que servirá de exemplo e terá uma função de educação cívica, animados pelos mesmos princípios que nos levaram a pedir a absolvição de Barnaba contra Trinchera e de Balducci contra Fortis.

Nesses processos acusavam-se os deputados das suas injustas intervenções em certos fatos; acusavam-se, em suma, do que poderíamos chamar degeneração parlamentar, mas não se atacava a sua vida privada. Neste processo, pelo contrário, a censura administrativa serve, apenas, de bandeira neutral para fazer passar a difamação pessoal e vulgar, substituindo as razões do interesse público pelo desejo de vingança e pelos rancores pessoais.

Julgamento de fato

É certo que não se pode, a priori, decidir se uma dada correspondência de jornal constitui censura pública e legítima ou difamação pessoal punível.

Ex facto oritur ius, e, por isso, o juiz deve considerar não só a materialidade dos escritos em si mesmos, mas também os fatos que deram origem às correspondências, e depois considerar também as pessoas que inspiraram esses escritos. E isso porque não devem julgar os escritos em si, mas absolver ou condenar o *homem*, a pessoa que escreveu essas correspondências. Portanto, o trabalho a realizar é um trabalho analítico, indutivo.

Do que foi publicado no *Corriere delle Puglie* temos de remontar aos fatos da vida administrativa de Cerignola e desses fatos à figura de N., que escreveu as referidas correspondências, para descrever a seu modo esses mesmos fatos administrativos de Cerignola.

Digo que a distinção entre censura pública e difamação particular não se pode fazer abstratamente, porque em matéria de difamação pública o Tribunal me ensina que, quando se principiou a aplicar o nosso Código Penal, as difamações foram inúmeras; e verifico que o rigor (para mim excessivo) contra as difamações, depende justamente da falta de determinados limites entre as intenções da censura pública e o espírito da difamação pessoal. Como vêem, senhores do Tribunal, digo isso contra a minha tese, porque o Código, tal como é, está ao meu lado, como parte acusadora. De fato, a jurisprudência prevalente diz que, para punir por difamação, basta ver se o fato imputado é difamatório. Mas porque eu não posso separar a minha situação de jurista de advogado, digo que o Código deveria distinguir o difamador pessoal do censor público.

Diz Zanardelli no seu relatório acerca do Código Penal: "Não há ser mais desprezível que o difamador, que cria artificiosamente o descrédito, a desonra, a ignomínia de um homem por impulso de rivalidade ou de vingança, ou por malvadez da sua natureza, ou até por vulgar especulação de vantagem pessoal; que, com freqüência, procede sorrateiramente, por meio de artifícios sutis". É este o tipo do difamador vulgar.

Mas outros homens praticam a censura pública e podem atacar e acusar um homem, em defesa do bem público. E, neste ponto, a legislação inglesa é melhor do que a nossa porque estabelece a absolvição do réu quando este prove ter difamado em benefício público. Ora, eu desejo que N. seja absolvido, se não é um difamador pessoal, mas um censor público, que se arrogou o direito de defender o bem público e a consciência pública.

O ambiente de Cerignola

Vejamos, pois, se N. é um desses homens, e se os fatos de Cerignola foram fotografados com sinceridade objetiva nas correspondências de *Livius*. Veremos, pelo contrário, que ele não passa de um facínora da pena, que aproveita o seu talento para atacar, na sua vida privada, um homem como Palieri, que cometeu o grave crime de opôr-se, ele, pobre plebeu, à ilustre casa que domina, com feudalismo moderno, a linda cidade de Cerignola.

Cerignola é um centro maravilhosamente industrial, mas está longe das palpitações, da vibração, da disciplina da moderna vida administrativa. Cerignola está atrasada quanto à vida pública, em relação às outras cidades da Itália. Não digo isso como censura à Itália meridional, mas como profecia de que ela saberá e poderá rapidamente atingir — do que não duvidamos — o estado de avançada civilização a que chegaram as cidades irmãs, de outros pontos da Itália meridional e setentrional.

Mas Cerignola estava, em demasia, nessas condições. Cerignola, antiga parte desta Capitanata outrora inculta, viu surgir à sua volta milhares de hectares de vinhedo e viu a indústria mais desenvolvida unir-se, em fecundo acordo, com a agricultura vinícola. À sua volta surgiram fortunas fabulosas. Ela é a fotografia exata do ponto de evolução a que chegamos. No seu território possuem imensas propriedades os feudatários medievais, que vivem longe de Cerignola e foram substituídos pelos feudatários modernos e burgueses. O duque de Bisaccia, que vive a mil léguas de Cerignola, é o feudatário medieval, que recebe rendimentos que não lhe custaram o menor esforço. No entanto, ele faz com que a terra seja fecundada pelo trabalho e pela indústria e, por isso, só podemos aprová-lo; porque o progresso industrial que ele, embora em seu proveito, introduziu na viticultura de Cerignola, é, ao mesmo tempo, um progresso social, e aproxima-se daquela organização econômica mais aperfeiçoada que desejamos e prevemos como fatalidade histórica, mas que não poderia realizar-se se a terra continuasse na fase da agricultura primitiva e é mais depressa possível sendo industrializada, como fez o duque de La Rochefoucauld.

Em face dele, barão medieval pelos títulos históricos da sua propriedade familiar, ergue-se o feudatário burguês, o administrador moderno, semelhante àqueles déspotas das Comunas italianas, que foram descritos desde Minghetti a Bovio, desde Franchetti a Sonnino. Pavoncelli é o feudatário moderno de Cerignola. E não dizemos isso como uma acusação, mas porque as nossas palavras correspondem ao espírito das coisas. Não proferirei uma só palavra, da qual se possa concluir que duvido da sua honestidade. Conheci Giuseppe Pavoncelli como um dos 500 de Montecitório; no processo de N., vi-o como o feudatário moderno de Cerignola — feudatário que se impõe unicamente pela força da indústria moderna porque a sua fazenda industrial representa como que a atmosfera, em que respira toda a vida econômica, administrativa e moral de Cerignola. É um árduo problema viver e desenvolver-se, fora dela, em plena independência. E o resultado evidente de tal fato, é que a população de Cerignola vive na mais completa inconsciência política e administrativa.

Assim, como em Ostuni se dizia a respeito de Trinchera: "O deputado Trinchera é o nosso grande senhor", repete-se em Cerignola, quanto a Pavoncelli: "É ele o nosso grande senhor". Esta frase fotografa as condições de inconsciência social da maior parte dos camponeses e artífices de Cerignola.

Giuseppe Pavoncelli é o árbitro de Cerignola sem nunca ter sido síndico nem assessor.

E os síndicos que se sucedem em Cerignola têm de lhe prestar homenagem e não podem revoltar-se contra ele. Ora, a este estado de inconsciência e de ignorância da parte do povo, não deverá aplicar-se o nome de feudalismo moderno?

Um síndico independente e honesto

Palieri foi eleito síndico; e em certo dia teve uma idéia louca: a de se insurgir contra Pavoncelli.

Pensou: — Quero estar à frente de uma administração com critérios diferentes das anteriores.

A administração Palieri de 1895 constituiu o chamado partido dos *independentes* que é a fase correspondente ao estado intermédio entre o feudalismo administrativo e a livre vida comunal. A fase intermédia é sempre a dos independentes. Remígio Palieri é um homem rico, abastado. Disseram-no aqui as testemunhas. Poderemos, contudo, exibir a escritura de partilhas entre os irmãos Palieri, pela qual se vê que possuem um patrimônio superior a meio milhão. Além disso, Palieri é um industrial; foi ele um dos iniciadores do renovamento técnico da viticultura de Cerignola.

Palieri é, incontestavelmente, um homem honesto, não só pelo seu certificado do registro criminal limpo, mas também porque, processado pelo seu feudatário como perjuro — quando deixou de ser pintinho e principiou a fazer-se galo e a pretender ter liberdade e independência de movimentos — Palieri foi absolvido, não por insuficiência de provas, mas por inexistência de crime.

Palieri é honesto não só por essa razão legal, mas porque é, realmente, um homem honrado, como afirmaram inúmeras testemunhas, mesmo das de defesa, entre elas o Sr. Tozzi. E Palieri continua a ser honesto, mesmo que os nossos adversários digam que ele retirou uma queixa contra R., a troco de obter a restituição de um título de 18.000 liras.

Os fatos são os seguintes: R. foi processado por Palieri. Convidado a dar explicações, deu-as, como demonstra o ato notarial aqui lido pelo advogado Lembo, mas só a meio, quando era preciso lê-lo todo. Os fatos, tais como resultam desse papel, são estes: Palieri analisara letras de um tal Giuseppe R., irmão do querelado, no valor de 30.000 liras. Havia, por outro lado, um título de 18.000 liras, referente a um crédito de Giuseppe R. sobre Palieri. As letras não foram pagas por R. e tinha, portanto, que pagá-las o avalista, Palieri. Giuseppe R. endossou o título de 18.000 liras a Luigi R., querelado por Palieri, com o fim evidente de tornar impossível uma compensação. E, por isso, Palieri disse: — Se quer que eu aceite as explicações tem de me restituir o título. E Luigi R. entregou-lhe o título das 18.000 liras, mas a troco de Palieri lhe ceder a ele o direito emergente das letras avalizadas, no montante de 19.000 liras. Ora é, portanto, a isso que se reduz tudo e foi isso que Palieri recebeu para aceitar as explicações!

Muita carne ao lume

Palieri só teve um gravíssimo erro na sua vida administrativa. Pôs muita carne ao lume. Não teve, apenas, a coragem de se insurgir, em Cerignola, contra Pavoncelli, mas ainda provocou um vespeiro mais forte, constituído pelos satélites de Pavoncelli. Além disso, rebelou-se contra os arrematantes R., C. e outros, porque cedeu o imposto à Trezza.

De fato, o primeiro número da *Indipendenza* estabelece claramente o programa de Palieri. Esse programa era tríplice: saneamento moral, equilíbrio financeiro, melhoria das condições de vida social. Quanto a esta última parte é inútil falar nela: resulta das negociações para a luz elétrica e para a construção de um aqueduto especial para Cerignola, imaginado por Palieri — apesar de, na verdade, não se dever falar neste último, agora posto à parte em conseqüência do projeto do aqueduto geral para as três províncias da Puglie. Palieri, talvez pensando que é preciso esperar um pouco antes de obter os 200 milhões necessários para o grande aqueduto provincial — que seria, no entanto, a regeneração dessa terra maravilhosa — encarregou o engenheiro Orlando de fazer o estudo de um aqueduto só para servir Cerignola; o projeto foi elaborado, mas o aqueduto não pôde realizar-se, por a água ser insuficiente; e então Palieri pagou os estudos do engenheiro Orlando com 200 e tantas liras do seu bolso e não com o dinheiro da Comuna.

Deixemos, pois, de parte essa melhoria das condições da vida social de Cerignola. Falemos do saneamento moral e do equilíbrio financeiro.

Saneamento moral!

É uma frase! Mas por que se faz dela a síntese de um programa?

Senhores do Tribunal, tenho aqui um documento, que é uma sentença do Tribunal civil e penal de Lucera, proferida contra o atual acusado N. R. "prejudicado e difamado no sentido da lei de segurança pública".

N. foi absolvido do crime de peculato de que era acusado, com a equívoca fórmula da não provada criminalidade do fato. Todavia, essa sentença documenta a verdade das afirmações, isto é, que as administrações anteriores a Palieri tinham constituído "um ambiente administrativo inquinado".

Lê-se, realmente, em um dos considerandos dessa sentença: "Nota-se o sistema constante da administração de Cerignola (anterior a Palieri) de emitir *mandados fictícios*... A discussão da causa confirma que o sistema foi *infelizmente continuado pela administração* N., que, no entanto, afirmava querer levantar o perturbado senso moral. Mas, ao contrário, *tudo continuou a viver no mesmo ambiente inquinado*".

Foi por isso que o primeiro número da *Indipendenza* apresentou, como programa da administração Palieri, o *saneamento moral* de Cerignola.

E falemos, também, do equilíbrio financeiro.

Quando Palieri assumiu o poder encontrou 400 mil liras de dívida flutuante e 123.000 de perdas e danos. E tanto os assessores quanto o síndico Palieri tiveram de recorrer a empréstimos pessoais para fazer face aos pagamentos mais urgentes. Portanto, o feudalismo administrativo tinha reduzido o erário público a tal estado, que a administração Palieri teve necessidade de reparar o déficit do orçamento comunal com o dinheiro *pessoal* dos que pertenciam à nova administração.

O arrematante do imposto

Era este, portanto, o programa do administrador Palieri, programa que, repito, tinha contra si dois obstáculos invencíveis. Por um lado, o feudatário moderno, que não quer ser perturbado no seu domínio tranqüilo, incontestado. E ainda este seria o obstáculo menor. Do outro lado, tinha o interesse privado dos arrematantes R.-C.-P., diretamente atacados. Era muito para a administração Palieri, vencer esses dois obstáculos ao mesmo tempo, tanto mais que Palieri não tinha a seu lado a força de um programa objetivo, que se relacionasse com as grandes correntes da moderna vida civilizada, como sucede, por exemplo, em Milão, onde o programa administrativo é feito de grandes entendimentos políticos, o que tornou possível aos partidos populares expulsar os conservadores. Inversamente, nas Comunas, onde o progresso não chegou ainda a este ponto, não pode dar-se uma luta objetiva de partidos; mas há, apenas, partidos pessoais, sem grandes diferenças substanciais de programa, só divergindo no predomínio das pessoas ou das suas clientelas.

Portanto, Palieri aparece para combater as administrações anteriores. E é essa a razão do título do seu jornal, porque na classificação dos partidos a *Indipendenza* é uma fase transitória, que procura emancipar-se do feudalismo para chegar à luta de programas. Mas, nessa sua tentativa, Palieri encontrou, também, na sua frente os antigos arrematantes do imposto, que eram os senhores da Comuna.

Vejamos, pois, quais eram as condições do imposto em Cerignola.

Os antigos arrematantes tinham obtido o imposto pela quantia anual de 265.000 liras. Aproveitando o decreto Sonnino de 1894, os arrematantes obtiveram a diminuição de 90.000 liras, ficando, assim, reduzida a 175.000 liras a quantia que tinham de pagar. As farinhas pagavam 1,80 liras por quintal, 0,90 como imposto do Estado e 0,90 de imposto comunal. A diminuição foi calculada para um consumo anual de 50.000 quintais, mas Palieri demonstrou que, em Cerignola, não se consumiam, em cada ano, mais de 30 a 35 mil quintais de farinha. Por conseqüência, os arrematantes obtiveram da Comuna um abono por 15.000 quintais além da realidade; e a reforma Sonnino resultou, portanto, em escassas vantagens para o povo, mas foi de grande utilidade para os especuladores particulares.

Como as bolas de borracha

Porque, meus senhores, os impostos são como as bolas da borracha, que atiradas do cimo de uma escada, saltam de degrau em degrau e só param no patamar mais baixo. Assim os impostos, quando são lançados sobre os grandes especuladores, ressaltam destes para os pequenos comerciantes e destes para a massa dos compradores, terminando sempre por serem pagos pelos mais pobres. E em Cerignola sucedeu o mesmo que, há anos, sucedeu em Gênova, a respeito do petróleo.

Em Gênova foi aumentado o imposto, que parecia dever recair só sobre os grandes especuladores. Estes, primeiro, gritaram contra a lei, depois calaram-se. Mas, logo, os grandes comerciantes de Gênova, tendo de pagar um aumento de 10, fizeram um aumento de 12 aos armazenistas de Milão. Estes, por sua vez, voltaram-se logo para os retalhistas, fazendo-lhes pagar um aumento de 14. O retalhista, imediatamente, aumentou 20 por cento ao preço do litro de petróleo que, à noite, vende às mulherzinhas da sua rua. Portanto, as taxas acabam por ser pagas pelo povo e ainda por cima em dobro em relação com a cifra inicialmente imposta pelo Governo.

Sonnino acabou com o imposto sobre o consumo da farinha e os arrematantes de Cerignola ganharam com isso, ilegitimamente, 20.000 liras. Sobe ao poder a administração Palieri e, para pôr cobro ao enorme déficit do orçamento da comuna, é obrigada a restabelecer o imposto de 90 cêntimos sobre a farinha e a reorganizar o imposto sobre os gados e outros (obtendo um aumento de 11.000 liras por ano). Depois, Palieri adicionou essas 11.000 liras com as 45.000 que daria o restabelecimento do imposto sobre as farinhas e com as 175.000 liras que representavam a importância anteriormente paga pelos arrematantes do imposto, e obteve, assim, um montante de 231.000 liras; essa soma devia servir de base mínima à renovação da arrematação do imposto. Por isso, a Junta, pensando que Cerignola estava afortunadamente destinada a um rápido desenvolvimento, fixou o preço mínimo da arrematação na soma de 250.000 liras. Portanto, não só tomou em conta o restabelecimento do imposto sobre as farinhas e o melhor rendimento do imposto sobre os gados, na avultada importância de 56.000 liras, mas ainda aumentou 20.000 liras ao preço global da arrematação.

Os antigos arrematantes, a convite de Palieri, declararam não poder tomar o encargo da cobrança nessas condições e isso apesar de, anteriormente, terem ganho tanto que mandaram construir palácios. Eles não podiam dar mais. Estava-se em 1895, ainda muito cedo para Palieri poder chegar à municipalização do imposto de consumo, isto é, à percepção direta do imposto pelas Comunas, reforma que seria de verdadeira utilidade. Mas Palieri não podia fazer isso porque só os socialistas falavam em uma coisa tão disparatada! E como lhe tinham indicado a Trezza, pensou em conceder-lhe a cobrança dos impostos porque ela oferecia sérias garantias. E reconheço que, na prática administrativa, Palieri — ainda frango e não galo — forçou um pouco, com Pavoncelli, a mão do prefeito. A este respeito pode estar sujeito à crítica administrativa. Mas desafiamos N. a provar que Palieri tivesse feito isso para obter um benefício particular qualquer.

O relatório de um delegado da segurança pública

Vejamos agora quem eram os antigos arrematantes. A fls. 48 existe uma carta, dirigida ao prefeito pela delegação da Segurança Pública em Cerignola. É assinada pelo delegado Capozzi, que para a defesa se tornou o *compadre* Capozzi.

Desgraçada sorte as desses delegados! São modelos de eqüidade, quando estão ao lado do grupelho dominante; e quando se colocam ao lado dos interesses da justiça, são atirados para as nobres ilhas da Itália, transformadas, pelos modernos ministros, em lugar de domicílio forçado administrativo! Portanto, naquele documento, o delegado Capozzi escreve ao prefeito, atestando "a aversão da população de Cerignola contra a velha firma C.-R.-P.", e acrescenta: "Como o conselheiro N. expôs, desassombradamente e sem rodeios, na sessão de ontem do Conselho, é fato por toda a gente notado que a referida firma, depois de ter obtido grandes lucros no período da sua gestão, sobrecarregando por todas as formas os contribuintes, especialmente os pobres camponeses, no decorrer deste ano, alegando estar a perder, exagerou o rigor na exação, provocando a indignação geral".

"Por outro lado, as afirmações das pessoas mais importantes da região e, *mais do que isso, o fato de ser notório o entusiasmo* do Sr. Pavoncelli em patrocinar e apoiar a firma Trezza no concurso para a arrematação, convence o povo de que o único meio de evitar os abusos e vexames é *conceder a cobrança dos impostos a uma sociedade séria e honesta*, a respeito da qual correm as mais lisonjeiras notícias, como sendo a que, oferecendo mais sólidas garantias, assegura, também, um tratamento eqüitativo, sem ser inspirado em segundos fins. Depois de tantas esperanças, vendo o povo o persistente propósito do Sr. S., que é conhecido como testa de ferro da antiga firma arrematante, considerou como um jogo os seus esforços para afastar a firma Trezza e assim, ficando sozinho, poder, livremente, impor condições onerosas à Comuna; é essa a origem da indignação geral, que tem aumentado, a ponto de ameaçar a ordem pública; e por isso os antigos arrematantes foram os primeiros a reconhecer a necessidade de pedir a minha intervenção.

"A discussão havida ontem no Conselho, os prognósticos acerca da solução da pendência, o procedimento administrativo para com R., foram outras tantas coisas que aumentaram a agitação; foi, por isso, necessário recorrer a toda a influência das pessoas gradas e a uma certa demonstração de força, para conter o povo na ordem e no respeito à lei."

É certo que, depois, o povo mudou de opinião, como bandeira ao vento; mas não é sua a culpa, mas sim daqueles que, estando no alto do poder, deixam o povo na inconsciência e na miséria. O povo de Cerignola vive nas trevas da inconsciência a respeito, das coisas administrativas e políticas, e por isso muda de opinião como uma bandeirinha ao vento. Dêem uma consciência ao povo e verão que deixará de mudar voluvelmente, mas que terá, pelo contrário, tenacidade de idéias e de apreciações, a respeito das coisas públicas.

Só assim foi possível fazer acreditar ao povo de Cerignola que os antigos arrematantes do imposto eram altruístas, que só pensavam no bem público! Oh! Esse "altruísmo" dos arrematantes, quanto a mim, ainda não surgiu no horizonte da vida contemporânea; e se o fossem os de Cerignola, desejaria conservá-los eternamente em um frasco de álcool, para admiração dos vindouros!

Um arrematante... altruísta e revoltoso

E Palieri quer, precisamente, ceder o imposto à Trezza porque esta, pela grandiosidade dos seus negócios, é sabido que deve ser menos onerosa para os contribuintes do que os simples arrematantes individuais. A Trezza trabalha em Roma como trabalha em Cerignola, e tive um amigo empregado dessa firma, o qual, lealmente, tinha de reconhecer que a empresa recomendava aos seus empregados que não descontentassem as populações, na certeza de que, pela grandiosidade e multiplicidade dos seus negócios, sempre realizaria os lucros necessários, compensando um negócio menos bom com outro mais rico e frutuoso. O simples arrematante individual, ao contrário, por que só tem a seu cargo uma cobrança de imposto, dela tem de tirar os seus lucros a todo o custo e é, por isso, levado a sobrecarregar os contribuintes. Ora, a não existência de uma administração excessivamente fiscal pode ser um alívio para os contribuintes.

Mas R., vendo que Palieri estava firmemente resolvido a entregar o imposto à Trezza, ameaçou perturbar a ordem pública e sair para a rua com os seus acólitos, constituídos, talvez, pelos seus devedores. Existe nos autos um telegrama do delegado para o prefeito, em que diz:

"Cerignola...

"Junta aceita conselho V. Exª. remetendo para a reunião do Conselho proposta R., que fará exposição suas propostas. Recebi carta R. ameaçando para amanhã demonstrações no Conselho e telegrafou Sr. D. para aqui estar também amanhã. Disposto servido e tomadas disposições, para que a todo o custo a ordem pública não seja perturbada, durante reunião Conselho, na praça...

O Delegado — a) CAPOZZI."

Portanto, Palieri estava, assim, empenhado em um duelo mortal com os antigos arrematantes do imposto. Tinha contra si a forca desesperada dessa gente. Mas Palieri era ainda franganote; ainda estava sob a proteção de Pavoncelli e, por isso, não houve forças, em Cerignola, capazes de impedir que os impostos fossem adjudicados à Trezza. E essa firma obteve a cobrança dos impostos, porque assim o quis quem mandava em Cerignola.

É certo que o prefeito de Foggia se viu metido entre a espada e a parede. De um lado era apertado por Pavoncelli; do outro devia ser apertado pelos antigos arrematantes, que, no último momento, ofereceram não só as 260.000 liras, mas até 265.000 e 269.000 liras. E quando o advogado Nicoletti disse que, cedendo os impostos à Trezza, a Comuna de Cerignola perdera 9.000 liras por ano, quis parecer hábil, mas esqueceu-se de que nós não eramos ingênuos. Realmente, além da importância anual de 260.000 liras, a Trezza paga à Comuna a quarta parte dos lucros pertencente a Pavoncelli e por ele cedida a Cerignola. Ora, existe um registro da cobrança dos impostos e no último ano os lucros foram de 50.000 liras, cuja quarta parte são 12.500; isso quer dizer que a Comuna de Cerignola todos os anos recebe da Trezza cerca de 272.500 liras produto da renda e da quarta parte dos lucros. Por isso, R., quando fez a oferta de 269.000 liras, sabia que não oferecia mais, mas menos do que a Trezza. Convença-se definitivamente o colega Nicoletti de que não deixaremos passar... sem imposto, as suas trapaças ingenuamente aritméticas.

Acusa-se Palieri do fato de se ter alojado, a convite de Pavoncelli, no Hotel Brun, de Bolonha, quando foi fazer o contrato do imposto. Mas por quê? O que tem isso de extraordinário? Os contraentes tinham combinado reunir-se ali. Qual o motivo de tanto ódio do advogado Nicoletti contra esse hotel? Talvez pelas contas salgadas, que Palieri pagou à sua custa, sem pretender que a Comuna o indenizasse?

Na sessão do Conselho de 29 de dezembro deu-se um episódio muito significativo. Nesse dia, a Junta apresentou a demissão porque queria forçar a mão do prefeito para obter a negociação particular. A ordem do dia dividiu-se em duas partes. Na primeira parte rejeitou-se a proposta de R. Na segunda parte, N. declarou não compreender que a Junta quisesse demitir-se, e foram estas as suas palavras textuais: "Sou, por princípio, contrário às negociações particulares, mas não considero atendível a proposta de R., feita com fins pouco claros". Portanto, mesmo para N., essas ofertas tardias não passavam de habilidades comerciais. E, na verdade, os antigos arrematantes bem sabiam que o contrato da cobrança do imposto terminava em 31 de dezembro, sabiam que a Comuna não podia, por si, administrar o imposto, e só fazem ofertas no último momento? Confessem que o fizeram unicamente com o fim de obrigar a Comuna a ceder-lhes os impostos.

Um contrato "obsceno"

Há, nesse negócio do imposto, uma parte puramente administrativa, e nisso estamos de acordo que foi Palieri, apoiado e protegido por Pavoncelli, quem, realmente, impôs a Trezza. Isto pode ser crítica de atuação administrativa, mas não interessa à presente causa. É preciso ver se Palieri fez o contrato com a Trezza para obter lucros pessoais. O fato de ter dito, farisaicamente, nos artigos querelados, que a Trezza "fez *sacrifícios* por Palieri", de ter dito falsamente que "tudo se fez à porta fechada", é que constitui a difamação pessoal, cometida por N. contra Palieri.

Esses fatos, senhores do Tribunal, representam a *alfa* e a *ômega* da obtenção do imposto pela Trezza. E quando o advogado Nicoletti chama *obsceno* ao contrato do imposto, esquece-se de que ele foi apadrinhado por Giuseppe Pavoncelli, pouco importando que, mais tarde, Pavoncelli se torne inimigo de Palieri, por este pretender libertar-se do seu protetorado. E o mesmo contrato foi, mais tarde, levado à crisma pelos adversários de Palieri; porque, meus senhores, a arrematação do imposto foi mantida pela administração que sucedeu à de Palieri, em julho de 1899. E se me fosse permitido, perguntaria: por que é que a atual administração, que sucedeu à de Palieri, porque é que o síndico Manfredi, se esse negócio do imposto é, realmente, *obsceno*, não intentou uma ação contra a Trezza?

Isso prova que o contrato não é *obsceno*, mas é um contrato que, se feriu os gordos interesses dos antigos arrematantes, não pode oferecer qualquer fundamento para uma acusação, especialmente de difamação pessoal contra Palieri, contra o qual ninguém se atreveu a dizer que, nesse negócio do imposto, tivesse agido com a idéia de receber uma gratificação da Trezza.

E então, eis ao que se reduz a grande negociata *obscena* do imposto: à passagem de cobrança da mão dos velhos arrematantes para uma firma importante, com vantagem para a Comuna. A concessão do imposto a uma grande firma representa, de fato, a fase transitória do estado primitivo da cobrança particular, para o estado racional da municipalização do imposto. É meu desejo que, para Cerignola, esse estado de coisas represente a fase de passagem, que conduzirá em breve ao exercício direto, por parte do município, da administração fiscal.

O essencial, na presente causa, é, porém, o seguinte: que Palieri não foi atacado na sua honorabilidade pessoal por nenhum documento, nem por qualquer testemunha. As correspondências de N., além da parte de crítica administrativa, contém verdadeiras e indiscutíveis difamações pessoais contra Remígio Palieri, quando acusam este de ter vendido por dez anos Cerignola à firma Trezza; e, por isso, N. deve ser punido, de acordo com as regras estabelecidas pela lei e pela consciência moral.

É inútil falar das outras acusações.

Quanto à luz elétrica, demonstramos ser infundada a acusação de um entendimento com o engenheiro L.

Quanto aos fornecimentos de Lindemann fizemos a prova do contrário do que afirmava N. É verdade que Palieri deveu, em tempos, dinheiro a Lindemann, preço das máquinas fornecidas para a sua adega; e que alguns trabalhos, no montante de 800 liras, lhe foram concedidos, quando Palieri ainda devia um resto a Lindemann; mas os trabalhos municipais mais importantes (entre eles a balaustrada que custou quase 2.000 liras) foram ordenados quando Palieri já nada lhe devia; de resto, já a administração anterior costumava conceder trabalhos a Lindemann. Portanto, também neste caso o Sr. N. fica desmentido.

Quanto aos juros de 8% pagos ao assessor C., já dissemos que, além da crítica administrativa, que pode ser mais ou menos plausível, N. queria provar que Palieri fizera isso para se assegurar de que "C. fecharia os olhos aos seus manejos".

Difamação pessoal e não censura pública

Existe, portanto, a difamação pessoal, e N. não pôde sequer tentar a sombra de uma prova a respeito desse entendimento, que se teria feito entre o assessor C. e o síndico Palieri.

Quanto ao mandado de 200 liras para a viagem de Palieri a Nápoles, limito-me a lamentar a miséria moral das acusações feitas por N.

E tanto mais, que N. bem sabe que Palieri renunciou a muitos outros mandados e que pagou do *seu bolso* 230 liras ao engenheiro Orlando pelos estudos do aqueduto de Cerignola, bem sabe que abandonou os seus negócios e que perdeu a sua tranqüilidade pelo bem-estar de Cerignola; pergunto: como pôde imaginá-lo capaz de comer 200 liras à Comuna de Cerignola?

Ora, quando é com essas provas e com essas bases que um cidadão, ainda que fosse moralmente superior a N., tenta atacar a honra de um homem como Palieri, o seu dever é fornecer ao menos um princípio atendível de prova da sua acusação contra a honestidade do Sr. Palieri, como síndico e como cidadão.

E o que dizer da ignominiosa retirada de N., com aquela alusão torpe da sua correspondência, quando fala do "Sr. Signa sustentado pela Ortênsia"? Palieri — é preciso dizê-lo — está há quinze anos separado da mulher. Provavelmente terá relações com outra mulher, e N. faz imprimir que é sustentado por uma amante. Ora, N. neste julgamento, declarou que, nas suas palavras, pretendia falar da figura literária do Sr. Signa e por forma alguma aludir a Palieri. Em seguida, tendo Palieri concedido a prova sobre todos os fatos que lhe eram imputados, N. fez o possível para obter o adiamento e, efetivamente, obteve-o.

Pois bem, o senhor N., que armou em gladiador corajoso, quando chegou aqui e retirou parte das acusações feitas a Palieri, reservando-se, porém, para fazer, depois, obstrucionismo negativo, pedindo adiamentos, fique sabendo que essa sua conduta é vergonhosamente equívoca!

E agora a questão da pedra e das amas.

Quanto à primeira provamos que, no tempo da proposta de V., o contrato já estava feito e a um preço inferior ao que é costume dar em Trani, como resulta da certidão do engenheiro municipal dessa cidade. Nem Palieri, fazendo o contrato com G., obedecia a sentimentos de ódio contra V., tanto assim que Palieri adjudicou a este o trabalho a realizar com a pedra comprada a G.

E quanto às amas?

Se julgam que a censura pública pode consistir em dizer que o doutor Pece pôde embolsar as 45 liras das amas, aproveitando-se da irregularidade administrativa do mandado coletivo, enganam-se. Provou-se que o doutor Pece, uma vez ou outra, restituía os ordenados não devidos às amas que deixavam de merecê-los. Ora, se dessa vez se encontrou essa inexatidão de 45 liras, por má fé deste ou daquele indivíduo, isso não autoriza ninguém a dizer que o doutor Pece quis roubar 45 liras à Comuna de Cerignola!

A censura pública, Sr. N., é uma missão mais alta que esse trabalho que o senhor fez, que não passa de uma miserável explosão de regateira de mercado.

E nada mais digo a este respeito.

E se são aqueles os trechos querelados, se são estes os fatos praticados em Cerignola, o senhor não fez crítica administrativa, mas cometeu uma difamação em prejuízo da personalidade de Remígio Palieri.

A personalidade do difamador

Mas o Tribunal tem, agora, de fazer uma indagação pessoal, antes de chegar às conclusões da sentença.

Quem é a pessoa que escreveu aquelas correspondências? É evidente que, além da crítica administrativa, há nelas a difamação pessoal contra Palieri.

Mas, se o autor das correspondências estivesse, verdadeiramente, acima de qualquer suspeita, o Tribunal poderia ainda dizer: “Excedeu os limites da censura, mas o seu comportamento anterior e a sua personalidade levam-nos a admitir a sua boa fé”.

Ora, vejamos quem é este Sr. N.

Podemos considerá-lo como o administrador de Cerignola; e a este respeito não preciso de falar no caso da sentença do Tribunal de Lucera, que o absolveu do peculato que lhe era atribuído por não se provar a criminalidade do fato. Portanto, o Sr. N., como administrador, não é uma pessoa respeitável. E também não o é como homem.

Posso pôr à parte a condenação por ultraje e as condenações por difamação e injúria.

Mas N. tem ainda, no seu registro criminal, quatro condenações por ofensas corporais, das quais uma praticada com arma traiçoeira e outra contra uma mulher, que na cópia do certificado se chama Mariannina M., mas que no original se chama Mariannina N., e é a sua própria irmã!

Um homem que tem na sua existência uma tão rica flora e fauna criminais, não deve pretender, agora, enganar os ingênuos e dizer que quer armar-se em gladiador, generoso combatente pela causa do bem público. É um homem que vomita os seus rancores pessoais e os de outras pessoas, contra Palieri, o qual, depois de lhe perdoar uma vez, se viu constrangido a não lhe perdoar outra, porque se o fizesse, N. teria continuado a sua campanha de difamação. "Mas, em suma" — pensou Palieri — "o que deve fazer um cidadão honesto, que se opõe ao grande senhor de Cerignola e aos interesses particulares dos arrematantes do imposto, senão recorrer ao julgamento público, desafiar os adversários a apresentarem as provas, para, assim, ver reintegrada a sua honorabilidade perante aquela multidão inconsciente, que, precisamente porque o é, acredita piamente nos que gritam mais alto, e com maior insistência lançam insinuações e suspeitas?"

Uma pretensa inadmissibilidade de querela

Mas N. tem ido de retirada em retirada. Depois de se ter referido ao caso do namoro, não o sustenta. Agora pretende que a querela seja julgada inadmissível por falta de autorização da Junta.

Debaixo do ponto de vista moral, não posso ocultar a desgraçada impressão que me causou essa trica jurídica a que se agarra a defesa de N. Mas, se o Sr. N. tem a consciência de ter feito crítica administrativa, por que procura entrincheirar-se dentro das formas processuais? Quando vê desvanecerem-se as suas acusações e que Palieri prova a sua perfeita honestidade pública e privada, então o senhor, com uma absurda e farisáica interpretação da lei, diz que Palieri deveria ter obtido, para se queixar, a autorização da Junta de que era chefe, a qual, porém, já não existia ao tempo da publicação das correspondências!

Realmente, a última correspondência é de 22 de julho e em 23 fizeram-se as eleições em que Palieri ficou derrotado, saindo o seu partido do poder. Quem poderia, depois disso, autorizar Palieri a vir a juízo contra N.? A prática dos Tribunais ensina-nos, de resto, que o art. 400º do Código penal se refere à chamada difamação coletiva. E isso mesmo se conclui, por analogia, também de outros artigos da lei.

O artigo 188º fala de violências coletivas, cometidas contra um corpo deliberativo administrativo ou político, e distingue-as das violências individuais, cometidas contra um funcionário público (art. 189º); e, identicamente, o art. 197º fala em ultraje cometido contra um corpo deliberativo administrativo ou político, para o distinguir do ultraje individual contra um funcionário público (art. 194º); com o mesmo critério, o art. 400º fala em difamação cometida contra um organismo administrativo ou político, para a distinguir da difamação individual contra este ou aquele cidadão.

O nosso Código distinguiu, portanto, a violência privada da coletiva, o ultraje ao simples funcionário do que é feito a todo o organismo, a difamação contra o pobre cidadão ou funcionário público da que é feita contra uma coletividade.

Quando é, portanto, que pelo art. 400º será necessária a autorização para proceder?

Quando a difamação for coletiva, quando o difamado for um organismo administrativo ou judiciário, etc. Se a difamação de N. fosse dirigida contra a Junta ou contra o Conselho, então, realmente, tornava-se necessária a autorização da Junta. Mas a difamação deveria ter sido dirigida contra a Junta ou contra o Conselho, em nome coletivo, sem especificação individual. O mesmo sucede quanto à violência ou ao ultraje. Por isso, se eu amanhã publicasse que a Câmara dos Deputados é uma assembléia de corruptos e de corruptores, então, a Câmara poderia delegar no seu Presidente, para promover querela contra mim. Mas, se eu acusar somente algum dos seus membros, este, sem necessidade de qualquer autorização, tem o direito de me querelar como difamador.

Quando Barnaba, no processo de Lecce, disse que a penitenciária tinha sido construída em Francavilla e não em Astuni, por influência do deputado Trinchera; e quando Balducci acusou Fortis de co-responsabilidade no desequilíbrio do Banco de Forli, nós, na defesa, não levantamos, porque juridicamente não o podíamos fazer, o problema da autorização da Câmara, de que faziam parte aqueles deputados.

Nem se pode falar em falta de autorização no que respeita a Palieri, porque Palieri queixou-se de N., não na sua qualidade de síndico, mas como cidadão; porquanto, como simples particular, fora acusado de ter feito compras a Lindemann, para ter um maior prazo para pagamento do seu débito; de ter *negociado* com L. a iluminação elétrica; de ter pago juros exagerados a C., para lhe fechar os olhos sobre as suas próprias manobras; de ter cedido o imposto à Trezza para obter lucros, não como síndico, mas para a algibeira de Remígio Palieri.

Portanto, demonstrada por essa forma a difamação pessoal, está na razão a decisão da Câmara de Conselho quando, remetendo N. para julgamento, declara que não se pode desdobrar a figura da difamação em difamação do homem privado e difamação do homem público.

Um soneto de Pascarella

Para concluir, sorrindo, a respeito dessa exceção processual, quero recordar um soneto do poeta romântico Pascarella.

Quem viver a vida privada tem o direito de exigir que ninguém se ocupa da sua pessoa. Mas quem entra na vida pública deve expor, ao exame de todos, toda a sua vida particular e política, porque ninguém pode ser desonesto na vida particular o honestíssimo na vida pública.

No soneto de Pascarella, põe o autor, frente a frente, dois indivíduos que discutem a diversidade das suas opiniões. A discussão anima-se e torna-se violenta; o então um dos dois diz: "Deve respeitar os meus princípios, mesmo que os não aprove". E dizia bem. Mas o outro, enfurecido, responde-lhe: "Como princípio, respeito-te, mas como homem, bato-te". E deu-lhe um soco, respeitando-lhe, contudo, os princípios!...

O mesmo quereria dizer N.: — Como homem particular, respeito-o, mas como homem público, difamo-o!

Nas correspondências de N. não há, por conseqüência, só censura pública, mas também e sobretudo, difamação particular. Já disse que, quanto a esta, não há a legítima defesa, invocada por um outro defensor de N., porque as correspondências quereladas e, sobretudo, a do nº 183, saíram antes da *Indipendenza* ter atacado, de resto sempre impessoalmente, as anteriores administrações; e além da questão das datas, há a falta de proporção entre o ataque e a resposta. Não se pode admitir a favor de N. o direito que o Código admite para as injúrias, mas exclui quanto à difamação; porque a difamação é um crime deliberado, premeditado, sobretudo quando é cometido por meio da imprensa, ao passo que a injúria pode surgir no ímpeto da diatribe.

E, portanto, se Palieri tinha o direito de se queixar como particular, se N., pelos seus precedentes, não pode armar em censor público, se não pode, também, invocar a legítima defesa, fez, ao menos, algum princípio de prova? Porque eu não lhe exigiria a prova notarial e absoluta dos fatos atribuídos a Palieri, mas pelo menos deveria dar-nos um princípio de prova sério e atendível. Ora, os adversários, falhada completamente a prova, adotaram o sistema da tática girante. E então começaram a lançar a sombra das suspeitas indiretas. Veio T. falar de C. e dizer que este o tinha enganado; mas T. não podia ignorar que em 31 de dezembro caducava o contrato do imposto e apresentou-se, em junho do ano seguinte, a fazer uma oferta, mais ou menos séria e sólida, de 280.000 liras!

É verdade que disse ter-lhe morrido em 13 de dezembro um tio a quem muito estimava; mas mesmo que se tratasse de um tio da América, de 13 a 31 de dezembro teve tempo bastante para recobrar um pouco de calma, e pensar no bem público com uma oferta feita a tempo para obter a cobrança do imposto! E a propósito desse tio tão querido, gostaria de pedir ao Sr. T. uma fotografia para enriquecer a minha coleção antropológica e para estudar as razões de tamanho afeto...

E também se fala da gratificação dada a C.; mas nós provamos que ele apenas teve a representação da Trezza para o negócio proposto e as 1.000 liras estão devidamente registadas.

Vieram, depois, as cartas de P., em que este teve de desmentir que suspeitasse de Palieri. Igualmente, Pes. teve de escrever cartas a Palieri, para dizer-lhe: "Sempre considerei que aquilo que o senhor fazia, o fazia no interesse do bem público. Este Sr. Pes. foi um dos que fizeram transbordar a taça do divórcio entre Pavoncelli e Palieri. Pes. era diretor da escola técnica. Pavoncelli queria, justamente, abolir a escola técnica para dar incremento à escola agrária, mais conveniente para Cerignola; mas a escola técnica era a manjedoura ortodoxa de Pés. e, por isso, este se rebolou e tanto fez que Pavoncelli deixou de pensar na abolição da escola técnica, porque o professor Pes. era um grande eleitor de Cerignola, continuando, no entanto, em uma aparente oposição a essa escola e encorajando a administração Palieri a dar os necessários passos para a sua abolição. Esse duplo jogo não era a primeira vez que se dava entre Pavoncelli e Palieri. Sucedeu o mesmo a propósito de uma carta que Palieri foi obrigado, em legítima defesa da sua honra, a tornar do conhecimento público, no julgamento do processo por perjuro a que teve de submeter-se.

Pretenso desaparecimento de documentos

Para concluir, resta-me dizer duas palavras sobre o desaparecimento de correspondência do arquivo municipal e a rasura do livro de registros do secretário.

Disse-se: do arquivo municipal desapareceram os documentos respeitantes ao imposto e à luz elétrica. Palieri respondeu: quando eu saí do município a correspondência ficou lá. — Os adversários, por sua vez: — Agora não está, e *is fecit cui prodest*. E nós, a este respeito, dizemos que têm razão... porque se a correspondência de Palieri desapareceu, isso deve-se aos sucessores de Palieri, para o poderem denegrir.

Pois é evidente que, se Palieri tivesse feito negócios escuros, não teria, ingenuamente, depositado a respectiva correspondência no arquivo municipal de Cerignola!

Os nossos adversários, para lançarem, impunemente, suspeitas sobre Palieri, nunca indicaram as testemunhas diretas, as que viram, ouviram, operaram e agiram.

Indicaram sempre testemunhas, que aqui vieram declarar que ouviram dizer isso ou aquilo. Procederam os nossos adversários como aquele que, para garantir ao companheiro a delicadeza de uma sopa, lhe disse tê-lo sabido pelo filho do sobrinho do primo da noiva do cozinheiro, que a tinha preparado!

Ouvimos, realmente, os empregados da Comuna, indicados pela defesa:

Veio o Sr. Ca., e disse: — Nunca vi essa correspondência.

Veio o Sr. Im., e disse: — Creio que existe.

E veio o Sr. L. (o tal que, perguntando-se-lhe se era arquivista, respondeu, sério e solene: "Cheiro rapé", suscitando-me dúvidas se pertenceria ao reino vegetal ou ao animal, e reforçando a minha crença na teoria darwiniana), veio, portanto, o Sr. L. e disse: — Nunca tive conhecimento dessa correspondência.

Veio Di T., e disse o mesmo.

Pois bem, senhores do Tribunal, quando a verdade tem de se descobrir, descobre-se a todo o custo; e entre esses "vejo-te e não te vejo", encontraram-se também os documentos públicos e privados, que a tudo levam exceto aos lucros ilícitos, realizados por Palieri quando tratava dos interesses da Comuna. Assim é que, de fato, quanto à luz elétrica, o Tribunal pôde verificar que, apesar das reticências daqueles empregados, a volumosa correspondência, constituída por cartas, telegramas, projetos, pareceres técnicos, etc., existe e está nos autos! Unicamente acerca do imposto há pouca correspondência; e é natural que assim seja, porquanto as negociações foram feitas verbalmente pelo inspetor Ferrari, primeiro, em Cerignola, e por Pavoncelli e Palieri depois, com o diretor Galli. Existem, contudo, os dois contratos entre a Comuna e a Trezza e entre esta e Pavoncelli, e estes contratos foram regularmente registrados.

E é este o ponto de passagem para a famosa rasura feita no livro do secretário. Esse livro é um registro, em que, na respectiva data, se resumem todos os contratos da Comuna, sujeitos a taxa de registro. Na Comuna de Cerignola há esse livro, o qual, como é de lei, deve ser escriturado pelo secretário. Mas não é o que sucede, pois está nas mãos de um tal Sin.

No registro encontra-se, realmente, uma rasura, não relativa à data (que é a de 23 de novembro), mas no resumo do ato, e debaixo da rasura vê-se um pouco da escritura anterior com um tal Savino fu Francesco, que nada tem a ver com o contrato Pavoncelli-Trezza, quanto à quarta parte dos lucros.

Pois bem, a defesa trouxe aqui o empregado Sin. que faz os registros? Não; trouxe outros empregados, que disseram ter ouvido dizer que Sin., interrogado por alguém a respeito dessa rasura, teria exclamado: "O que querem de mim? Fiz o que os meus superiores me ordenaram".

E assim se malsina Palieri, por meio da tática das suspeitas vagas e genéricas. Mas N. devia ter aqui trazido Sin., por um dever elementar de defesa em matéria de difamação. Nem isto podia ser impedido pelo processo de falsificação contra incertos, relativo ao livro de registros. No entanto, nós diríamos: o que tem Palieri com tudo isso? A rasura foi feita já depois de Palieri ter deixado de ser síndico. Mas, mesmo que sucedesse o contrário, com que fim a teria ordenado? Não, certamente, com o fim de falsear a data, para defraudar o fisco, porque a data está intacta. A verdade é que essa rasura foi feita por qualquer inimigo de Palieri, apenas com o fim de apoiar tática fugidia das suspeitas vagas e indeterminadas.

E assim é que, senhores Juízes, me parece inteiramente examinada a causa, no que respeita ao Sr. N.

A responsabilidade do difamador

Os escritos contêm difamações pessoais. Essas difamações derivam de dolo e maldade e não da legítima defesa, inadmissível por motivos de ordem cronológica e substância intrínseca; porque a *Indipendenza* nunca atacou N., nem o difamou. As razões do crime fundam-se na rivalidade pessoal entre N. e Palieri, que por três vezes foi atacado por N.; da primeira vez, com injúria pública, da segunda por meio de difamação e uma terceira com um processo de incompatibilidade como síndico, terminado favoravelmente a Palieri. A intenção de N. está, portanto, luminosamente provada.

Nem sequer pode ocultar-se sob o pretexto da prova, sempre difícil em casos de difamação. Sabemos que em semelhantes ocorrências não se podem fornecer provas solenes, por atos notariais, mas N. nem ao menos apresentou um princípio de prova. É, por isso, evidente que o Tribunal deverá condenar N. como difamador de Remígio Palieri, não só como chefe da administração, mas também como simples cidadão.

Não tenho ódio, nem rancor ao Sr. N.; considero-o um homem de constituição psíquica e somática doentia, que se deixa arrastar por um temperamento que o leva até a ferir a própria irmã, mas não lhe negando alguns atos generosos na sua vida pretérita. A sentença do Tribunal condenará N. e reintegrará o Sr. Palieri na honorabilidade e na estima pública. E se a nossa lei tivesse disposições análogas às da inglesa para o crime de difamação, eu pediria para N. a condenação em uma só lira de multa.

A responsabilidade do editor

Afirmo até que, se o Tribunal quisesse praticar um ato de coragem jurisprudencial, deveria absolver o editor Morisco.

Os artigos da lei da imprensa a respeito da difamação foram substituídos pelos arts. 293º e seguintes do Código Penal. A difamação é, portanto, um crime comum. Ora, o art. 47º da lei da imprensa, que diz que o editor responsável deve ser punido, materialmente, ficou de pé, mas, logicamente, a parte que se refere à injúria e à difamação já não tem razão de ser; porque a responsabilidade do editor compreende-se nos crimes de imprensa, mas não nos crimes comuns, cometidos por meio da imprensa. Eu julgo que o Tribunal deveria absolver o editor, declarando que, quanto aos crimes de injúria e difamação, o art. 47º da lei de imprensa, se não está materialmente revogado, o está juridicamente. Há, é certo, uma sentença do Tribunal de Cassação, contrária a esta tese. Mas ser-me-ia agradável sustentar na cátedra e na imprensa jurídica a sentença que dissesse que, nestes casos, o art. 47º é inaplicável.

O Tribunal pronunciará assim, condenando o difamador e absolvendo o editor, uma sentença que será uma lição social, que ensinará a quem pretenda dedicar-se à vida pública, que tem, realmente, o direito de fazer censura pública, mas quando o móbil seja o interesse público e não rancores particulares, e que, para isso, deve dar o exemplo, na sua vida particular, da virtude especial que, com a sua censura, reclama dos administradores das coisas públicas. Todo o cidadão deve fazer a crítica com vivacidade, mas deve afastar dela os ataques e as ofensas mesquinhamente pessoais, para não se ver, depois, na miserável situação de retirar, à luz do julgamento público, aquilo que escreveu nas trevas.

E agora, acima de todos os atores do presente drama judiciário, acima de N. e de Remígio Palieri, eu desejo que a lição, dada com a vossa sentença, seja o início de uma fase de progresso na vida pública de Cerignola. Desejo que à luta mesquinha entre as pessoas, suceda, também em Cerignola, a luta fecunda e impessoal dos programas substanciais e das idéias; porque só assim, os difamadores desaparecem da vida social, ficando esta apenas sob a fiscalização da consciência pública.

Disse.

O Tribunal condenou N., autor das correspondências, e absolveu o editor do jornal querelado, acolhendo integralmente a tese sustentada por Ferri.

Contra dois espoliadores do Banco de Nápoles

Tribunal de Roma

Ilustre senhor Presidente, senhores juízes:

Depois da eloqüente oração do meu colega da parte acusadora, advogado Sandulli, e depois da esgotante acusação do integérrimo representante do Ministério Público, Macaluso, a minha missão, ao falar para juízes togados, limita-se a rebater os argumentos da defesa.

Sistemas defensivos dos acusados

Ora, como o Tribunal já sabe por experiência, são, geralmente, três os sistemas defensivos usados pelos argüidos: ou afrontam, em conjunto, os argumentos da acusação, contrapondo-lhes, para os aniquilar, os fatos resultantes do processo; ou vice-versa, isolam os diversos argumentos da acusação, roendo-os, pulverizando-os, procurando volatilizá-los um a um; o terceiro sistema de defesa consiste em divagar, com o fim de criar diversões, sobre as circunstâncias secundárias do processo, que nem são concludentes, nem provam contra a acusação, porque não atingem o centro do problema probatório.

Os nossos adversários, que têm nos meus discípulos universitários, Alfredo Fabrizi e Giuseppe Gregoraci, campeões de uma notória habilidade, seguiram os dois últimos sistemas, ou seja, a tática pulverizadora e a tática diversiva. Ora, eu estou em situação de não poder e até de não querer seguir essa tática; prefiro, ao contrário, voltar para a causa, para a resumir na presença dos ilustres julgadores, que, pela atenção com que têm seguido os debates, já devem ter um conhecimento completo do processo: resumir a causa, tal como resulta da instrução e do julgamento, nas suas linhas principais, nas suas circunstâncias certas e nos seus elementos probatórios e decisivos.

A acusação feita a Mar. e a Fed. diz respeito à apropriação de 3 milhões de liras, pertencentes ao Banco de Nápoles, mediante burlas e falsificações. Estamos, pois, em face de crimes que, sob o ponto de vista social, são caracteristicamente modernos.

O cotidiano assalto aos bancos

Li nos últimos dias um recente estudo crítico sobre o processo penal do nosso Niccolini, e nesse estudo encontrei as seguintes palavras, por ele escritas há quase um século, mas que, depois, obtiveram uma progressiva e crescente confirmação neste primeiro quartel do século XX: "Em um século de civilização aumentam paralelamente a sagacidade e as manhas dos criminosos, a ponto de, para os descobrir e poder acusar, já não bastar apenas o senso comum, que, no entanto, não é tão comum como certas pessoas julgam, mas ser necessária toda a lógica que, por isso, se tornou uma faculdade habitual de exercício judiciário".

E a imprensa diária descreve aos cidadãos, aos tribunais e aos legisladores uma série obstinada de assaltos cotidianos ao patrimônio dos bancos, pelos processos mais delicadamente modernos da fraude e da falsificação. E ao passo que a administração da justiça repressiva, e até, se bem que um pouco menos, as disposições da polícia judiciária, retardam a sua adaptação a estes modernismos da vida criminal, os delinqüentes, pelo contrário, aproveitam-se de, todos os progressos da ciência para os transformarem em instrumento mais eficaz das suas empresas, demonstrando, assim, um poder intelectual que faz recordar os versos do velho Dante.

...chè dove s'aggiunge al mal volere...
l'argomento della mente,
nessun riparo vi può far la gente.

Um crime “técnico”

Mas se, debaixo do ponto de vista social, esses crimes são expressões da vida moderna, de uma espécie de crise moral, provocada pela ambição de ganhos repentinos que hoje se tornou uma febre ainda mais alta do que nunca foi, sob o ponto de vista judiciário, esses crimes são daqueles a que eu chamarei *técnicos*.

Disse-se que esta causa é enfadonha, e é-o, porque nela não se discutiram problemas psicológicos, que encarem o espírito humano no momento da paixão ou sob o flagelo da violência: aqui só há o tecnicismo frio e calculado de uma atividade criminal cúpida e cautelosa.

Esses crimes são tecnicamente concebidos, tecnicamente preparados e tecnicamente ocultados. Porque, o mais importante desses crimes é a sua ocultação posterior, não só para evitar a condenação, o que é preocupação geral de todos os criminosos, mas, sobretudo, para assegurar o gozo do produto do crime, ou porque os seus autores consigam romper a rede judiciária evitando a condenação, ou porque esperam poder limitar-se a uma breve vilegiatura forçada, ou com a expulsão, para poderem assegurar-se uma tranqüila existência com a riqueza mal adquirida.

Por isso, o fato dos dois atuais réus serem acusados de delitos técnicos, torna indispensável que o juiz, para resolver o problema judiciário, siga alguns critérios diretivos especiais, que veremos como se encontram e têm aplicação, passo a passo, neste processo.

Primeiro critério: a falta de prova direta nos crimes técnicos

O primeiro critério a adotar, é que *o crime técnico exclui a prova direta*, como seja o flagrante delito, a confissão, etc. Há um antagonismo total entre prova direta e crime técnico; por isso, quando, na primeira audiência, o meu amigo Fera se encheu de grande entusiasmo defensivo, gritando para a Parte acusadora: faça a prova! Faça a prova! — pensei que esse grito da defesa, em um crime técnico, ou era ingênuo ou demasiadamente hábil. De fato, pode exigir-se a prova direta, por exemplo, em um crime provocado por uma explosão de violência sanguinária; mas pretendê-la em um crime técnico, tecnicamente arquitetado, é supor que a psicologia do falsário tem a suprema cortesia de realizar as ações criminosas, por exemplo, diante de um operador cinematográfico, para poder, depois, ter a satisfação de ver projetar o filme na sala do Tribunal!

É evidente que, nesses crimes técnicos, inutilmente se procurará a prova direta e explícita, que não pode existir.

Segundo critério: o crime técnico dá sempre lugar a um processo indiciário

O processo por um crime técnico — segundo critério diretivo — *é sempre um processo indiciário*. Por isso, a causa atual é uma causa indiciária especialíssima, por uma dupla razão pela astúcia e habilidade dos autores das burlas e falsificações, e por aquele episódio que resulta das páginas do processo, de terem os acusados podido, quando estavam na prisão preventiva, ter conhecimento, passo a passo, dos resultados da instrução, pelo que, comunicando com o mundo exterior, puderam prevenir e remediar alguns.

Mas, precisamente porque esta causa é indiciária e especialíssima e excepcional, não podemos deixar de cumprir o grato dever de salientar o trabalho sapiente e consciencioso do juiz instrutor Sílvio Favari, coadjuvado pelo Ministério Público, Giovanni Macaluso, na instrução deste processo; do juiz de instrução Favari, contra quem se apontaram, na primeira audiência, os dardos acusadores dos advogados de defesa, mas que ficou incólume, na sua figura bem conhecida de magistrado integérrimo, sabedor, consciencioso, que à difícil descoberta da verdade, nesta causa, fez o sacrifício de uma atividade, de tempo e de preocupações, que demonstram bem a nobreza moral da nossa magistratura.

E não posso, também, deixar de dirigir algumas palavras de elogio ao comissário Dr. Epilânio Pennetta — diretor da seção de polícia judiciária de Roma — que, se permitem esta afirmação a um curioso da antropologia, é antropologicamente uma figura interessante, robusta e sólida, direita e inflexível, aguda e circunspecta. O comissário Pennetta, logo no seu primeiro relatório, datado de 6 de agosto, isto é, um dia depois da denúncia apresentada pelo diretor do Banco de Nápoles, viu bem o aspecto característico dos atos praticados por Fed. e Mar. Foi esse mesmo comissário Pennetta que, não por zelo excessivo ou ilegal, como certo advogado quis, por vezes, afirmar com demasiada precipitação, mas por dever estabelecido pelas normas do Código de Processo Penal (art. 173º), prosseguiu as suas investigações de polícia judiciária, trazendo à solução deste problema judiciário um auxílio que não se pode desprezar.

Terceiro critério: um crime técnico é, no geral, praticado por várias pessoas

Outro critério diretivo para o julgamento deste processo, é que *o crime técnico é quase sempre cometido por duas ou mais pessoas*. São as diversas habilidades da falsificação, da apresentação e do ocultamento, é a diversidade das promessas, dos auxílios e das assistências, que reclamam o concurso de várias pessoas para a perpetração desses crimes de burla e falsificação, especialmente na forma da burla contra um banco, para obter o pagamento de títulos.

De fato, no presente caso, de burla e falsificação da carta de crédito de 938 mil liras e dos cinco cheques de 450 mil liras cada um, um só indivíduo poderia, perfeitamente, ter obtido a assinatura de Bancaldi, por exemplo, desembolsando 10 mil liras; um só teria podido, e pôde, certamente, arranjar os cinco cheques, pagando 450 liras por cada um; um só podia falsificá-los; um só podia, também, apresentar-se ao guichê, mas obter o pagamento dos cheques e da carta de crédito, não o podia fazer um só indivíduo.

Era necessário o concurso, a conivência, ou de um caixa infiel e corrupto, ou de quem, como no presente caso, se colocasse ao lado do caixa para o sugestionar e enganar.

Não excluo a hipótese de esses crimes técnicos se terem podido cometer ainda com o concurso de outros cúmplices, não conhecidos, mas, por agora, o Tribunal tem de julgar as provas da co-responsabilidade de Fed. e Mar. A dúvida levantada, por tática de defesa, pelos advogados dos réus, e que só pode ser resolvida pela onisciência divina — se houve ou não outros cúmplices — não impede, nem perturba, a solução do presente processo.

Teses defensivas como... teias de aranha

É por isso que as teses defensivas, apresentadas e desenvolvidas minuciosamente pelo advogado Fabrizi e pelo advogado Gregoraci, não têm eficácia persuasiva.

Enquanto ouvia esses meus dois habilíssimos alunos, sentia a mesma impressão que algumas vezes nasce em mim nos reconfortantes repousos de Rocca di Papa: parecia-me observar uma aranha industriosa fabricando a sua teia. Maravilhoso trabalho de instinto animal, admirável prova de sapiência natural, mas frágil construção, que ao primeiro choque da realidade se esfarrapa e aniquila. E eram verdadeiras teias de aranha as teses defensivas de Fabrizi e Gregoraci.

A tese fundamental do advogado Fabrizi sofre do seguinte vício insanável: supõe e julga o trabalho de Fed. como se este tivesse agido sozinho; e, por isso, a sua tese fundamental de que a conduta de Fed. — antes, durante e depois da burla e falsificação — foi uma conduta normal, não tem eficácia, persuasiva, probatória: em primeiro lugar, porque supõe que Fed. agiu sozinho; depois, porque esquece, ou quer esquecer, que essa conduta, aparentemente normal, pode ter uma outra explicação, como, por exemplo, a do truque preparado... o qual, só por ter a possibilidade de atingir o seu fim, de ocultar o crime e a própria responsabilidade, deve ser, naturalmente, um procedimento normal, verossímil, crível.

Por exemplo — para falar só em duas circunstâncias da tese fundamental do advogado Fabrizi — este afirma que a conduta de Fed. demonstra a sua inocência, porque, com os cinco cheques, foi, pessoalmente, três vezes ao Banco de Nápoles. Mas se Fed. — disse o seu advogado — fosse culpado, teria andado afastado do Banco de Nápoles, teria endossado os cheques a outros, teria procurado outros bancos. Portanto, a sua conduta normal, ingênua e franca, ao apresentar-se no Banco de Nápoles, é uma prova da sua inocência.

Raciocínio que se esfarrapa como a teia de aranha, quando nos lembrarmos que Fed. levou os cinco cheques ao Banco de Nápoles, porque nesse Banco, ao lado do caixa Biccelli, em todos os dias em que foram pagos, estava Mar.

Com isso, Fabrizi não se preocupa; quer lá estivesse ou não estivesse Mar., isola Fed. do conjunto da empresa criminosa, e diz: a sua conduta é, aparentemente, normal.

Um outro exemplo dessa tese fundamental do advogado Fabrizi: imputa-se a Fed., pelo menos como coisa estranha, não ter visto que as firmas dos cinco títulos estavam alteradas. E Fabrizi, a quem não falta nenhum dos recursos do perfeito advogado, diz: mas também Biccelli, que é mais esperto que Fed., não descobriu as alterações das firmas. E o argumento poderia ser concludente, se Fed. tivesse tido relações exclusivamente com Biccelli, mas mais uma vez o advogado se esquece de que atrás de Biccelli estava Mar.

De fato, Fed. pôde obter o pagamento dos cinco cheques, unicamente porque, sendo Mar. substituto do guarda-livros Pavesi, e sendo Biccelli um empregado jovem, noviço, Mar., seu superior, por aqueles meios que adiante indicarei rapidamente à face das circunstâncias processuais, sugestionou Biccelli, e este não prestou a devida atenção nem teve as cautelas necessárias quando pagou os cheques — aquela atenção e cautelas que todos nós temos observado quando nos apresentamos em um banco onde nos não conhecem pessoalmente.

Algumas vezes me tem acontecido, fora de Roma, apresentar-me em qualquer banco e ver que, por alguns milhares de liras, o caixa examina o cheque por diante e por detrás, contra a luz, o apalpa e esfrega, porque é essa a função específica, o dever do caixa, que, se se enganar, é responsável penalmente ou, pelo menos, civil e economicamente.

Por isso, a tese defensiva fundamental, da normalidade da conduta de Fed., cai diante da modalidade desse crime técnico, que exige o concurso de várias pessoas e em virtude da qual nós temos os elementos mais que suficientes para sustentar que houve o conluio de Fed. com Mar.

Outra tese defensiva: os cúmplices desconhecidos

E o mesmo sucede com a segunda tese defensiva do advogado Fabrizi: os argumentos da acusação nada valem, não levam a concluir pela criminalidade de Fed. e de Mar., porque, diz Fabrizi, demonstrarei que foi necessário o concurso de outras pessoas: em Livorno para os cheques, em Paris para a carta, em Nizza para receber os registros, deve ter havido mais alguém a ajudá-los, até mesmo dentro do Banco de Nápoles. Admitamo-lo por um momento; mas o fato de haver outras pessoas que coadjuvaram os dois réus, paralisa, ou mesmo diminui, a força probatória que, contra os dois, tanto a instrução quanto o julgamento, consolidaram? Evidentemente que não.

Trata-se de um sofisma, em que se diz: não provaram como o

crime se deu na sua materialidade, em todos os seus detalhes de ideação e consumação, portanto a acusação é claudicante; e nem sei se Fabrizi ou outro disse: não se pode condenar por homicídio sem existir o cadáver.

Ora, todos sabem que, se isso era assim nos antigos tempos, não são, agora, raros os casos de processos por homicídio sem que apareça o cadáver da vítima, porque não só nos crimes contra a propriedade e de burla os progressos técnicos da criminalidade têm acompanhado a civilização, como dizia Niccolini, mas também nos crimes contra as pessoas. Mesmo sem recordar o forno de Landru — onde ele destruía os cadáveres das suas vítimas — sabemos que em um processo por homicídio, sem que se encontrasse o cadáver do assassinado, o juiz chega, igualmente, com serena consciência, à condenação, por homicídio, do acusado se, mesmo sendo incompleta a reconstituição do fato material e a prova do corpo de delito, há provas suficientes que demonstrem a sua criminalidade. Isso, como é sabido, era objeto de uma norma probatória no precedente Código de Processo Penal (art. 129º) e é norma sempre vigente, ainda que o atual Código não tenha reproduzido a disposição específica do precedente art. 129º, que está compreendida na disposição geral do vigente art. 202º sobre os vestígios do crime.

A tese da defesa quanto a Mar.

Analogamente, a tese fundamental da defesa, o *leitmotiv* do advogado Gregoraci, quanto a Mar., apresenta-se com a mesma inconsistência probatória.

Sustentou, por exemplo, que, para os cheques, bastava uma só pessoa para praticar o crime e que não era necessária a conivência de um empregado do Banco de Nápoles.

Foi com este *leitmotiv* que teceu a admirável teia de aranha de todas as suas observações analíticas; mas a espinha dorsal do raciocínio não tem resistência porque, repito mais uma vez, a tese defensiva do advogado Gregoraci pode valer para alguns momentos do *iter criminis* do presente caso, como para a obtenção do cheque ou da carta de crédito ou para a sua apresentação; mas não vale para o que se refere ao pagamento, que é o momento crítico, decisivo, conclusivo dos crimes de burla e falsificação.

Se não fosse Mar., nem Léo teria pago a carta de crédito à

Tagliaferri, nem Biccelli teria pago os cinco cheques. Ora, quando uma tese de defesa abstrai dessa nota fundamental da co-responsabilidade, isto é, da cooperação dos dois acusados, é, evidentemente, uma tese que não tem fundamento, que não pode impressionar o espírito de quem julga. A engenhosidade da argumentação, passa como a água sobre o mármore, mas não se prende, não cria raízes.

E quanto à falsificação dos cheques devo, ainda, recordar que a conivência de um empregado do Banco, além de ter tornado possível a Fed. o recebimento, pode também, com muitas probabilidades, ter-lhe sido útil sob a forma de conselhos sobre a melhor e menos visível maneira de alterar os cheques originários, pelos tais processos técnicos de perfuração, de carimbos, etc., que na presente causa foram perfeitamente esclarecidos.

Último critério diretivo: o comportamento processual dos acusados

E, finalmente, o último critério diretivo nos crimes técnicos, a sua marca especial e característica, é o valor que tem o comportamento processual dos acusados.

Justamente porque tratamos de um crime técnico intelectual, se não totalmente inteligente, os réus têm tido um comportamento processual que, só por si, dá ao juiz aquela série de impressões, pelas quais a conduta do inocente transpira de todos os poros, ao passo que a conduta cautelosa do culpado, que receia comprometer-se com uma afirmação ou uma negação, dá imediatamente ao juiz uma impressão diversa. O juiz sabe, por experiência, que, ou o delinqüente é um delinqüente primitivo, comum, e esse nega ou confessa; e o juiz sabe, também por experiência, que se o acusado está inocente, do princípio ao fim diz tudo o que sabe, francamente, mesmo as circunstâncias que, aparentemente, o podem prejudicar, ou que podem vir a ser contraditadas, porque se recorda mal delas, mas diz tudo, e imediatamente, sem arquitetar, finda a instrução, uma defesa com documentos equívocos e testemunhas complacentes.

O delinqüente primitivo, como o inocente, tem um procedimento processual retilíneo, constante, e o juiz sabe com quem está a tratar. No crime técnico, pelo contrário, o acusado foge às perguntas e adia as respostas. Os acusados Fed. e Mar. são disso um exemplo típico. O acusado de um crime técnico arrisca-se a negativas parciais e a parciais confissões, mas não adota uma linha clara e direita. Consegue alongar o caminho ao acusador, quando já não pode negar, mas sobretudo, entrincheira-se atrás dos "não me recordo", "não posso precisar", "não me parece". Tudo isso são frases com um aroma fraudulento à face da justiça!

E neste processo, a astúcia dos acusados chegou a tal ponto que até adotaram o estratagema de fazer repetir as perguntas ao Presidente, quando estavam embaraçados, dizendo: Senhor Presidente, não compreendi, quer fazer o favor de repetir? Estratagema que lhes servia para ganhar tempo e pensar na resposta menos comprometedora que poderiam dar.

É certo que, freqüentemente, durante o julgamento e a acusação, ouvimos também os advogados, em presença de certos argumentos do Ministério Público, dizerem: Não compreendo isso, peço-lhe o favor de repetir.

Mas esse estratagema, da parte dos advogados, tem outros fins; tende, na maioria dos casos, a desviar a atenção daquele que segue a sua tática de argumentação, e só algumas vezes procura ganhar tempo para meditar uma resposta, mesmo quando essa resposta já para nada sirva, por exemplo, em uma das audiências seguintes.

Os fios e a corda: os elos e a corrente

Isso, Senhores Juízes, quer dizer, portanto, que têm para julgar uma causa indiciária excepcional, a qual, porém, tem de comum com todas as causas indiciárias, aquela tática defensiva que o advogado Gregoraci abertamente afirmou no fecho do seu discurso, com a imagem de Enrico Pessina, que nós todos aqui recordamos com admiração e afeto, porque a ciência italiana teve nele uma brilhante figura de pensador e de criminalista.

Enrico Pessina dizia: a causa indiciária é como um calabre, como uma corda, a que basta desfiar e partir cada fio, para que não reste a menor consistência contra o acusado.

Pois bem, eu penso que, se é essa a tática necessária para os defensores, em uma causa indiciária, isto é, a tática dos Horácios e Coriácios, afrontando os indícios um a um, o critério diretivo do juiz deve ser exatamente o contrário: recolher todos os fios, indício por indício, e reuni-los para confeccionar a corda, elo por elo para fazer a corrente, em que o espírito apóia a certeza da culpabilidade.

A única norma em todas as causas indiciárias — e até nesta excepcionalíssima — é que cada elo, cada indício, deve resultar do processo como circunstância certa; porque é evidente que sobre circunstâncias incertas, prováveis, duvidosas, não se pode construir um edifício que, pouco a pouco, acaba por completar a convicção do juiz.

Os principais resultados do processo contra Fed.

Com essas premissas, vou tentar resumir rapidamente os resultados da presente causa.

E visto que represento a parte acusadora, não me ocuparei, naturalmente, do que contém o libelo relativamente aos crimes atribuídos a cada um dos réus, nem das respectivas penas, porque a minha missão restringe-se, apenas, a demonstrar aos juízes a co-responsabilidade dos acusados no prejuízo fraudulenta e criminosamente causado ao Banco de Nápoles, com a apropriação de cerca de 3 milhões.

Se eu tivesse de seguir a causa em todas as suas particularidades, evidentemente teria de abusar da vossa benevolência, abusar, também, dos meus pulmões e, sobretudo, roubar tempo, o que no mundo moderno não é coisa agradável, e por isso reduzo aos seus pontos substanciais o que me parece ser a rede probatória da presente causa.

A denúncia dos cheques falsificados

Como o Tribunal deve ter presente, em 4 de agosto de 1922, o Sr. Ardone, guarda-livros chefe junto da Direção Geral do Banco de Nápoles, chegou, à noite, a Roma, trazendo a notícia de que se verificara em Nápoles a emissão de cheques de 450 liras cada um, em Livorno, os quais haviam sido pagos na Filial de Roma por 450 mil liras cada um. O Sr. Fallarico, guarda-livros da Filial de Roma do Banco de Nápoles, disse: só tenho um desses cinco cheques, porque os outros quatro já foram enviados para a Direção Geral.

Era o último, o quinto dos cinco cheques, apresentado em 3 de julho, o mais mal arranjado pelos falsificadores.

Em 5 de agosto, De Angelis — Diretor desta Filial do Banco de Nápoles — apresentou a denúncia formal à autoridade judiciária.

Em 6 de agosto o comissário Pennetta apresentou um longo, bem elaborado e penetrante relatório acerca da busca realizada no Banco Fed. e da prisão dos dois presumíveis autores do crime.

A "mise en scéne" de Fed.

Durante essa diligência, Fed. apresentou-se a expor logo a sua defesa, e principiou por dizer que em 25 ou 26 de junho tinha recebido uma carta expedida de Paris em 22 de junho por uns tais Verona e Frey, que se intitulavam "advogados internacionais", carta essa que o encarregava, precisamente, da operação de inverter em consolidado italiano e divisas estrangeiras os cinco cheques em causa, operação que ele fez cobrando os cheques, comprando a vários corretores de bolsa o consolidado e remetendo tudo para Nizza, ao Sr. Gentille, endereço indicado, e continuando, depois, a correspondência, visto não ter recebido resposta.

Mas esta *mise en scéne* de justificação e ocultação foi apenas alinhavada. Porque é uma tal rede de coisas estranhas, inverossímeis, manifestamente falsas, que não se pode, fixando nelas um pouco de atenção, dar-lhes, ao menos, o crédito de uma possível atendibilidade.

Mas então, como Fed., modesto cambista de Roma, desconhecido no estrangeiro, receber desses dois "advogados internacionais" uma incumbência, em que estão em jogo nada menos que 2 milhões e 250 mil liras italianas?

É certo que, com a desvalorização da moeda, as cifras monetárias aumentaram, e provam-no os países que estão à beira da falência, mas 2 milhões e pouco de liras italianas, são sempre uma soma que não se confia a uma pessoa que não tenha uma grande notoriedade, que não tenha um estabelecimento conhecido e bem acreditado.

Um envelope que chega tarde

Antes de mais, notemos que, caso estranho, o envelope daquela carta de Verona e Frey — também não é assim que procedem os inocentes, porque estes mostram logo tudo o que têm e são, pois nada têm a ocultar — oculto durante toda a instrução, só veio à luz neste julgamento. O Tribunal sabe por quê: porque dele se vê que foi deitado no correio do *Boulevard des Italiens* e não se queria dar ao juiz de instrução a possibilidade de concentrar as suas investigações, na imensidade da grande metrópole, sobre o ponto de partida da carta.

Uma carta... heteróclita

Notemos, em segundo lugar, que essa carta está escrita em um francês heteróclita, aquele francês que o colega Sandulli descreveu com a graça do seu espírito napolitano. E essa carta, que continha cinco cheques no valor de quase dois milhões e meio, foi expedida simplesmente registrada.

É verdade que, nessa carta, se diz que foi o Banco Vasseur quem indicou Fed. aos dois "advogados internacionais"; mas é claro que, nas suas construções, Fed. não pode afirmar unicamente e sempre coisas inexistentes. Assim, na carta fala-se do Banco Vasseur porque Fed. poderá, depois, demonstrar que teve pequenos negócios com esse Banco, e ao preparar o crime certamente pensou que o Banco Vasseur poderia servir de bandeira para dar verossimilhança a tão estranha comissão internacional. O fato, porém, é que não existe qualquer carta do Banco Vasseur que apresente aqueles românticos clientes; por isso, estamos aqui em face de um problema de psicologia financeira, e até daquela psicologia ainda mais característica, que é a psicologia bancária, que nos leva a perguntar como é que o Banco Vasseur entregou a Fed. esse negócio, que dava uma comissão de 25 mil francos e não o fez diretamente, para ganhar essa comissão, que não é para desprezar, mandando os cinco cheques para um estabelecimento bancário sólido, dos que mantém com o estrangeiro relações contínuas. Mas... em suma, não querendo saber dos erros daqueles franceses, que, evidentemente, não têm qualquer sabor parisiense e deixando de parte tudo o resto, fica-nos o fato desses dois milhões e meio, que chegam em carta registrada, representados em cheques passados em Livorno, e de lá expedidos para Paris e, depois, de Paris para Roma, para de Roma serem enviados para Nizza.

Uma tal complicação de coisas e de idas e vindas é, na minha opinião, o indício da preocupação, em quem arquitetou a burla, de fazer perder a pista, de sair do caminho direito, para conseguir que, a fazerem-se, as indagações fossem muito mais complicadas e obscuras.

Uma operação... maravilhosa

Apesar da evidente estranheza dos fatos, Fed. não se admira. E o advogado Fabrizi teve aqui uma engenhosa observação psicológica, quando disse: queriam, talvez, que Fed. se imaginasse como sendo um inseto bancário tão minúsculo que não estivesse à altura de uma operação de dois milhões e meio? Ninguém pensa na própria pequenez.

E tinha razão. O erro, porém, é que não se trata apenas de pequenez, mas também de habilidade, daquela experiência que tem cada indivíduo e, especialmente, quem vive de manejar dinheiro, e pela qual o referido envio de cheques se apresenta como verdadeiramente estranho.

Mas, em que mundo de cândidos primitivos, se mandam assim cinco cheques, dentro de uma carta simplesmente registada, a uma pessoa que nunca se viu e com quem não se teve quaisquer relações, e que amanhã poderia ter a mefistofélica idéia de se apropriar deles e negar que na carta estivessem quaisquer cheques?

Um pouco de grafologia

Mas Fed., não só não se admira da operação, mas também não examina os cheques. Se fossem, realmente, cheques de 450 liras, compreende-se, mas cinco cheques de 450.000 liras cada um!

Eu examinei esses cheques: vendo-os juntos, têm um tal aspecto de falsificação uniforme, que é insuperável, como primeira impressão, a suspeita sobre a sua autenticidade. Aquelas assinaturas que existem no verso dos cheques, o endosso Cianchelli, depois as que figuram identificadas pelo *Banque Nationale de Crédit* — com um carimbo de letras discordantes e uma ao contrário — a assinatura de Frey, são firmas mecanicamente idênticas, são (como depois disseram os peritos) evidentemente copiadas contra a luz.

Porque é exato, como disse o advogado Fabrizi, que cada pessoa tem uma assinatura que repete durante a sua vida, exceto surgindo doença que a impossibilite de fazê-la, e citava a minha como exemplo. Essa tem uma forma característica, que até serviu de estudo aos grafólogos, porque a inventei, há meio século, durante um exame, no liceu, fingindo escrever o ponto de grego que eu não sabia fazer e que me foi feito pelo meu caríssimo condiscípulo Achille Loria; para enganar um pouco a atenção do professor, pus-me a escrever a minha assinatura, por formas diversas, e por fim pela que venho repetindo há já 50 anos. Mas até quanto a essa minha assinatura verifico que, algumas vezes, quando me mostram uma carta ou bilhete escrito por mim há já alguns anos, encontro algumas diferenças na minha letra. E se eu quisesse guardar as cadernetas universitárias dos estudantes, nas quais, por uma pura ficção legal, tenho de pôr centenas de rubricas de freqüência, sem nunca ter tido o prazer de vê-los, acho que a minha assinatura se modifica, apesar de manter sempre o mesmo tipo.

Nos cinco cheques em causa, o que, pelo contrário, revela a falsificação, é a reprodução perfeitamente igual e uniforme. E um homem habituado a observar cheques e que se encontra em presença de uma soma tão avultada, não podia, evidentemente, de boa fé, omitir uma observação e um exame provocados pela forma suspeita desses cheques.

Duas explicações diferentes dadas por Fed.

Fed. começou logo as operações para receber os cheques, comprando consolidado e divisas estrangeiras por intermédio dos corretores de bolsa.

E surge logo, espontânea, a pergunta: mas por que não endossou os cheques aos corretores em vez de ir levá-los ao Banco de Nápoles? O mundo moderno exige e vive dessa transmissibilidade dos títulos, graças à qual eles adquiriram a celeridade da moeda cunhada.

Fed., porém, apresenta duas razões diferentes para explicar o fato de não ter endossado os cheques aos corretores.

Da primeira vez, interrogado pelo comissário Pennetta, disse: pela dificuldade que, habitualmente, há em cambiar, nos corretores, grandes quantias.

Essa razão, que o levou a não entregar aos corretores os cinco cheques, pareceu-lhe, depois, pouco persuasiva, porque os corretores de bolsa de uma grande cidade como Roma estão habituados a manejar somas bem superiores a 450.000 liras, e então arranjou outra explicação. E, quando foi interrogado pela autoridade judicial, disse: porque os pagamentos a fazer a cada corretor eram inferiores ao valor de cada cheque, pois que, "se bem me recordo", o pagamento a cada corretor não excedia 200.000 liras.

Contrariamente, averiguou-se na instrução que dois corretores, Zeitun e Palombelli, fizeram, para ele, operações superiores a 450.000 liras, um no montante de 600 mil e outro no de 800 mil.

Não é, portanto, exato que o valor dos cheques tornasse mais difícil e fizesse perder mais tempo, endossando-os diretamente aos corretores.

A cobrança dos cheques

A razão verdadeira é que tinha de levar os cheques ao Banco de Nápoles, porque, de outra maneira, não teria a possibilidade de obter o seu pagamento.

Fed. vai, pois, ao Banco de Nápoles e, vejam o acaso, encontra junto do caixa do guichê nº 8 o seu amigo Mar., que lhe pergunta como quer receber o montante dos cheques e a quem Fed. responde que deseja convertê-lo em outros cheques, com uma pequena parte em notas do Banco.

Mas esses cheques não são passados em seu nome, como era natural, até para dar uma justificação aos seus comitentes, para depois os endossar aos corretores, mas são logo passados em nome destes, evidentemente porque nos crimes técnicos dessa espécie, tecnicamente arquitetados e em que a ocultação é a preocupação dominante, o primeiro cuidado do burlão e do falsário é deixar o menor número possível de vestígios da sua intervenção.

O fato de ter endereçado os cheques aos corretores e não a si próprio, é uma outra circunstância que nos deve pôr em guarda contra essa maneira de proceder. E aquela ingenuidade, aquela normalidade de conduta que o seu defensor se esforçou por demonstrar, começa, evidentemente, a desfazer-se, mesmo na hipótese de Fed. ter realizado sozinho toda a operação.

Além disso, a operação desenvolveu-se com a particularidade de, em vez de apresentar os cinco cheques em um só dia, para se despachar e perder menos tempo, que é o desejo de todos os homens de negócios, ele lá ir em três dias diferentes. Como o Tribunal deve ter presente, no primeiro dia apresentou dois, os mais bem feitos, no segundo outros dois, e reservou o pior para o terceiro dia, o 3 de julho, sempre, porém, no guichê de Biccelli — e esta circunstância é eloqüente — quando Mar. estava ao lado de Biccelli.

Por que gastou três dias, em vez de realizar a operação em um só dia? A pergunta surge espontaneamente, e da mesma forma surgem as respostas: do acusado, de uma das testemunhas e de um advogado.

O acusado Fed. disse: Levei-os em três dias para não fazer uma operação tão importante em um só dia.

Argumento que não convence e nada vale. Mas como? Uma operação, pelo fato de ser importante, deve fazer-se em vários dias? Pelo contrário, quando se trata de coisas de responsabilidade, toda a gente as faz o mais depressa possível, em um só dia! Para que havemos de perder tempo e voltar ao Banco?

Houve uma testemunha, o Par. — amigo de Fed. e seu homem de confiança — a respeito de quem não farei qualquer consideração porque é um náufrago da vida e porque o Tribunal, tanto a seu respeito quando a respeito das outras testemunhas, já deve ter uma opinião formada — que disse: cobrou os cheques em três dias porque se o fizesse em um só dia, teria que meter no cofre uma soma enorme, o que não era prudente.

Razão diversa.

Depois, vem o advogado Fabrizi, e dá uma tinta patriótica às divergentes explicações de Fed. e de Par., dizendo: porque Fed., tendo de comprar títulos da dívida pública, não queria fazer, de uma só vez, a compra de dois milhões de títulos, porque os faria subir de preço e, patrioticamente, disseminou a compra.

Mas isso é uma explicação ou uma desculpa, mais uma vez simplesmente alinhavada, porque — mesmo esquecendo que a alta do consolidado ajuda e não prejudica o crédito nacional — o advogado contunde inteiramente a cobrança dos cheques com a compra do consolidado. E, mesmo dando de barato que a Bolsa de Roma se ressentisse com a compra de dois milhões de consolidado, o argumento estaria certo se Fed. tivesse dito: compro o consolidado em três dias diferentes. Mas isso não o impedia de receber os cheques em um só dia, e sem que isso pudesse produzir o menor abalo, na Bolsa de Roma, ao crédito nacional!

Por isso, bem considerado, todo esse conjunto de operações traz consigo a marca, o perfume, diremos mesmo, de uma intelectualidade evidentemente habituada e conhecedora de artimanhas financeiras!

Um instantâneo

Em 29 de junho, Fed. dirigiu-se ao Banco de Nápoles com os dois primeiros cheques e obteve o pagamento.

Há uma página processual que descreve como se deu essa cobrança dos dois primeiros cheques: é, como o Tribunal sabe, a exposição de Biccelli ao Conselho de administração do Banco de Nápoles.

Vou lê-la, e será, talvez, a única leitura que farei nesta discussão, porque é a expressão da verdade, a fotografia instantânea, e nos apresenta os dois atores, Fed. e Mar., na sua maneira de agir, com uma tal sinceridade que esclarece inteiramente o nosso espírito.

Escreve Biccelli: "Os fatos de 29 de junho desenrolaram-se pela forma seguinte: cerca das 12 e 45 apresentou-se no meu guichê um cavalheiro a quem eu não conhecia e ao mesmo tempo entrou no meu gabinete o Sr. Mar., segundo contabilista. Este, conhecendo o dito sujeito, chamou-o: Don Germá, o que quer? — Venho receber uns cheques, respondeu o outro; e quando chegou a sua vez, Mar. apresentou-mo como seu íntimo amigo, dizendo: o Sr. Fed., o Sr. Biccelli.

Depois disso, o Sr. Mar. fez com que o Sr. Fed. lhe entregasse os cheques e, enquanto eu atendia um outro cliente, verificou-os, tanto pelo que se referia à autenticidade do título, como pelos endossos e, vendo que faltava a assinatura de Fed., mandou-lhe passar o recibo, e depois fez-lhe notar que seria conveniente pôr-lhe também o carimbo da sua casa, como identificação. Fed. observou-lhe que não via necessidade disso, pois que ele, Mar., lhe conhecia bem a assinatura. Mas, em virtude da insistência de Mar., o outro respondeu: pois bem, vou ao escritório e volto já. Mar. *ficou ao meu lado* à espera do amigo, e quando este voltou e puxou dos cheques para receber, perguntou-lhe: Don Germá, o que quer? Dinheiro ou cheques? O outro respondeu: Desejo 800.00 em cheques e 100.000 em dinheiro.

Mar. pôs a sua garatuja no lado dos endossos e depois entregou-me os cheques (já sabemos que isso foi uma artimanha de Mar.: fingir pôr a rubrica do lado dos endossos) dizendo: pode pagar.

Convencido pela rubrica (ou antes, pelo gesto de fazer uma rubrica), paguei. A requisição dos cheques pedidos por Fed. foi levada *pelo próprio* Mar. ao guichê nº 5 (onde estava Zambelli) para obter que os cheques fossem rapidamente passados. Paguei com a maior confiança porque os títulos tinham sido verificados e garantidos por Mar., que neles a pusera (em aparência) a sua rubrica. E com tal garantia, paguei a Fed. outros cheques, em 30 do mesmo mês e em 3 de julho seguinte.

A legitimar a minha confiança em Mar., segundo contabilista, que nessa ocasião *desempenhava as funções de guarda-livros chefe*, na ausência de Pavese, devo acrescentar que Mar. era muito estimado por toda a gente e conquistara, em pouco tempo, a simpatia de todos os superiores, a ponto de o tratarem por tu. Não fazia nada, ausentava-se constantemente do escritório sem licença e ninguém fazia caso disso, ao passo que o tratamento para os outros empregados era bem diferente. Mar. *era o meu superior imediato*, e, nessa ocasião, garantia uma pessoa que eu não conhecia, rubricando os títulos que eu tinha que pagar. Eu tinha, por tudo isso, a maior confiança nele, como meu colega e superior imediato."

Como vêem, a fotografia é nítida, é, realmente, a expressão da realidade, brotando como fonte de água fresca da montanha; não é arquitetada. Tanto assim que Fed., no seu interrogatório e ao ser acareado com Biccelli, confirmou o que este disse, e Mar., na sua acareação com Biccelli, negou a segunda parte, ou seja, o ter estado presente quando foram apresentados a pagamento os restantes cheques, nos outros dois dias, mas não negou a cena descrita por Biccelli, no que respeita aos primeiros cheques.

Fed., ao ser acareado com Biccelli, disse: "É exato que, no seu guichê, entreguei os cheques a Mar., que me apresentou a ele e me convidou a pôr a minha assinatura e o carimbo da minha casa, e que, quando voltei, depois de ter dado cumprimento a essas formalidades exigidas, Mar. lhe entregou os títulos dizendo que *podia pagar*. Das outras particularidades por ele referidas *não me recordo*, mas não posso afirmar que sejam inexatas".

E Fed. acabou assim a sua acareação com Biccelli: "Recordo-me de que também apresentei os dois últimos cheques no seu guichê, *estando presente* Mar., e que foi o próprio Mar. quem lhe disse: — *Pode pagar*".

O que desmente a divergência de Mar., nessa segunda parte, quando afirma que só disse a Biccelli para pagar os dois primeiros cheques, e não os outros três.

Como vêem, senhores do Tribunal, há pouco que discutir. Se queremos seguir o ensinamento e o espírito da experiência cotidiana, não podemos duvidar que toda essa cena foi combinada entre Fed. e Mar. Não pode haver dúvidas que, da parte do pobre Biccelli, um moço inexperiente, noviço, subordinado de Mar. — que é mais inteligente, mais astuto e com mais autoridade que ele — encontrando-se diante do seu superior, que tratava os chefes por tu, as coisas se passaram como ele narrou. Tanto assim que o advogado Gregoraci, adotando a tática diversiva que estava à sua disposição, ou seja, que a burla e falsificação teriam podido ser cometidas também por outros, se apressou a dizer: não digo sequer que sejam culpados, Leo quanto à carta de crédito e nem Biccelli quanto aos cheques, digo que poderiam sê-lo.

Naturalmente, como defensor, deve defender, e apesar disso ser um argumento que pode ser útil à defesa, aparentemente, não faz, no entanto, desaparecer a impressão de verdade que transparece da descrição de Biccelli, que Fed. teve de aceitar como substancialmente verdadeira, e nos pontos com que não concordou, não chegou mesmo a ter a coragem de desmentir, dizendo unicamente: “não me recordo... não digo que não”.

Dois pacotes... extraordinários

Fed., depois de cobrar os cheques, recebeu dos corretores os títulos e confeccionou dois pacotes, os quais, por uma estranha combinação, imediatamente descoberta pelo Ministério Público, tinham ambos o mesmo peso de 190 gramas, apesar da diversidade dos títulos e das divisas estrangeiras que levavam dentro. Identidade de peso verificada pelos Correios, e que, evidentemente, pode ter uma explicação muito natural, como seja os pacotes terem sido artificialmente confeccionados, e não serem o produto de uma atividade natural, necessariamente diversa. Como em uma floresta, não existem duas folhas de árvore perfeitamente iguais entre si, não há dois atos naturais do homem que sejam a reprodução idêntica um do outro; só a imagem reproduzida no espelho, só a assinatura decalcada, é que são perfeitamente idênticas uma à outra.

Além disso, nos pacotes pôs-se a lista dos números dos títulos que deveriam conter?

Disse-se que Fed. é um negligente, que tem o hábito de não fazer essas listas. Mas, por outro lado, verificou-se que no copiador, existem dessas listas de títulos. Responde ele que essas listas de títulos eram de caráter diverso, para demonstrar que tinham sido feitas pelo empregado, mais diligente que o seu chefe Fed. Poderíamos, também, dizer que foi o empregado quem, por ordem de Fed., escreveu materialmente algumas listas de títulos e deveria, por isso, ter feito o mesmo para os dois pacotes expedidos para Nizza.

Mas, o que é pior! Se não pôs a lista nos pacotes, Fed. também a não conservou em seu poder, apesar da necessidade que dela teria para a exibir, em caso de extravio, junto da Companhia de Seguros. Circunstância esta que leva o juiz, por pouco que se preocupe com a experiência cotidiana, a formular esta pergunta: mas se eu tivesse recebido alguma incumbência de estrangeiros e tivesse, realmente, enviado dois milhões e 250 mil liras a um tal Gentille, para Nizza, como teria eu procedido? Tomaria uma precaução elementar e ficaria, pelo menos, com o número dos títulos para, em caso de extravio, ter um elemento probatório para salvar a minha responsabilidade.

Fed., ao contrário, não faz nada disso, quando é certo que os corretores disseram, na instrução, que nas operações importantes se faz sempre a discriminação dos títulos. É certo que, no julgamento, disseram, depois, que muitos o não faziam, porque o julgamento teve, neste processo, a conseqüência de provocar uma amnésia nas testemunhas de acusação e um aumento de memória nas de defesa, que, passado um ano, se lembraram, aqui, de circunstâncias que, na instrução, nem pensaram que tivessem ocorrido.

Mas era esta a tática que era necessário adotar. Não se pode, quanto a uma circunstância averiguada na instrução, chegar ao julgamento e dizer: não, é falso; a verdade é diferente. Não. Se assim se procedesse, o remendo seria, mais uma vez, cosido com linha branca e o juiz via-o logo! Inversamente, é vulgar o fato de uma testemunha complacente, por uma questão de amizade ou outra menos desculpável, mudar a frase, colocando um "provável" onde estava um "certo" ou coisa parecida. É assim que se destroem os indícios: como o caruncho consegue furar a madeira, assim a testemunha complacente, o documento póstumo, posterior à instrução, como o envelope da carta de Verona e Frey, etc., chegam a produzir a dúvida, graças à qual se espera que o juiz esqueça a evidência das provas primitivas, mais próximas da verdade, até por uma questão de tempo, e que a instrução consagrou.

Fed. Gentille em Nizza

Os pacotes foram expedidos para o Sr. Gentille, em Nizza, no Hotel *Terminus*. Mas aqui dá-se uma outra circunstância curiosa. Paoletti, caixeiro de Fed., Polentini, caixeiro de Fed. e Par., empregado de Fed., interrogados na instrução, disseram que, na altura em que os cheques foram cobrados, Fed. esteve ausente dois ou três dias. Paoletti disse "ausente", sem dizer se de Roma ou do Banco: Polentini, em um segundo interrogatório, disse "ausente do Banco"; Par., que é o Sancho Pança fiel e espirituoso do seu chefe, disse que "esteve com furúnculos".

Os furúnculos! Este processo é um autêntico viveiro de engenhosas explicações, precisamente porque estamos em presença de um crime de ordem técnica. Não há, no nosso caso, o instinto do amor selvagem, do ciúme de Otelo, da honra ofendida, da ambição desiludida, aqui assistimos, pelo contrário, ao flamejar de pequenas ânsias, de pequenas astúcias, de ardilosa inteligência; lembram mais as fumaradas do Pozzuoli, do que a erupção de lava do Vesúvio ou do Etna.

Estamos sobre as fumaradas do Pozzuoli. E temos os furúnculos de Fed., que, segundo Par., explicariam o seu eclipse durante três dias. E aos furúnculos virá juntar-se, depois, o almoço do pintor Siv., que me dizem ser um grande retratista, o que sinceramente lhe desejo, para ele e para a Itália.

É certo que Fed. esteve em Roma em 3 de julho, para receber o último cheque, e em 7 de julho. Em 4, 5 e 6 desse mês, não há notícias dele. Nós sustentamos que Fed. foi a Nizza. Pode não ser isso necessário à nossa demonstração, porque podia lá ter ido qualquer outra pessoa, como em Livorno em 17 de junho, apesar da coincidência da carta registrada vinda de Viena nesses dias e que foi entregue não a Fed., mas ao seu porteiro Capitain, que ele, em dado momento, disse que não conhecia.

Um contra-álibi falhado

Afirmamos, por isso, que Fed. foi a Nizza. E aqui se verificou de novo a habilidade defensiva do advogado Fabrizi. Ele disse que isso, a que impropriamente se chamaria um álibi (e realmente tinha razão, porque seria um contra-álibi), se prova por meio de documentos e de testemunhas.

E no julgamento, como corretivo daqueles três depoimentos prestados na instrução, em tempo insuspeito, sem lhes calcularem a importância, por Paoletti, Polentini e Par., tentou-se a prova documental. Primeiro documento. Apresentam-se os livros de Fed., pelos quais se verifica que ele em 5 de julho, retirou 3.000 liras para seu uso pessoal. Está bem. Mas a defesa esquece-se de que estamos em face de um crime técnico, de um crime em que tudo é preparado com antecedência. É natural que Fed., pensando que tinha de ir a Nizza, tenha, também, pensado em preconstituir a prova de que não foi lá.

Provou-se que essa escrituração foi feita, realmente, em 5 de julho? Evidentemente que não.

Segundo documento. A carta de Fed. para Verona e Frey, com o cheque de 5.000 liras, expedida sob registo em 5 de julho. Está bem. Mas o argumento da defesa só teria valor se do recibo do registro se concluísse que foi feito pessoalmente por Fed.; mas Fed. pode muito bem ter partido na noite de 3 de julho para Nizza, deixando alguém encarregado de expedir a carta, como fez com a datada de 4 de julho. Sucedeu, porém, que o encarregado desse serviço, que não conhecia a técnica da arquitetura criminosa, deitou no correio em 3 de julho a carta escrita com a data de 4 desse mês! Portanto, Fed., ao partir de Roma para Nizza, deve ter entregado essa carta a alguém, com a incumbência de a fazer expedir, registrada, em 5 de julho.

Terceiro documento. Carta de 6 de julho, enviada ao Banco Meridional, que aqui mandou o seu diretor para dizer que recebeu, realmente, a carta de 6 de julho, assinada por Fed. Mas surge logo, também aqui, a observação prática, espontânea: foi expedida em 6 de julho uma carta de Fed., mas quem a expediu? Ele pessoalmente ou alguém por ele?

Quarto documento. Os contratos de 5 de julho, feitos com Palombeli e Di Zero. Sapientíssima arquitetura defensiva, mas que se derruba com a simples circunstância, que resultou do processo, de que a firma de Fed. nesses documentos pode ter sido posta, e geralmente assim sucede, um dia, dois dias ou alguns dias depois do fixado neles.

O M. P. demonstrou-o com os documentos dos autos e é esse o costume, como se provou. Ainda a esse respeito podemos, também, aceitar a retificação complacente feita por Di Zero, quando disse: tenho o costume, sem a menor exceção, de, logo que recebo um encargo do pessoa que não seja o titular do contrato, ir falar, pessoalmente, com o titular ou telefonar-lhe. E como Di Zero é um corretor que tem muito que fazer todos os dias, é, evidentemente, um homem que deve dedicar pouco tempo à conclusão dos negócios e muito tempo a telefonar ou a andar de um lado para o outro, a perguntar aos comitentes se realmente o encarregaram de qualquer coisa.

A defesa de Fed. acrescentou a este esforço documental o apoio de algumas testemunhas: o sardo Mortara, que não precisa o dia, o advogado Vaturi que, na instrução, disse: é muito provável que eu tenha estado com Fed. em 7 de julho, e que aqui, apesar de, substancialmente, nada ter modificado, deixou crer que talvez tivesse sido em 6 de julho. E, finalmente, Siv., que fez um depoimento argumentatório, que, na minha opinião, está um pouco em contraste com o seu espírito de artista, porque raciocínio e arte são duas expressões cerebrais diversas.

Siv. disse: convidei Fed. a almoçar comigo no domingo, dia 9. Água de Colônia, furúnculos, etc. Convidei-o alguns dias antes. Mas em que dia foi? Não foi no sábado, porque teria dito "amanhã"; não foi na sexta-feira, porque teria dito, depois de amanhã; como disse "domingo", deve ter sido em 4 ou 5.

Evidentemente, o Tribunal pensa que a testemunha deve apresentar qualquer coisa mais concreta: fatos, circunstâncias, e não raciocínios, porque os raciocínios não produzem e não concretizam circunstâncias de fato.

Vice-versa, a favor da tese da acusação, de que Fed. esteve em Nizza, temos a sua letra no livro de chegadas do Hotel *Terminus*, com aquele G. sobreposto ao F. instintivamente escrito, pela força do hábito; temos o passaporte, em que, como demonstrou o Ministério Público, faltam as folhas de 28 de janeiro de 1922 até 17 de julho do mesmo ano. Assim como nos livros comerciais faltam as folhas relativas a junho de 1921, época da operação da carta de crédito, assim também do passaporte desapareceram as folhas relativas à época em que Fed. deveria ou poderia ter ido a Nizza.

Os porteiros do hotel não puderam reconhecê-lo, e isso mesmo nós prevíamos; reconhecer, passados sete meses, um forasteiro como o Gentille, que se instalou no hotel com uma pequena maleta, durante três dias, e partiu sem deixar endereço! Diz Manzoni, no seu livro *Promessi Sposi*, que a hospedaria (quanto mais o hotel moderno) é um porto de mar: vão-se uns, chegam outros. Como poderiam recordar-se passados sete meses, com aquele reconhecimento feito à pressa? Deixemos de lado o caso da barba que Fed., antes do reconhecimento, não quis cortar, e o seu espírito deprimido durante a ida e alegre no regresso. Notemos, contudo, que o porteiro Raymond do Hotel *Terminus* disse que Gentille falava francês, mas muito imperfeitamente, exatamente como Par. disse que o seu chefe Fed. "mastigava" o francês.

Mas podemos, também, pôr à parte este episódio que, repito, não tem um valor decisivo para a causa, porque, evidentemente, o conjunto de circunstâncias certas, indiscutíveis contra Fed., é tal, que não pode deixar-lhe a menor ilusão de poder eximir-se à responsabilidade da falsificação dos cheques.

Uma curiosa correspondência... unilateral

Acontece, todavia, que os tais Verona e Frey, o Banco Vasseur, o tal senhor Gentille, não respondem às cartas que Fed., em parte lhes envia e em parte não envia, Mas Fed., apesar de tudo isso (delito técnico), continua a sua correspondência, o que não deixa de ser curioso.

Já conhecemos aquela circunstância estranha, aqui revelada pelo M. P.: uma carta para Gentille, de 4 de julho, escrita de Roma, que diz: "Em aditamento às minhas cartas de 27 de junho e de ontem, 3 de julho", etc. Essa carta, que está datada de 4 de julho, foi deitada no correio de Roma em 3 desse mês; prova evidente de uma artimanha combinada e que um encarregado estragou por não ter calculado bem o tempo.

Recordo-me de que, quando era rapaz, uma das mais jucundas impressões que tive da espirituosa malícia humana, foi ao ver alguns atletas de circo levantarem enormes esferas de ferro, que não deviam pesar menos de um quintal. Com os músculos túrgidos a vibrar, erguiam do solo as duas enormes bolas ligadas uma a outra, e depois, exaustos pelo esforço despendido, deixavam-nas cair. O exercício era sobre um tablado, o sentia-se o estrépito da queda, com grande admiração do público. Mas, em dada ocasião, sucedeu que levantaram as esferas e se sentiu o barulho da queda antes de as terem deixado cair. É que, escondido, estava um companheiro, que produzia o estrondo da queda e as esferas eram... de madeira... o que o público saudou com uma solene pateada.

Pois bem, aquele pobre diabo, a quem haviam encarregado de enviar a carta, enganou-se nas datas e expediu em 3 a carta do dia 4! (Vivíssima hilariedade). Assim desaparece toda a força do argumento.

Depois, este homem que envia pelo correio mais de dois milhões, sem se preocupar com os resultados dessa operação, escreve uma carta em 20 de julho a pedir contas do que sucedera, e essa carta fica-lhe na gaveta durante uma semana, e só em 27 foi posta no correio!

Mas disse-se: escreveu também ao Banco Vasseur. Mas o que escreveu? A carta é, precisamente, mais uma farsa bem arquitetada, pois se trata de uma carta escrita em termos tão vagos, que Vasseur nada tinha a responder. Nada vale, por isso, o argumento de defesa aqui apresentado pelos advogados: essa carta para Vasseur demonstra que Fed. está inocente, porque se a operação não fosse verdadeira, Vasseur não teria deixado de responder, protestando.

A verdade verdadeira é que a carta de Fed. para Vasseur agradecia de uma maneira tão genérica, que Vasseur, evidentemente, deve ter pensado: não sei do que se trata, mas é um homem reconhecido, não há dúvida!

Tudo isso são pormenores preparados, tudo isso foi arquitetado e, por tudo isso, é evidente a responsabilidade de Fed.

Os exames gráficos

Poderá afirmar-se que a falsificação dos cheques foi realizada por Fed.? Também este problema nos não parece decisivo para a causa porque a responsabilidade de Fed. deriva, sobretudo, da cobrança fraudulenta; mas há, no entanto, argumentos para o afirmar.

Esses argumentos são as provas objetivas, genéricas e os exames gráficos, acerca dos quais eu faço uma reserva e uma constatação.

A reserva é que o descrédito absoluto dos exames caligráficos

— a que se agarrou a defesa adversária — pode ser uma realidade, mas não é uma realidade judiciária. Creio que, como diz Umberto Ellero de quem, aqui, se apresentou um opúsculo, as censuras que possam fazer-se, mais do que aos exames poderão ser feitas aos peritos, e é certo que, quando o perito não tem capacidade técnica ou não tem consciência moral, evidentemente que o resultado do seu exame merece pouca confiança. Mas, de uma maneira geral, negar o direito de utilizar em juízo os exames caligráficos, que o advogado Fabrizi disse pertencerem exclusivamente às "ciências ocultas", é uma afirmação exagerada.

Nos exames gráficos, há, realmente, minúcias analíticas que não têm consistência, mas nós sabemos que nos exames modernos, feitos com tendências modernas, essa parte analítica, que mede os pontos dos *ii* e o desenvolvimento das curvas e outras coisas parecidas, tem sido reduzida ao mínimo, porque, atualmente, tem-se a impressão de que é a visão sintética dos escritos comparados que pode dar ao perito, ao juiz, a cada um de nós, a impressão que pode levar a uma conclusão mais segura, menos incerta.

Mas, logo em seguida, os advogados de defesa mostraram o jogo, porque, depois de terem feito esse protesto contra os exames gráficos, limitaram-se a afastá-los nas conclusões desfavoráveis aos acusados, mas aceitando-os na parte favorável aos seus constituintes.

E então, evidentemente, essa argumentação só pode ser seguida pelo Tribunal a benefício de inventário, pois quero recordar que chegamos também ao seguinte: que o advogado Fabrizi, com a sua habilidade, reabilitou os exames gráficos, improvisando, até, alguns por sua conta. Com efeito, acerca da firma Cianchelli no verso dos cheques, fez ele, *ex-abrupto*, um exame gráfico oral, e ouvi-lhe falar em uma vontade forte que estava atrás de uma letra mais do que de outra, e ouvi-o, também, fazer esse contra-exame gráfico; assim como os peritos dizem que em um ou em todos os cheques o segundo zero das 450.000 liras, isto é, o primeiro dos que foram acrescentados, apresenta, visto contra a luz, uma opacidade que demonstra a operação que foi feita sobre ele, Fabrizi disse: eu fiz a experiência, mas essa opacidade não a vi, e, transformando-se de advogado em perito, negou a existência da opacidade.

Isso, francamente, parece-me a atrapalhação psicológica daquele mancebo, de quem se falava na nossa mocidade, o qual, ao comparecer perante a Junta, de recrutamento militar, e querendo obter a isenção por miopia, dizia: ó meu capitão, vê aquela mosca que está na parede? Eu não a vejo! (Viva hilariedade). E o advogado Fabrizi não viu essa opacidade, que é evidentíssima nos cheques que Fed. conseguiu receber.

Mas, se compreendo que os exames gráficos também possam ser submetidos aos artifícios da argumentação confusionista, o que, porém, fica intacto, desses exames, são os dados objetivos por eles revelados.

Assim, está verificado que as palavras datilografadas no verso dos cheques, foram escritas com máquina Woodstock, e, estranho acaso!, no Banco Fed. foram apreendidas máquinas Woodstock, uma das marcas mais raras, menos vulgares em toda a Itália e, especialmente, em Roma.

E os peritos concluem que a caligrafia da firma Frey, aposta nos cheques, é atribuível a Fed., como é atribuível a Fed. o endosso Cianchelli, em Livorno, especialmente por aquela particularidade do *m* com quatro pernas, que é uma das características gráficas habituais de Fed., quando escreve os *mm*.

Considerações de ordem pessoal

Mas, afora essas considerações de ordem objetiva, temos as de ordem pessoal, graças às quais o juiz, reunindo os resultados do processo, consegue formar uma convicção segura.

Temos, em primeiro lugar, que considerar a amizade de Fed. com Mar. Telefonavam muitas vezes um ao outro. Mar. chamava Don Germano a Fed.; visitava-o; o empregado de Fed. levava as malas de Mar., levava-lhe as refeições ao banco, tratou-lhe do passaporte; Mar. apresentou Fed. a Vigioli; Mar. obteve que Fed. trocasse as notas rasgadas no Banco de Nápoles, o que o Banco de Nápoles não fazia; Mar. é o único empregado da Filial de Roma do Banco de Nápoles que é amigo de Fed.

Ora, não digo que esta amizade seja, só por si, uma prova, mas é um indício que serve para consolidar todas as outras circunstâncias que pusemos em destaque, especialmente quando o juiz se lembrar de que essa amizade entre Mar. e Fed. foi, inicialmente, negada por eles, incautamente, porque, no que se refere aos criminosos técnicos, o provérbio diz que o diabo tem uma capa com que cobre e outra com que descobre, e que existe sempre alguma fenda na tática defensiva dos criminosos, bem como na arquitetura dos seus crimes.

Fed., ao ser interrogado pela primeira vez, disse a Pennetta — parece-me estar a vê-lo, como a gata de Masino, só com um olho fechado, a fingir que dormia: — no caso dos cheques fui apresentado por um *tal* Mar, e Mar., por sua vez, negou essa amizade, que depois veio a provar-se incontestavelmente. Essa negativa tem um certo valor probatório no sentido dos indícios que levam a concluir pela responsabilidade dos acusados.

Mudança de vida

Fed. e Mar., antes de 1921, estavam em pouco florescentes condições econômicas. É inútil protestar, advogado Gregoraci: isso é incontestável. Ora, logo depois do recebimento da carta de crédito e dos cheques, principiaram a viver uma vida dispendiosa, especialmente Mar., que gosta de viver à larga. Demonstra-o bem o caso da Arconi, que foi uma das suas amantes caras; é certo que surgiram testemunhas, como o diretor da Campanha Russa, para diminuir o depoimento da Arconi, mas, enquanto ela aqui esteve, Mar. não teve a coragem de desmenti-la. Ora, se o que a Arconi aqui disse a respeito das enormes despesas de Mar., não fosse a verdade, Mar. teria protestado, atacando-a e desmentindo-a. Mas nada disso fez.

Portanto, se, pela última vez, considerarmos a personalidade de Fed. em relação com as outras circunstâncias, verificamos que ele tentou, por fim, negar que tivesse sido processado em Nápoles. Disse: *não me recordo* de ter estado processado; deve tratar-se de um certo Fer. — e incluiu-o na lista das suas testemunhas desse processo, mas teve de renunciar a ouvi-lo porque... não existe! Ora, desse processo, que a diligência do Tribunal fez vir de Nápoles, conclui-se que Fed. foi chamado a juízo e a fls. 89 vê-se o seu interrogatório como acusado. Portanto, aqui procurou enganar-nos, dizendo: "não me recordo de ter estado processado; deve tratar-se de um certo Fer."...

Escrita irregular

E Fed., que é um cambista, um banqueiro, como ele diz, não tem uma escrita regular. Temos intervindo em exames aos livros de corretores que procedem corretamente e visto com quanta regularidade e escrúpulo são escriturados. Pois bem, quem possui um "Diário" com as folhas arrancadas na época que se segue à prática do crime da carta de crédito parece-me que começa a dar da sua personalidade uma definição e a ter um procedimento que não devem tranqüilizar o juiz.

Apontou nos seus livros as operações do advogado Vaturi e de outros, mas não consigna as operações dos negócios realizadas por Mar., e com Mar., em Berlim. Por quê? E a sua desculpa é que esses negócios não eram permitidos! Mas, por outro lado, verifica-se que essa proibição cessou por decreto de março de 1921, e as operações com marcos, realizadas em época posterior, podiam, portanto, fazer-se em regime de liberdade.

Falha, pois, essa defesa tentada por Fed., como também lhe vem a falhar a hipótese em que, valha a verdade, o advogado Fabrizi não insistiu de que os cheques foram falsificados em Paris e depois mandados para aqui, não passando Fed. de um pobre ingênuo, enganado por aqueles Verona e Frey, que tão cruelmente o expuseram a esse processo por burla e falsificação.

Significativo procedimento de Fed.

Mas o procedimento de Fed. para com a firma Verona e Frey e o Banco Vasseur, junto de quem não fez a menor diligência e de quem não invocou o testemunho, porque sabia bem que tudo era inventado, é uma outra prova contra a hipótese de terem sido os cheques falsificados em Paris.

Basta pensar um momento: se fosse verdade que a operação dos cheques veio para Fed., graças à recomendação do Banco Passear a Verona e Frey, Fed., chamado a juízo por causa dessa operação, se estivesse inocente e tudo fosse verdadeiro, não teria movido céu e terra para obter um depoimento dos dois advogados internacionais e de qualquer pessoa do Banco Vasseur?

Por tudo isso me parece que, quanto à responsabilidade de Fed. no que respeita aos cheques, podem os juízes proferir uma sentença condenatória com a consciência tranqüila, como nós, tranqüilamente, a pedimos.

Mar. protagonista da burla com a carta de crédito

E agora vamos ao caso de Mar. Este é o protagonista da burla realizada por meio de carta de crédito, como Fed. é o protagonista da burla dos cheques. E a burla da carta de crédito demonstra uma maior astúcia e inteligência da parte de Mar. porque é um crime tão ardilosamente arquitetado, que só por uma *felix* culpa do Banco de Nápoles veio a ser descoberto e a saber-se a forma como foi cometido.

A carta de crédito Tagliaferri não é, como a princípio se supôs, uma carta de crédito alterada; é, pelo contrário, um documento regularmente passado, mas que, também regularmente, veio substituir uma carta de crédito Bancaldi, emitida precedentemente por uma soma de 10 mil liras e depois anulada, com todo aquele excesso de carimbos destinado a esconder a sua falsidade, como o Tribunal verificou. Depois, foi habilmente atirada para a pasta das cartas de crédito anuladas, por meio de sucessivas deslocações, como clarissimamente demonstrou aqui o Diretor De Angelis, de maneira a colocá-la entre as mais antigas, isto é, entre as que mais depressa deviam vir a ser queimadas na sede de Nápoles do mesmo Banco. Essa inutilização das cartas de crédito anuladas foi retardada alguns meses, e esse atraso foi a *felix* culpa que permitiu a descoberta desse crime tecnicamente organizado.

Houve, na verdade, ainda uma outra *felix* culpa que levou à descoberta: e a *felix* culpa, desta vez, foi da parte dos réus, os quais, vendo que o golpe dera resultado, porque só veio a ser descoberto em 11 de junho de 1922, passado mais de um ano, se julgaram seguros e empreenderam, por isso, a segunda burla com os cinco cheques, esquecendo o provérbio — que é a sabedoria popular destilada através dos séculos — de que "tantas vezes vai o cântaro à fonte que lá deixa a asa!"

Já sabemos qual era a situação que Mar. ocupava no Banco de Nápoles. Homem inteligente, empreendedor, audacioso, de maneiras insinuantes, elegante, que por vezes se fazia passar por barão, como depois se fez passar por *capitalista* junto do *Deutsche Bank* de Berlim, é um homem que sabe conquistar a confiança dos chefes e adquirir ascendência sobre os colegas. Isto é, um homem com todos os caracteres profissionais necessários ao burlão em grande escala.

O Banco de Nápoles

Ora, senhores Juízes, o Banco de Nápoles é um instituto bancário "sui generis", é uma grande organização italiana e que tem o mais genuíno caráter italiano porque é o produto do esforço da população meridional. Não tem acionistas, como os outros bancos, e isso explica o poder providencial da sua ação nas províncias meridionais da Itália, especialmente, quando à testa desse grande instituto está um homem como Nicola Miraglia, que consagra toda a sua atenção a que o poder econômico do estabelecimento por ele dirigido dê ao meio em que vive o maior número possível de vantagens sociais e morais.

Mas esse Banco de Nápoles, em que não há acionistas, tem um ambiente que adquire um caráter de disciplina quase familiar. O acionista é o grande fiscal, é o micróbio anônimo da vida econômica contemporânea e nessa sociedade anônima, que, há três séculos, o rei Jorge I de Inglaterra condenava como crime, ameaçando com a pena de morte quem constituísse uma dessas sociedades, nessa sociedade anônima que se tornou, ao contrário, a expressão simbólica e o instrumento da moderna economia intercontinental e internacional, o acionista é o Deus onipotente. Por causa desse Deus ignorado e anônimo, os empregados das sociedades anônimas têm uma maneira de agir diversa da dos que servem o Banco de Nápoles, onde, faltando essa fiscalização, essas relações de utilização a que chamaremos severa, para não usar palavra mais grave, da parte dos acionistas, existe um ambiente de maior confiança. E é essa, talvez, a verdadeira razão porque o Banco de Nápoles, como até os advogados da defesa recordaram, sofre, com freqüência, desses assaltos ao seu patrimônio, que é o patrimônio de toda a coletividade que o Banco de Nápoles simboliza e representa. Realmente, a maior parte dos crimes de que é vítima o Banco de Nápoles são praticados pelos seus empregados infiéis. Quando o diretor de uma filial não é cauteloso e sabedor, não é o amparo da disciplina e do dever, como, por exemplo, é o diretor da filial de Roma, onde temos o admirável exemplo do Diretor De Angelis, a quem os próprios adversários prestaram a devida homenagem, a experiência, até a forense, faz-nos constatar os efeitos provocados por um diretor que despreza a disciplina e o cumprimento do seu dever cotidiano. É então que a máquina começa a falhar e está à mercê dos assaltos dos burlões. O ex-diretor Rubino, há poucos dias preso em Gênova, era um empregado do Banco de Nápoles. Porque quando o veneno criminoso surge no interior do organismo, é muito mais difícil prevenir e curar a auto-intoxicação. Pode o Banco de Nápoles — como o Banco de Itália, ou qualquer outro banco — estar preparado contra os assaltos feitos ao seu patrimônio pelos estranhos, mas como há de a onisciência de um diretor local e geral evitar a atividade de um empregado infiel?

Mar. ao lado do tesoureiro Leo, como, mais tarde, ao pé de Biccelli

Nesse processo repete-se o fenômeno agora posto em destaque, porque é um fenômeno natural. O artífice do crime da carta de crédito, o homem que tornou possível o pagamento dos cinco cheques falsos, foi Mar., empregado infiel do Banco de Nápoles.

Tudo é, agora, conhecido. Em 4 de junho de 1921 o tesoureiro substituto Leo pagou a uma tal Vera Tagliaferri um crédito de 938.000 liras, verificando a autenticidade da firma — ele, pelo menos, assim o julgou — no registro dos autógrafos.

Comecemos por acentuar já aqui uma circunstância decisiva, que ilumina tudo o resto. *Junto de Leo estava Mar.: tanto quando Vera Tagliaferri se apresenta, como quando Leo examina a firma da Tagliaferri no registro dos autógrafos.*

Como temos Mar. ao pé de Biccelli nos três dias em que Fed. apresenta os cheques a pagamento, temos Mar. junto de Leo quando uma mulher desconhecida, com toda a simplicidade, consegue embolsar — como se fosse a coisa mais natural desse mundo — nada menos que 938.000 liras!

Sobre esta circunstância pode fantasiar-se quanto se quiser, mas ela confirma e assegura o significado do procedimento de Mar., que constitui um dos elementos da sua tática. E o procedimento de Mar., que o faz agir de maneira idêntica em ambos os casos, é um procedimento de tal ordem que dá ao juiz toda a segurança na apreciação do seu valor probatório.

"Fabius cunctator"

A Direção Geral reconhece, poucos dias depois, que a carta de crédito Tagliaferri não foi emitida em Nápoles, e escreve a pedir explicações; mas estas não chegam porque a artimanha preparada para obter a impunidade e a ocultação do crime, consiste em retardar o mais possível a sua descoberta, a fim de chegar o desejado momento da incineração da anulada carta de crédito Bancaldi, que serviu para adquirir o modelo em branco sobre que foi regularmente redigida a carta Tagliaferri. Então, como o Tribunal já sabe, ter-se-ia tornado impossível a fiscalização por parte da Direção Geral, porque esta fiscaliza todos os pacotes de títulos — em branco, anulados ou pagos — pelo seu número e quando esse número se repete é impossível descobrir a burla que interveio em um ou outro pagamento.

Os papéis deviam partir no fim do mês. Em 4 de junho foi paga a carta de crédito e a empregada Tiberi teve o cuidado de recordar a Mar. que era preciso enviá-la à Direção Geral. Mar. disse à Tiberi: Não se importe, irá quando calhar! E só em agosto de 1921, dois meses depois, chegou a Nápoles.

Seguiu, assim, a tática do retardamento, para se afastar o mais possível do momento da burla.

A carta de crédito escapa à incineração

Em 1º de outubro, por ordem da Direção Geral, procede-se ao inquérito junto da Filial de Roma e em 6 de outubro faz-se a denúncia. Principia a instrução, mas o crime havia sido tão bem arquitetado que se passaram meses sem se conseguir apanhar um fio condutor que pudesse levar à descoberta de uma prova concludente. Finalmente, em 11 de junho de 1922, descobriu-se entre os títulos anulados, que deviam ter sido queimados, a carta de crédito Bancaldi, averiguando-se, por fim, que fora emitida na Filial de Roma. Aqui se continuou, por isso, o inquérito. Mas, apesar disso, a descoberta do *iter criminis* foi trabalhosa e difícil porque o crime, repito, tinha sido admiravelmente arquitetado. Só pouco a pouco se conseguiu descobrir que fora aquele título Bancaldi anulado que servira para alguém obter um modelo em branco e, em seguida, preenchê-lo regularmente, criando a carta de crédito Tagliaferri.

As páginas acusadoras desaparecem

No inquérito de 1º de outubro, realizado em Roma pelos representantes da Direção Geral, verificaram-se duas coisas. A primeira foi que no registo de autógrafos não existia uma assinatura Tagliaferri. Examinando o livro com mais cuidado, viu-se que devia faltar uma folha, a folha T-A, que nós provamos ter realmente existido, não só pela declaração de Pistoleri, que disse como foi tirada essa folha, mas também pela demonstração de que a testemunha Tajarri tinha, realmente, feito a sua assinatura naquela folha (T-A) que não foi encontrada.

E depois — segunda verificação — Mar., incumbido de levar os talões das operações aos encarregados do inquérito, apresentou um volume em que faltavam, igualmente, as folhas que compreendiam junho de 1921, época da operação da carta de crédito.

Essas circunstâncias levam, evidentemente, como conseqüência lógica e necessária, a fazer a seguinte observação: só um empregado da Filial de Roma do Banco de Nápoles pode ter cometido a burla da carta de crédito Tagliaferri.

As primeiras suspeitas

Mas quem será esse empregado? Seguindo a lógica das coisas, as primeiras suspeitas caíram sobre Leo, porque Leo havia pago as 938.000 liras a uma mulher desconhecida. E começou-se a duvidar de Leo. Mas Leo tinha a seu favor um tal número de circunstâncias objetivas que, imediatamente, a autoridade judicial teve de afastar dele todas as suspeitas. Pondo de parte a sua situação econômica, que garantia a restituição ao Banco de Nápoles da soma perdida, Leo não teria o menor interesse em subtrair a folha da assinatura autógrafa, que era a sua defesa, não teria o menor interesse em arrancar os talões, que eram a sua justificação. Desapareceram os talões e a folha dos autógrafos, porque quem o fez não sabia que Leo, na sua escrupulosa honestidade, tinha posto a sua rubrica e a indicação da existência do autógrafo na folha T-A do registro, no título por ele pago.

Conjugam-se os indícios contra Mar.

E em conseqüência de tudo isso, Leo foi posto fora de causa e então surgiu, espontaneamente em todos, a mesma impressão, como disseram as testemunhas e demonstram os documentos: só Mar. podia ter cometido e arquitetado uma burla tão engenhosa.

Há, contra Mar., uma série de circunstâncias que vou rapidamente recordar ao Tribunal, porque me parece que da sua conjugação surge, inevitável, a conclusão da responsabilidade de Mar.

Primeira. — Mar. estava junto de Leo quando a Tagliaferri se apresentou para receber a carta de crédito; deu as notas, 900 de mil liras, pedidas por Leo; viu-o consultar o registro de autógrafos antes de pagar: estava ao lado de Leo, como depois esteve ao lado de Biccelli, para o caso dos cheques. E quando, inicialmente, Leo teve algumas hesitações, foi Mar. quem o encorajou a pagar, com a confrontação da firma Tagliaferri existente no registro de autógrafos.

Segunda. — A carta de crédito Bancaldi tem um carimbo de anulação de 2 de junho e a outra tem a data de 8 de junho. Ora, em 2 de junho Mar. estava ao serviço e em 8 — apesar de estar de licença — voltou ao serviço precisamente nesse dia. Ah, diz-se, porque tinha o irmão no Tribunal supremo de guerra, mas essa circunstância, aliada a todas as outras, convence-nos de que não pode dar-se uma coincidência tão fortuita, repetindo-se, como veio a repetir-se.

Terceira. — Mar. trocou a vez com Leo, de maneira que era este quem estava ao guichê em 4 de junho, porque, evidentemente, Mar. pensou que se ele, pessoalmente, como segundo contabilista, tivesse pago a Vera Tagliaferri, isso seria perigoso e fácil de descobrir: trocou com Leo, que foi para o seu lugar, mas deixando-se ficar, como uma sombra, ao lado de Leo, quando a Tagliaferri se apresentou.

Quarta. — No falso original da carta de crédito Bancaldi, há uma imitação da letra da empregada Tiberi, feita com tinta indelével Frederici, que só é usada nas filiais do Banco de Nápoles e que os peritos dizem atribuível à habilidade caligráfica de Mar.

Quinta. — Mar. era o único empregado que estava em condições permanentes de poder fazer o que quisesse dentro do escritório, sem levantar suspeitas. Podia mexer na pasta dos títulos anulados, alterando-lhes a ordem, como fez com a carta Bancaldi, arranjar o modelo novo, sem que qualquer dos seus colegas ou superiores suspeitasse dele, porque era essa a sua atividade cotidiana e habitual.

Sexta. — Mar. apresentou em 6 de outubro os talões apressadamente rasgados, porque tinha a intenção de fazer acreditar que

Leo havia pago por conhecimento pessoal e não por comparação com a firma autógrafa. E assim, a supressão das folhas do registro e dos talões, se não estivesse na carta de crédito a indicação do pagamento se ter efetuado à vista da firma autógrafa, teria consolidado as suspeitas contra Leo.

Sétima. — Mar. empregava a tática de afastar de si a responsabilidade, atirando para cima de Leo a sombra das suspeitas, como veio a fazer depois com Viviani para o outro caso, que se averiguou naquela mesma ocasião, de um certo documento que veio a faltar e verificou-se que esse título, anulado não em outubro, como disse Mar., mas em agosto, como demonstrou o M. P., estava em poder de Mar., em uma pasta azul igual à do *Deutsche Bank* de Berlim, não se sabe com que finalidade, mas por certo não lícita. E Mar., assim como tentou fazer cair as suspeitas sobre Leo, assim também disse que encontrara esse título na gaveta de Viviani, o que Viviani desmentiu absolutamente.

Oitava. — Depois de recebida a carta de crédito e depois dos cheques, Mar. começou a fazer uma vida dispendiosa. Já falei nesse fato: mas, além disso, Mar. escreve à máquina, clandestinamente, fora das horas de trabalho; Mar. faz grandes negócios e tem uma correspondência clandestina com o *Deutsche Bank* de Berlim, fazendo remeter essa correspondência para Nápoles, onde vai retirá-la de *side-car*.

É inútil falar na tentativa de justificação das 200.000 liras dadas pelo pai de Mar., porque, nesse ponto, a habilidade da complacência testemunhal excedeu os limites permitidos, pois vieram aqui testemunhas tentar fazer acreditar que o pai de Mar. ganhava cerca de 150.000 liras por ano, o que estaria em profundo contraste com aquele documento humano que é o registro das despesas cotidianas — muito modestas e, por vezes, mesquinhas — do pai de Mar. E é inútil insistir a este respeito.

Mar. dedica-se a especulações comerciais: as malhas de Chemnitz, para o que dá o endereço de Fed., e fez aquela tentativa de negócio com aqueles almirantes que, com surpresa nossa, aqui vieram, porque deviam ser almirantes atualmente fora do serviço, pois se dedicavam ao comércio de carvão, de cerveja e outras coisas.

Finalmente, Mar. preparou o passaporte em setembro de 1921, lembrando-se do provérbio que diz que vale mais prevenir que remediar.

Nona. — O interrogatório de Mar. Quando se lê, sem preocupações, tanto o interrogatório de Fed. quanto o de Mar., sente-se logo a impressão do esgrimista que não quer comprometer-se com a menor afirmação precisa.

Por exemplo, para a operação dos marcos, não se recorda da soma, e depois Mar. diz "há alguns anos", quando era de poucos meses atrás. Todo o interrogatório revela o cuidado de não se comprometer, que está em oposição com o procedimento do acusado verdadeiramente inocente.

Décima. — O exame pericial não exclui — excluindo-o, porém, quanto aos outros réus — que a nota distintiva Bancaldi, a única que não tem a rubrica de Zambelli, possa ter sido feita por Mar. Os exames dizem que as palavras escritas no rosto da carta de crédito Tagliaferri podem ser obra de Mar., como o endosso no verso, de Cesare Schiappa, é feito por Fed.

Finalmente, logo que se descobre a sua correspondência clandestina em Nápoles, logo que se compreende como pôde ser arquitetada a fraude do crédito Tagliaferri, todas as suspeitas se concentram em Mar. Assim o dizem os seus colegas Ripamonti, Giachetti, Vigioli e o Diretor De Angelis. E outros, como Talarico e Viviani, tinham notado o aspecto perturbado de Mar. quando teve conhecimento da descoberta da burla da carta de crédito.

Senhores Juízes, se com essas circunstâncias, com tudo isso reunido, não se pode dizer que é Mar., indubitavelmente, o responsável pela burla e falsificação no caso Tagliaferri, não sei como se poderá, alguma vez, julgar uma causa indiciária.

Responsabilidade de Fed. no caso da carta de crédito

E estará terminada a minha missão quando tiver dito algumas palavras acerca da responsabilidade de Fed. no caso da carta de crédito e da responsabilidade de Mar. no dos cheques. Vou fazê-lo com a maior brevidade possível.

Primeiro indício: a sua amizade com Mar. que, como muito bem disse o M. P., se transformou em uma sociedade criminosa para a preparação, execução e ocultação do crime.

Quando, pela primeira vez, estudei o processo, fiz a mim mesmo a pergunta que é, agora, comum nestas causas de dois réus, se não seria o caso do casal criminoso, do incubo e do sucubo; mas quando avancei no estudo do processo, convenci-me de que se tratava de uma sociedade criminosa e de que não fora Mar. o incubo prevalente que se impôs a Fed.; são dois indivíduos que se uniram, se associaram para esse crime tecnicamente organizado e em que cada um tem a sua ação especializada. A ação de Fed., como cambista, com as suas relações com os corretores e com tudo o resto, é, evidentemente, um elemento que completa o que Mar. pode realizar como empregado importante da Filial de Roma do Banco de Nápoles.

No livro de Fed. faltam as páginas relativas a junho de 1921, época do caso Tagliaferri. Deve, evidentemente, haver uma razão justificativa dessa falta.

O endosso Schiappa, no verso da carta de crédito, dizem os peritos, foi, certamente, feito por Fed., e Fed., quando lho mostraram, não pôde deixar de estremecer e de dizer: a semelhança existe.

Depois disso, Fed. faz a operação dos marcos conjuntamente com Mar. e Capr., e tem o cuidado de não registar essa operação nos seus livros, o que demonstra, portanto, que temos também essa outra prova da mudança de situação econômica do próprio Fed., depois do caso da carta de crédito e dos cheques.

A responsabilidade de Mar. no caso dos cheques

No caso dos cheques, também Mar. não pode fugir à responsabilidade, pelas seguintes circunstâncias que o processo revela.

Primeira. — Mar. estava junto de Biccelli todas as vezes que Fed. apresentou os cheques a pagamento.

Segunda. — Mar. impôs a Fed. a aplicação do carimbo da sua firma, evidentemente por uma questão de sugestão para com Biccelli, para que este, que já estava em estado de sugestão diante do seu superior, e vê que Mar. é tão rigoroso que diz a Don Germá que, para obter o pagamento, deve, primeiro, pôr o carimbo, diga: caramba! Este Mar. é de um tal rigor que me tranqüiliza e posso dormir descansado com esse superior, tão rigoroso até para os próprios amigos.

Terceira. — É Mar. quem pega nos cheques, finge examiná-los, finge pôr-lhes uma rubrica, e diz a Biccelli: pode pagar.

Depois desse acordo com quem apresentou os cheques alterados e falsificados, não sei o que pode desejar-se mais.

Quarta. — Mar. está incumbido da fiscalização dos cheques pagos, que deve fazer na mesma tarde ou no dia seguinte, e não a faz. Disse: tinha tantas coisas a fazer! Compreendo que possa admitir-se que a fiscalização não se faça em cheques de 100 ou de 500 liras, e que passem no meio do montão de todos os outros; mas para um milhão de liras, se esse hábil empregado não faz a fiscalização, que fizera em outras ocasiões com vantagem para o Banco de Nápoles, deve haver nisso, evidentemente, um propósito negativo.

Quinta. — Quando Pavesi, em virtude de Mar. estar ocupado em outro serviço, quis encarregar Biondi dessa verificação, Mar. disse-lhe: já a fiz.

Há, portanto, um conjunto de circunstâncias que a argumentação defensiva do advogado Gregoraci não destruiu, ao dizer que os cheques pagos por Biccelli passaram também por outras mãos, por exemplo, pelas da empregada Tiberi, que tinha o dever de fazer uma certa fiscalização. Esqueceu-se que a Tiberi só tinha que verificar se as cifras escritas nos cheques correspondiam às importâncias pagas, e não tinha a obrigação de verificar a autenticidade dos títulos, e que era Mar. quem faltava ao seu dever não fazendo essa verificação: falta que constitui uma grave circunstância probatória contra ele.

Sexta. — Há dois carimbos de anulação sobre o quinto cheque. Biccelli apresentou 125 cheques pagos no mesmo dia e só com um carimbo de anulação. Só um dos cheques tem dois carimbos, o de Fed., e, caso curioso, o segundo carimbo caiu exatamente sobre aquela cifra perfurada de 450 mil, porque era a menos bem feita, e com o carimbo, evidentemente, pretendia-se desviar a possível atenção de um controle póstumo.

E observe-se que Mar., em 1º de julho, pagou a Montebello um cheque de 900 liras, anulando-o em 3 de julho, isto é, no dia em que Fed. apresentou a pagamento o quinto cheque, e que houve, portanto, a possibilidade, para Mar., de ter também, nesse dia, pôsto um segundo carimbo de anulação no cheque de Fed., visto o defeito no número que deu a identificação do carimbo usado em 3 de julho.

Sétima. — Finalmente, o exame não exclui que o endosso Cianchelli, no verso dos cheques, tenha sido feito por Mar. E este, última circunstância contra ele, quando é sujeito a uma experiência gráfica, certamente por ter conhecimento das considerações que os peritos haviam feito a respeito de uma característica da sua letra, pois faz o ponto do "i" antes da perna dessa letra, na experiência gráfica muda esta sua particularidade de grafismo, demonstrando, assim, a sua absoluta má fé.

Conclusão

De tudo isso, Senhores Juízes, parece-me concluir-se que, se quiséssemos assumir uma missão, que não cabe à justiça humana, tentando a reconstituição integral da maneira como foram realizados esses dois crimes de burla e falsificação, e indagar toda a realidade criminosa e estabelecer quantas outras pessoas neles participaram e quando e como, poderíamos fazê-lo, mas que poderemos, também, ficar por aqui, e dizer que, provavelmente, alguns outros cúmplices, que para sua felicidade são desconhecidos, contribuíram com a sua ação para a prática dos crimes. Basta pensar na Tagliaferri que, recebidas as 938 mil liras, nunca mais foi vista e passou para o número das sombras que a justiça humana não consegue atingir.

Mas isso não impede, nem diminui de um milésimo a força probatória de todas as circunstâncias certas, inequívocas — resultantes dos documentos e da prova testemunhal — que acabo de expor à vossa atenção, acerca da responsabilidade de Fed. e de Mar.

Apesar de ter sido grande a perfeição técnica desses crimes, apesar do trabalho dos réus ter sido ardiloso e hábil, apesar das condições especiais de Mar., em virtude da sua liberdade de ação no Banco de Nápoles, que lhe serviram de fácil instrumento para arquitetar, sobretudo, o crime da carta de crédito, apesar de tudo isso ter eriçado de dificuldades e de emboscadas, mais ou menos limitadas à complacência das testemunhas e aos documentos póstumos, a instrução e o julgamento, podemos afirmar, sem a menor hesitação, com a consciência tranqüila, que Fed. e Mar. são os responsáveis pelo grave prejuízo causado ao Banco de Nápoles e pelo dano causado aos seus colegas, vítimas inocentes das outras más ações.

Temos, Senhores Juízes, a serena convicção de que será também esta a vossa meditada sentença.

Disse.

O Tribunal condenou os dois acusados a 17 anos de reclusão.

O Tribunal de Apelação de Roma confirmou a condenação, reduzindo a pena a 12 anos e 7 meses.

Pela vítima do assassino

Tribunal criminal de Reggio Emilia

Senhores jurados:

Depois da ampla e acalorada discussão desta causa, ao tomar, finalmente, a palavra, como representante da família da vítima, Renato Fornaciari, poucas palavras tenho a dizer, mas essas práticas e claras, não para repetir a demonstração lógica e de fato que, com tanta mestria, aqui fizeram os meus colegas e o representante do M. P., mas antes e só para expor as razões da minha profunda e sincera convicção, ao pedir-vos a condenação de Cesare Ca., convicção devida, em primeiro lugar, ao estudo do processo e da opinião pública e, depois, confirmada por este julgamento.

Antes, porém, de entrar no exame da causa, peço licença ao Senhor Presidente para dar ao meu espírito a liberdade de exprimir os meus sentimentos de gratidão pessoal pelas palavras, tão delicadas e benévolas, que me quiseram dirigir os colegas e adversários, todos amigos muito queridos, e que também me dirigiu o representante da acusação pública. Mas, sobretudo, Senhor Presidente, permita-me que eu exprima aqui, nesta cidade, a minha sincera satisfação de cidadão, de italiano, de homem livre e moderno, pelo exemplo dado no decorrer dessa causa trepidante e, por vezes, espasmódica: exemplo do magistrado, de uma serenidade imparcial, exemplo dos senhores jurados, de uma diligência, de um escrúpulo, de um cuidado na investigação da verdade, que é para nós uma segura garantia, visto só pedirmos aos jurados a manifestação honesta da sua consciência livre.

E a minha satisfação ainda aumentou ao ver a beleza do gênio italiano na discussão oral dessa causa, em que os colegas e os adversários, no pleno gozo do seu poder intelectual, renovaram e renovarão de novo as esplêndidas iridiscências do seu pensamento jurídico e lógico, e em que os moços — moços em relação a nós, os velhos — deram provas e garantias de que ainda continua a fúlgida tradição do pensamento italiano, no severo e flamejante discurso penal, que vive das gloriosas tradições do passado, das palpitações do presente e da segurança de ter sempre mais altos e mais nobres destinos no futuro.

Uma notícia emocionante

Há dois anos que, nesta região laboriosa e tranqüila, a notícia do aparecimento do cadáver de uma pessoa simpaticamente conhecida em Reggio, lançou nesta colméia humana a emoção que sempre produz o homicídio, crime atávico, que recorda ainda aos homens quanto precisam elevar-se no caminho da civilização para se considerarem verdadeiramente civilizados, uma emoção que ainda vibra de desgosto perante a obra bárbara realizada pelo criminoso.

E a intensidade da emoção era ainda aumentada pelas circunstâncias do fato do cadáver ter sido encontrado em uma região longínqua, no meio dos bosques de navios do Cainago e pelo clarão lançado sobre a vida de um verme que vegetava nessa cidade; todas as circunstâncias deste crime excitaram a fantasia popular. Por isso me pareceu um contraste insuperável, depois de ter, no meu tranqüilo gabinete, meditado as páginas do processo e ao chegar aqui no início do julgamento, ler nos jornais, que são sempre o eco vibrante da consciência pública, mil suposições, fantasias e alusões aos mistérios dessa causa que, no meu espírito, estava delineada em traços precisos, positivos e luminosos.

Ao contrário, aqui, falava-se em mistério, em cúmplices, em gente que devia ter sido presa, que deveria estar na cadeia juntamente com aquele infeliz. Eu esperava, por isso, que, de um momento para o outro, surgisse de qualquer lado um raio de luz reveladora; e esperava, quando algum dos senhores cravava o bisturi da sua interrogação no espírito das testemunhas, que surgisse qualquer coisa nova: um só sintoma, um bater de pálpebras, que ao menos nos desse a base concreta e positiva, não a fantasia emocionada, para a descoberta de qualquer outra verdade que completasse aquela em que se baseia a acusação contra Cesare Ca. pelo homicídio voluntário de Renato Fornaciari.

A rede do mistério

Bem sei que, pela parte da defesa, esse pretenso mistério não será revelado, porque não é mistério; mas a defesa, contudo, insistirá em querer fazer-nos acreditar que existem outros mistérios e segredos criminosos. Isso é uma necessidade imprescindível da defesa, porque nas causas indiciárias a sua principal missão está em turvar a água, para os jurados não verem com nitidez o fundo, que têm de atingir e apreciar com a íntima convicção das suas consciências; porque se, no espírito dos jurados, se introduz a dúvida e a obscuridade, o jurado, que é cidadão e pai de família, que é um homem honesto, retrai-se, hesitante perante à condenação.

O vosso trabalho, senhores jurados, é sempre feito de coragem social e moral, porque condenar um ser humano não é coisa que faça parte da atividade comum da vida. Mas a vida humana tem duas forças a guiá-la: o prazer e o dever. E é o dever que nos leva a nós, representantes da parte acusadora, a vir aqui falar contra um desgraçado pai de família que espera o vosso julgamento, porque é a lei do dever que nos diz que o homicídio é um crime bárbaro, que não pode deixar na consciência pública a indiferença e o cinismo *do que lá vai*!

E o que sucede na vossa consciência sucede na nossa porque a vossa função é reafirmar essa consciência moral da sociedade civilizada, que pode e deve ser humana, mas deve, sobretudo, ser justa.

Nem tudo é claro e luminoso neste processo. Digo-a com a sinceridade que me é habitual. Mas no que se refere à responsabilidade de Cesare Ca. como autor do homicídio de Renato Fornaciari, tudo é claro, luminoso, indiscutível.

Talvez, além de Ca., haja outros que tenham responsabilidade de instigação serpentina ou auxílio indireto depois do crime, mas tudo isso não extingue nem diminui a responsabilidade de Ca.; porque se, em um processo indiciário, se dissesse que havia dúvidas de que tivesse sido outro — que não o acusado — o assassino, essa dúvida poderia fazer-vos hesitar.

Mas a obscuridade é a outro respeito. Diz-se: é provável que estivessem implicados no crime outros indivíduos além de Ca.; mas Ca. foi certamente o assassino.

Ca. cala-se. É a sua defesa. Examinarei daqui a pouco o interrogatório de Ca., mas os senhores também já o examinaram. Basta ser homem de bom senso para ver como ele se defende da acusação de homicídio. Devo dizer-lhes, com a minha experiência de homem e as minhas barbas brancas, que me dão direito a apelar, também, para a experiência de estudioso que, durante trinta anos da sua existência, viveu estudando a alma do criminoso, que ele é sempre um desgraçado, mas é um ser perigoso para a sociedade, para a moral pública, para a família e para a civilização humana. Sondei a alma dos criminosos; introduzi e procuro introduzir na justiça humana, o sentimento humano da clemência, mas também o sentimento da regeneração moral, também o sentimento da defesa do homem honrado contra o bandido; porque assim como o louco perigoso deve ser fechado no manicômio e não pode ser maltratado, assim também penso que a civilização de amanhã fará do criminoso um doente para curar, muitas vezes para redimir, e que pode voltar a ser irmão e cidadão honesto.

Cesare Ca. nada diz dos possíveis cúmplices. Não temos o direito de acusá-lo por isso: tudo se perdoa ao acusado que se defende, mas, do modo porque se defende, tira o juiz as suas conclusões, o seu julgamento.

Porque, em substância, como eu disse, essa causa é vulgar: um processo indiciário, como nove décimos dos processos que se julgam nos Tribunais.

Flagrante delito, confissão, "álibi"

Precisamente a esse respeito é necessário que eu esclareça algumas idéias que me parecem ter sido confundidas, tanto pelos oradores da defesa, quanto, também, pela opinião pública e pela imprensa.

Quando se diz que não há provas contra Cesare Ca., é preciso distinguir. É sabido que os processos penais são de duas espécies: aqueles em que a prova é direta e aqueles em que falta essa prova direta. Observemos, porém, que mesmo havendo prova direta, o processo é sempre, em parte, indiciário, porque sem os indícios que confirmem as provas diretas de culpabilidade ou inocência, não se pode condenar nem absolver! Para a culpabilidade, as provas diretas são duas: o flagrante delito e a confissão. Para a inocência, a prova direta é o álibi, que se dá quando o acusado demonstra que, no dia e hora em que foi cometido o crime que lhe é atribuído, estava em outro lugar, diverso e distante. Nem o flagrante delito, nem a confissão têm um valor absoluto para condenar, nem o álibi basta para absolver, se essas provas diretas não forem confirmadas pelos indícios secundários.

Nem mesmo a confissão do acusado é suficiente para condenar. Há um artigo, o 239º do nosso Código de Processo Penal, o qual diz que, no caso do acusado confessar o crime, o juiz deve fazê-lo explicar todas as circunstâncias em que o cometeu. Isto é: não basta que alguém diga, "fui eu quem matou". Além da prova direta é preciso que todas as circunstâncias, todos os indícios, concordem para integrar, esclarecer e comprovar a confissão. É isso que diz a lei, que é fruto de um progresso secular. Na Idade Média, a confissão bastava; por isso na Idade Média não se condenava sem confissão. Se um acusado confessava espontaneamente, era condenado sem mais delongas; mas se não confessava, arrancava-se-lhe a confissão por meio da tortura. Sistema absurdo e desumano; porque, quando um homem confessa para se livrar da dor que lhe causa a tortura, que valor pode ter essa confissão? Por isso a lei moderna diz que a confissão é uma das provas, mas que não basta, só por si, para condenar, porque um homem pode confessar-se autor de um crime e não o ser e pode confessar até por interesse pessoal, ou por um estado de doença mental.

Quem conhece os anais judiciários sabe que, sempre que há um crime célebre, as autoridades judiciárias costumam receber cartas de pessoas que se declaram autoras do crime que as autoridades estão a investigar. Isso dá-se, especialmente, nos países em que ainda existe o opróbrio da pena de morte. Aí, um doente mental que queira suicidar-se e não tenha forças para fazê-lo, denuncia-se como autor de um crime que importe a pena de morte. E a confissão pode, também, dar-se por uma questão de interesse moral: um irmão acusa-se como autor de um crime para salvar outro irmão, que é o amparo dos velhos pais. Sacrifica-se: é um criminoso altruísta. Um homem pode confessar por interesse ignóbil, especialmente nos casos em que estão em jogo, ao mesmo tempo, grandes interesses materiais e pequenas penas: um rico compra outro indivíduo para confessar ser o autor de um crime por ele cometido.

Portanto, todos os processos são indiciários; o próprio flagrante delito é insuficiente, porque quem é surpreendido no momento em que mata um homem, pode tê-lo feito em legítima defesa. São, por isso, necessários outros indícios. E a legítima defesa só pode provar-se por indícios, porque o indício é a prova; porque, como ontem dizia o colega advogado Ligabue, a rainha das provas é a lógica humana.

Também o álibi é insuficiente para absolver. Pode ter sido aquele que o álibi cobre quem deitou o veneno, afastando-se depois. E pode ser o mandante, que fez cometer um crime por outro. O álibi, portanto, não basta para provar a inocência, quando desacompanhado de outros indícios. Seria fácil exercer a justiça humana se os processos se pudessem julgar sem a intervenção dos indícios.

O caleidoscópio de prazer e de sofrimento mental, de obscuridade e de luz, que é a consciência de quem julga, em face do amontoado de milhares de circunstâncias úteis e inúteis, concludentes e inconcludentes, chega, por meio dos indícios, ao seu fim: a condenação ou a absolvição!

Por conseqüência, o processo de Ca. é também indiciário. Não existem provas. Quer dizer, não há flagrante delito: ninguém o surpreendeu quando esmagava Fornaciari. Não há confissão.

Exigem-se as provas. A defesa disse: "É a acusação que tem de provar". Mas garanto-lhes que quando um inocente é levado a julgamento, não espera que o M. P. apresente as provas: é ele quem expõe logo as razões da sua inocência. E Cesare Ca. não o fez.

Estamos em presença de um homicídio. Na Idade Média — e é essa a última digressão que faço pela história do homicídio — dizia-se que não se pode condenar por homicídio sem aparecer o cadáver do assassinado. E durante séculos grandes jurisconsultos discutiram a este respeito.

A lei moderna diz: só precisamos dos indícios. E mesmo tendo o cadáver de Renato Fornaciari, sem indícios não poderíamos condenar. Ao contrário, poderíamos ter a prova de que fora o acusado o assassino, quando os indícios o indicassem, independentemente do achado do cadáver, porquanto o juiz tem outros meios para averiguar a existência precedente da pessoa assassinada e o seu posterior desaparecimento, como precisamente determina um outro artigo do nosso Código de Processo.

Isso equivale a dizer que a nossa lei diz: não só que os indícios são necessários para controlar e apoiar a prova direta, mas também que os indícios podem bastar, só por si, para condenar, e podem bastar para condenar ou absolver até no caso clássico em que se trate de um indivíduo acusado de homicídio, não se tendo encontrado o cadáver da vítima. O nosso grande Ferrari, no drama *O Suicídio* tratou esplendidamente esse caso.

Depois do famoso "resumindo", o protagonista desse drama lança-se da janela para o mar: todos o julgam morto, a família chora-o; ele desaparecera, mas não tinha morrido. E dez anos depois volta, fazendo-o, então, o autor pronunciar a reflexão filosófica de que, não obstante o seu suicídio se ter ou não dado, o mundo continuava a sua marcha. É a filosofia popular do "quem morre esquece e a vida continua", porque o mundo não consente que a onda da vida se detenha no momento fugidio da desventura ou da alegria.

Há também casos de condenação por homicídio em que, mais tarde, veio a encontrar-se vivo o suposto morto. A lei admite, nesses casos, a revisão, mesmo havendo sentença definitiva.

Os processos indiciários

Ora, quando os defensores do acusado dizem que nos processos indiciários é preciso caminhar com pés de chumbo, estamos perfeitamente de acordo. Mas quando temos todos aqueles dados que, mesmo sem a prova direta, nos levam, necessariamente, a concluir que o acusado é, indubitavelmente, o autor do crime, a convicção formada pelo juiz tira todas as dúvidas do seu espírito. Se eu estivesse no vosso lugar, pensaria muito antes de condenar. Condenando sem provas, cometer-se-ia uma falta grave contra a família e a sociedade. Mas o mesmo seria se, sem provas, se absolvesse.

Erros judiciários! Estamos perto de Parma, onde ainda vive na memória de todos o processo Porcelli. Processos indiciários; erros judiciários. Nove décimas partes dos processos são indiciários, e compreende-se que possa dar-se o erro. Mas quando estamos em presença do erro judiciário? Quando a obscuridade incide sobre a circunstância principal e não sobre as circunstâncias acessórias. Por exemplo, no nosso caso, discute-se se, no momento do crime, estava ou não Spa., se Str. sugestionou ou não Spa. Mas no caso Porcelli era o ponto de partida que estava errado porque a grande segurança da consciência dos julgadores, nos processos indiciários, é esta: estar provado cada um dos indícios, isto é, que o indício não seja uma suposição mas uma circunstância provada, indubitável, e pondo em relação esse indício com outras circunstâncias e outros indícios igualmente provados, obtém-se a prova segura, quando o conjunto desses indícios não admite outra explicação diversa da que leva a concluir pela culpa ou pela inocência.

Porcelli foi condenado porque um rapaz foi encontrado morto com três ferimentos no ventre. Logo que o rapaz foi ferido, ouviu-se uma voz dizer: "Quem disparou a espingarda é que matou este rapaz!". Porcelli foi preso porque, de fato, disparara a arma. Os peritos concluíram que as feridas haviam sido produzidas por arma de fogo e ninguém podia supor que as feridas de um forcado de agricultura pudessem ser confundidas pelos técnicos com ferimentos de projéteis de espingarda. Só havia ferimentos no abdômen. Os peritos deviam ter procurado os três projéteis, visto não haver orifícios de saída. Mas não os procuraram. Em conseqüência, Porcelli foi condenado. E depois descobriu-se a verdade. Mas se, com receio do erro judiciário, o juiz tivesse de abster-se, mesmo quando a cadeia dos indícios leva, logicamente, a uma conclusão, a justiça penal poderia fechar as portas, porque nove vezes em cada dez trata-se de processos indiciários. Os indícios precisam de ser provados um por um.

Indícios não provados

A defesa disse, para demonstrar que não foi Ca. o assassino de Fornaciari: "Deve ter sido morto por outra pessoa, porque Renato Fornaciari tinha muitos inimigos". Mas para que esse indício fosse admitido, era preciso provar que Renato tinha inimigos. Mas não se fez isso. Nem sequer se provou que Cesare Ca. fosse um desses inimigos, como se pretendia fazer acreditar.

O guarda fiscal Giampietri viu, na noite de 9 para 10, sair da cidade um carro com duas pessoas, uma das quais o cumprimentou e ele julga que era Renato Fornaciari: indício que seria importante se essa circunstância estivesse provada. O magistrado que tão admiravelmente dirigiu este julgamento, ordenou a acareação de Grasselli com Giampietri, o Giampietri não afirmou com segurança, mas disse que, depois de ter sabido do crime, se recordou de ter visto, na noite de 9 para 10, um carro com duas pessoas, uma das quais "*me pareceu* ser Renato Fornaciari". Mas o guarda Grasselli disse: "Disse-me isso depois do crime; mas não afirmou que tivesse sido na noite de 9 para 10; disse-me só que foi quando fizemos serviço juntos".

Ora, os registros consultados dizem que Giampietri esteve também de serviço na noite de 9 para 10, mas com o guarda Lusoli; e esteve de serviço com Grasselli na noite de 10 para 11. Temos, assim, uma prova direta, certa, indubitável, de que Giampetri se enganou, que, se viu o carro, se foi cumprimentado por um dos seus ocupantes, só pode ter sido na noite de 10 para 11, porque só nessa noite esteve de serviço com Grasselli, ao qual se refere aquela circunstância.

Vieram, em seguida, os guardas Bagnacani e Olmi que nos forneceram os indícios de que devem, certamente, estar lembrados. Dirão, também, que um desses indícios não está provado.

Mas é preciso pesar esses indícios, quando se julguem provados. E para o fazer não é necessária uma ciência misteriosa, mas apenas bom senso, e por isso, com a experiência que têm da vida, podem julgar se um indício provado é ou não concludente, para condenar ou absolver.

O advogado Bonini, para sustentar que Renato não foi na noite de 9 a casa de Ca., afirmou que Renato trazia sempre consigo a caneta de tinta permanente. Ca. foi pedir a tinta a casa de Almansi, portanto Fornaciari não estava em sua casa, porque se lá estivesse não seria necessária a pena de Almansi. Ora, é evidente que esse indício não é concludente, porque pode haver outras explicações possíveis. Antes de mais, Renato Fornaciari trazia sempre consigo a pena de tinta permanente?

Disse-o Ca. Mas observemos que Ca. muitas vezes me parece ter tido uma astúcia superior à dos seus defensores. Não me refiro a Berenini (hilariedade). Naquela noite, Renato Fornaciari podia não levar consigo a pena de tinta permanente. Mas não se encontrou, depois, em poder de Ca. um bilhete escrito por Fornaciari, mas à lápis de cópia? E assim, o argumento de Bonini fica reduzido a nada! (*Aplausos*).

Agradeceria ao público que me deixasse cumprir tranqüilamente o meu penoso dever de demonstrar as razões que me levam a pedir a condenação de um ser humano.

Mas há mais: Renato Fornaciari podia ter a caneta consigo e não ter tinta. Vejam, portanto, como esse indício da caneta, prestando-se a diversas explicações e conclusões, não tem a menor força probatória, em um ou em outro sentido. É preciso encontrar alguma coisa mais sólida que possa pesar na balança das impressões probatórias.

Quem é o acusado?

Na balança dos prós e dos contras só podem pôr-se indícios provados e seguros. E por isso eu creio poder provar, serenamente, tranqüilamente, que o homicida (sem intenção de matar) foi Cesare Ca., e que deve ter tido o cadáver três dias em sua casa.

Cesare Ca. estava à beira do abismo. Pensemos o que teria feito qualquer de nós, no lugar de Cesare Ca., na noite de 12 de agosto e na manhã de 13: na noite de 12 quando, ao chegar a casa, encontrou o telegrama do pai de Renato Fornaciari em que, aflitivamente, lhe pedia notícias do filho, que o pai sabia ter estado com Ca. na noite em que não voltou para casa. Temos um amigo com quem estivemos uma noite antes. Vamos para casa e encontramos um telegrama do pai desse amigo: *diga-me onde deixou o meu filho*. Nada! Ca. disse que mandou o filho ao telégrafo, mas que não pôde telegrafar por já passar das sete horas. Mas qualquer de nós teria tido o pressentimento do fim do nosso amigo e teria dito: "vou ver o que há". Reggio não fica tão longe de Poviglio como Turim de Nápoles; ou teria dito: "vou lá mandar o Cantoni". Mas não mandou ninguém. Nada! Espera pelo dia seguinte, vai a Parma em 13, e espera quase uma hora antes de telegrafar a Giuseppe Fornaciari. E o que telegrafa? Algumas palavras insignificantes! Qual de nós teria telegrafado naqueles termos? Ele telegrafou assim: "Separei-me do Sr. Renato em Reggio no próprio dia em que aí estive!". Um homem honesto teria acrescentado uma palavra de esperança ou de sentimento. Naquelas circunstâncias não se contam as dez palavras a um soldo para responder a um velho que pede notícias do filho. Para ver isso, não é preciso ser professor da universidade ou magistrado; é uma coisa evidente. Ca., que é um homem inteligente e audacioso, como tivemos ocasião de verificar neste julgamento, explicou que o telegrama do pai de Renato não o impressionou, porque sabia que Renato devia ter ido para Turim. Nesse caso, porque não comunicou isso ao pai que, ansiosamente, lhe pedia notícias do filho? Nada fez! E por quê? Para não se comprometer.

O inocente não mente, nem se confina em uma reserva cautelosa, porque a defesa do inocente é simples e única, diz sempre a verdade. Antes, durante e depois do julgamento: porque o inocente não conhece outra maneira de se defender.

Para mentir, diz o provérbio popular, é preciso ter boa memória e é por isso que o mentiroso, mesmo que fosse um homem de gênio, não poderia deixar de cair em contradições. O inocente pode calar-se a respeito de qualquer coisa: sacrifica-se, cala-se, mas não mente.

O seu comportamento antes do processo

Quando teve Ca., pela primeira vez, notícia de que havia sido encontrado o cadáver de Renato? Três ou quatro testemunhas a isso se referiram. Primeiro Magnanini, depois Montani e, por fim, Pellicelli. Que impressão causou essa notícia em Ca., no que respeita ao pobre morto? "Eu disse-lhe que tinha sido encontrado o cadáver de Fornaciari e Casalotti não se moveu da cadeira e continuou a comer e a beber". Assim depôs Magnanini.

Nenhum de nós sentiria assim a morte de um amigo. Então como? Ou se trata de um imbecil, e não é o caso, ou Ca. não tem um coração humano; ou então, sabia de tudo e para ele a notícia não era um relâmpago em um céu sereno, pois estava preparado para recebê-la. Teria chegado o momento em que devia ter sentido que o cadáver fora descoberto. Diz Dante, tão oportunamente citado pelo M. P., porque foi um grande gênio que conhecia a vida: "A flecha esperada chega mais lentamente". Todos sabem que, naquela manhã, se dizia não só que se tinha descoberto o cadáver; dizia-se também, pelas praças de Parma, que se suspeitava de Ca., e ele manteve, no entanto, essa aparente indiferença, que era, evidentemente, imposta pela necessidade de defesa: continuou a mantê-la forçadamente, para não se trair. Fazer declarações seria um perigo. É melhor dizer que nada se sabe. Magnanini dá-lhe a notícia e ele continua a comer.

Chega Montani e diz-lhe: "Suspeita-se também de si"; e Ca. finge que é a primeira vez que houve falar em tal coisa, apesar de já ter ouvido a notícia da boca de Magnanini. E com Pellicelli diz: "Essa agora! É a primeira vez que ouço falar em tal!"

Essas mentiras não são de um inocente, não são de quem nada sabe. O que teriam feito os senhores jurados, ao receber a notícia da morte de um amigo, de um homem honrado, de boa família? E todos sabem que Ca. recebeu um telegrama de Giuseppe Fornaciari. Porque ocultou esse telegrama? Não é preciso ser professor de uma universidade: basta a experiência da vida para distinguir o procedimento do inocente do procedimento do culpado.

O seu comportamento na audiência

E vejam como Ca. se comporta na audiência. É esta a mais persuasiva das páginas do processo, porque todos a viram. Estudaram-na nas palavras dele, nos seus gestos, procurando um raio de luz para guiar a vossa consciência.

Vou dizer-vos a minha impressão e se virem que ela corresponde à vossa, é porque estamos na verdade. Ca. teve, nesta audiência, o procedimento de um esgrimista: parada, defesa, a fundo, em guarda! Habilíssimo por vezes, mas outras vezes escorregando no tapete e recebendo o golpe mortal do desmentido.

O inocente nunca é apanhado em mentira. Só as testemunhas falsas desmentem o inocente, que tem, então, outros meios para fazer triunfar a verdade.

Ca. diz que afirma a verdade, que é um homem honrado, mas quase nunca quem é honrado o diz dessa maneira. Quando encontro alguém que me diz "eu sou um homem honrado", retraio-me, porque a honestidade não precisa ser assim proclamada, a honestidade revela-se nas ações, nos pensamentos, na vida e é preciso acautelar-se a gente de quem expõe ao vento o diploma verbal da sua honestidade.

Devem lembrar-se do interrogatório de Ca.: havia, para ele, duas ordens de circunstâncias. Para algumas, calava-se ou iludia a pergunta, dizendo: explicarei isso depois. Deve ter dito seis ou sete vezes: explicarei depois. Mas esse depois nunca chegou.

Havia outras circunstâncias a respeito das quais principiava a falar e não acabava mais.

Ora, as primeiras circunstâncias eram comprometedoras para o fato do homicídio, as outras — a respeito das quais deixava de gaguejar — eram circunstâncias inúteis, que não podiam comprometê-lo.

São os pontos importantes que ele evita cautelosamente, não dando explicações: cala-se ou não se recorda; tanto assim que, no primeiro dia, os seus advogados tiveram de lhe chamar a atenção: "Cinja-se aos fatos da causa", porque ele queria divagar.

Só o criminoso nato se gaba do crime que cometeu. Mas o homem que foi arrastado para o crime em um momento de vertigem, há pontos em que combate pela sua vida e pela sua liberdade.

Vejam Cantoni! Seria uma maravilha, se fosse possível pô-lo em um museu de psicologia humana. Cantoni arrisca-se a ir parar à cadeia por ter auxiliado o patrão no transporte do cadáver. Sabe que o caso não é para grandes apreensões. Não é loquaz, mas responde, no entanto, com simplicidade: "Estive ali, fiz isso, vim, voltei". Não é apanhado em erro, a não ser em uma circunstância. É essa a esgrima de um homem que, ao ser interrogado, se sente inocente, porque o inocente nunca se retrai. É bem diferente o procedimento do mentiroso; nunca descansa, está sempre em guarda, responde cautelosamente, ou entrincheira-se atrás do "não me recordo". Ca. tem esse procedimento. Disse-se que é o seu procedimento habitual. Será, mas, evidentemente, é um procedimento forçado, porque no terrível drama da noite de 9 de agosto ele viu-se em presença de um cadáver que precisava fazer desaparecer. E o que devia fazer? Confessar ou preparar-se para aquilo que deveria ter dito, aquilo que deveria ter feito e, antes de mais nada, preparar-se para se justificar mais tarde. Era assim que devia ter procedido. Se não, cautela! As suspeitas arrastam e esmagam como a avalanche.

A perturbação depois do crime

Ca. é um delinqüente ocasional, um delinqüente que não premeditou o crime, e não um degenerado, com o espírito perturbado pela idéia do crime; é um homem que passou com um amigo a noite de 9, como diremos em breve, e que teve a infelicidade de se encontrar na situação de cometer um crime, dando um soco. Mas antes disso era um homem honesto. Precisamente porque não é um criminoso nato, Ca. tem momentos de abandono, durante os quais a ansiedade da sua alma vibra e transpira. Na noite em que transportou o cadáver, foi ter com os amigos e disse: "Não me sinto bem, doe-me o estômago!". Pode também tratar-se de uma inocente coincidência; mas é estranho que esse homem sinta, precisamente nessa noite e nesse momento, uma dor que nem a ciência de Augusto Murri pode diagnosticar, como a hemicrania das meninas.

Quando, na mesma noite de 10, vê que a loja de Cadoppi está para fechar, vai comprar o pano, e duas testemunhas insuspeitas dizem ter notado que caminhava como um ébrio, parecendo procurar um médico. Plutarco dizia que por um ato de um homem se pode reconstituir toda a sua vida. Aqui temos o indício: esse homem cambaleava por andar a comprar os sacos para meter o cadáver do amigo. Nessa noite, ele fornece-nos a prova viva, palpitante, espasmódica, do seu crime: procura fazer desaparecer um cadáver, sabe que a notícia deve surgir de um momento para o outro. Na manhã do dia 13 vai a Parma. Gazza viaja com ele durante parte do trajeto: acha-o nervoso, encostando a cabeça sobre a mão, de encontro à carruagem. Eu não pretendo diminuir a viva descrição desses momentos, que nos fez o colega Borciani. É todo o abismo da felicidade perdida, da família na desgraça, que o acompanha nessa viagem, porque leva consigo, inexorável, a túnica de Nessus: o telegrama do velho e lacrimoso garibaldino.

Depois, ao ser interrogado, tem o cuidado de dizer que foi cumprimentar o comandante dos carabineiros. Esplêndido! Parece-me um pouco forçado esse cumprimento ao comandante. Quem finge, exagera! E no julgamento, Ca. marca o seu procedimento de esgrimista com uma declaração que registrei nos meus apontamentos. Em uma declaração de esgrimista culpado que se defende, Ca. disse: “Se sou eu o assassino por ter sido o último a andar com o Renato, provem-mo”. Oh, não! Aquele “provem-mo” não é o arranco, o grito da inocência. É um desafio. O inocente grita, chora, protesta: mas não desafia a provar. Pelo contrário, o culpado, quando julga que ninguém o viu cometer o crime, desafia a provarem a sua culpabilidade. Pensando que só é possível condenar à vista de provas diretas e flagrantes, Ca. sente-se seguro e desafia: *Provem*!

Um dia, em Roma, um colega convidou-me a ir à cadeia para assumir, com ele, a defesa de um rapaz que tinha dado um tiro na noiva ao sair da igreja, dizia ele, por questões de amor contrariado. Portanto, um delinqüente passional!

São casos interessantes: nós, os advogados, somos um pouco como os médicos. Antes de aceitar, fui à cadeia ver o acusado, e fui porque é preciso estar convencido para se ser eloqüente a defender. Uma das razões da eloqüência deste julgamento foi a convicção, tanto nos colegas da acusação quanto nos defensores, de que cada um sustentava, pelo seu lado, a verdade em que acreditava.

Ontem, quando falou, o advogado de defesa Cocconi, permita-me que lho diga paternalmente, não afrontou as dificuldades da causa; mas no entanto, especialmente na primeira parte, que foi uma magnífica página de eloqüência italiana, mostrou bem a sua convicção na inocência de Ca. E é assim que procede o advogado, pois que as nossas palavras não são uma mercadoria que se venda ao cliente, de um lado ou do outro.

Voltando ao meu caso, fui à cadeia e interroguei o jovem homicida que queria ser defendido por mim. Contou-me ele, com abundância de palavras mas com aspecto de um homem nada comovido nem arrependido, as suas desavenças com a namorada e preocupou-se mais consigo do que com a pobre morta, ao contrário do que faz o verdadeiro delinqüente passional. Isso começou a fixar o meu diagnóstico psicológico, que se converteu em definitivo, quando, no fim, ao retirar-me, ele me disse: "Diga-me, senhor advogado, no caso de condenação, quantos anos de cadeia apanharei?". Era o bastante para mim e não aceitei a defesa porque não se tratava de um crime passional. Era um pequeno indício psicológico, mas para mim bastava. Fez-se o julgamento e verificou-se que era um intrujão, que se fingia vítima de uma paixão nobre, que arrasta a criatura humana ao calvário do crime.

Aquele "provem-mo" de Ca. tem, na minha consciência, um peso que não se pode compensar.

Pode condenar-se um homem à face do que eu disse até aqui? Nunca! Seria uma crueldade judiciária. Mas até agora eu só indiquei os critérios a seguir no exame dos indícios; apresentei-lhes critérios que servem para tranqüilizar a vossa consciência, para, quando voltarem para casa, depois da sentença, poderem dizer aos seus filhos: "Fizemos um trabalho desagradável e doloroso, mas foi uma obra de justiça".

Indícios provados e decisivos

Vejamos agora uma segunda série de razões em que encontro os argumentos para condenar: são as conclusões necessárias e inevitáveis do que no processo se averiguou. Ouviram-se neste processo 270 testemunhas, que a ele trouxeram uma infinidade de circunstâncias que nada têm com o crime, nem com a responsabilidade de Ca.: em parte devido às hesitações da instrução e em parte por efeito da fantasia pública acerca dos obscuros bastidores desse episódio.

Mas se a defesa tem interesse em pôr em destaque a embrulhada rede das circunstâncias inúteis e dos possíveis equívocos para que os jurados não possam ver, claro, nós, pelo contrário, temos o maior interesse em dizer: "senhores jurados, agarrem-se à âncora dos fatos certos. Se os fatos certos conduzem inevitavelmente à condenação, condenem: se conduzem logicamente à absolvição, absolvam!".

Há fatos certos nessa causa e eu vou expô-los encadeadamente. Anel por anel, isoladamente, não basta para condenar Ca.; mas todos os anéis juntos, só permitem uma conclusão: Ca. foi o autor do homicídio preterintencional de Renato Fornaciari!

São nove esses fatos certos.

Primeiro indício

Primeiro fato certo: a queda financeira de Ca. de 1909 para 1910. A queda tornou-se em avalanche que tudo arrasta e só lhe restava o recurso de dar um tiro na cabeça ou ir para a América. Ca. gastou todo o seu patrimônio. Como bom pai de família, beija os filhos todas as noites, antes de ir para a cama, mas um pai de família que gasta em pouco tempo 250.000 liras não tem o direito de ser assim chamado.

É um erro dar muito dinheiro aos filhos; eu nunca tive a obsessão de vir a ser milionário, como aqui dizia uma testemunha. Para mim, a lei do dever está à par com a do prazer. A vida não deve ser um calvário de dores e de resignações. A vida é bela, deve ser gozada por todos os homens. Mas o prazer deve vir depois do dever porque o prazer sem o dever é orgia e é crime. Pelo contrário, o prazer, depois do dever, é o ar oxigenado do repouso, é o sorriso do sol, é o beijo da família, que dá a satisfação inigualável do dever cumprido.

Ca. é mais pelo prazer do que pelo dever. A sua queda financeira era de tal ordem que tinha de partir para a América: outros teriam resolvido a situação pelo suicídio. A diferença entre quem vai para a América nessas condições e quem se suicida, é esta: quem se suicida rouba um homem à pátria. Quem vai para a América tira um homem à pátria e leva para outro país uma energia de vida, que encontra em si a força para viver, e talvez, com a mudança de ambiente, de se reabilitar. Pelo contrário, o suicida é um desertor da luta pela vida e, na maioria dos casos, um doente mental.

Em vez da América, Ca. recorre às bebidas! Quando, na primeira semana, li o processo, encontrei, constantemente, referências a cerveja, a vinho e a café. Mas, pensei, este homem bebe sempre? E devem ter isso bem presente, senhores jurados, porque o abuso cotidiano do líquido alcoólico corrói as raízes do sistema nervoso, torna o homem irritável, mesmo sem chegar à embriaguez. E isso é tão verdadeiro que quem tem desgostos procura, por vezes brutalmente, afogá-los em vinho, porque no aturdimento, na vertigem que ele produz, esquecem-se as dores e até... as letras de câmbio.

Recordo, a propósito, um episódio eloqüente deste processo. Ca. tem um tio modesto, uma daquelas inúmeras pessoas normais, equilibradas, que conseguem constituir e manter a sua fortuna.

Esse tio, em dado momento, passa procuração ao sobrinho Cesare Ca., mas no mesmo momento, notem bem, o mesmo tio revoga o mandato e confessa-se devedor de 120.000 francos, tendo um patrimônio de 170.000, e por testamento institui-o seu herdeiro universal.

Esse fato tem três aspectos diferentes, que indicam uma desavença entre tio e sobrinho — e deixo-a imaginar pelos senhores, com a experiência que têm da vida; mas confirma, no entanto, que Ca. estava à beira do precipício financeiro.

Quando estamos no alto da montanha, sentimos vertigens ao abeirarmo-nos do precipício: dá-se o mesmo fenômeno quando é o desastre financeiro que tira todas as esperanças ao nosso trabalho e nos produz a vertigem moral. O homem perde a bússola e ruma para o crime, se não tiver um senso moral solidíssimo. Começará por dirigir-se às casas de penhores e, descendo o plano inclinado, chegará à assinatura falsa e até a mais do que isso.

Há, porém, homens, que tendo um senso moral são e forte, resistem à infelicidade e se reabilitam; aconselham-se com a companheira da sua vida, com os amigos, recomeçam e insistem em uma existência de trabalho e de honestidade.

Renato Fornaciari assim fez! Começou com um trabalho modesto, mas acabou por obter grandes lucros porque era inteligente, ativo e honesto.

O pai, no momento fugidio da volúpia e do amor, deu-lhe a vida material; ele pagava-lhe essa vida, rodeando-o de comodidades nos últimos anos da existência. Era assim Renato Fornaciari.

Ca., pelo contrário, estava em plena vertigem da queda financeira.

O colega Ligabue já lhes expôs a terrível lista das suas obrigações cambiárias não cumpridas.

Quando os defensores não falam de certo argumento, é porque esse argumento não lhes agrada.

Ainda ontem o advogado Cocconi saltou um complemento em claro e fez meio salto mortal quanto a outro. O meio salto foi a respeito da Marcellina Vecchi: o salto completo foi o das letras. Mas vamos por ordem.

As vertigens morais levam-nos a recorrer à usura, por exemplo, como o jovem advogado S. Podem esperar de mim todas as palavras, menos uma palavra de estima e de admiração pelo advogado S. Isso é certo, mas para Ca. não se pode invocar a sugestão. Ca. não é um menor como S., o qual, se não é menor pelos anos, o é pela dignidade da consciência.

Quando aqui compareceu o advogado S. eu tive de morder a língua, para não expor os bastidores daquela vida desgraçada; e se ainda nele alguma coisa resta de honestidade, lembro-lhe que Cristóvão Colombo não descobriu em vão a América! Mas daqui até dizer que Ca. não é culpado, nem mesmo em relação a S., há uma grande diferença.

As dificuldades financeiras de Ca. estão provadas? Parece-me que sim! Dificuldades financeiras, vertigem moral de um homem que está a afogar-se e que a tudo se agarra, mesmo pensando na morte, mesmo preparando um crime. Tudo isso por ter dissipado o patrimônio paterno, só lhe restando as aspirações ao patrimônio do tio.

Segundo fato certo

O temperamento de Ca. Ca. foi aqui descrito pelas testemunhas de defesa. O Engenheiro Ferrari, da defesa, disse: "Tinham-me falado nele como um grande manhoso, mas, ao contrário, pareceu-me ser um homem como os outros". Tinha, portanto, fama de manhoso. O notário Baldi descreveu-o como amigo de bater, prepotente e irascível e com a qualidade simpática dos irascíveis e violentos que dão um soco e oferecem meio litro de vinho à mesma pessoa. É o homem violento que bate mas não conserva rancor.

É violento? Mas basta o episódio do oficial de diligências Cavalea para o provar. Aquele pobre homem de 84 anos, que vive do cumprimento de uma das funções mais modestas, contra quem Ca. praticou os atos brutais que todos conhecem. E por quê? Ca. fez tudo isso por causa do contrato simulado de compra da propriedade Della Salda, no qual comprometia a mulher e a família e do qual derivava a possibilidade de um processo de falência fraudulenta. Julgai-o!

Se amanhã os senhores tiverem conhecimento de que um amigo vosso comprometeu a mulher em uma compra simulada daquele gênero e pratica uma violência como a que conhecem, vão ter com ele, apesar disso, e apertam-lhe a mão? Começarão, certamente, a afastar-se!

Acareação com Menozzi: Não insistirei no significado do seu depoimento, mas a acareação de Menozzi com Ca., perante o juiz de instrução, tem uma alta significação. Pretendo demonstrar com ela, não que Ca. tinha ou não razão, mas que Ca. é um violento. Menozzi falou com franqueza e Ca., mostrando-se agitadíssimo, injuriou e ameaçou a testemunha, dizendo, até, que lhe queria comer o nariz.

Os episódios com Manfredi e Grisenti são também episódios de violência, de prepotência e de impulsividade.

E a mãe? Também neste ponto Ca. procurou justificar-se: "A minha mãe era muito histérica!". Transforma-se em acusador da mãe! A mulher a quem estamos ligados pelos vínculos indissolúveis do sangue e em relação à qual não podemos, nem devemos, deixar de ter piedade. É uma doente. Mas ainda que fosse horrível de ver, para o filho a mãe é sempre bela, porque o filho deve pensar que foi ela quem o deu à luz. "A minha mãe era uma histérica". Mas isso demonstra a pouca piedade da sua alma e a insensibilidade do seu coração.

Tanto assim, que a mãe teve de intentar contra Ca. uma ação de pedido de alimentos. Diga-se, depois disso, que Cesare Ca. era o melhor dos filhos.

Um desgraçado, da escória de Paris, vivia na orgia, no vício, maltratando a mãe quando esta não podia dar-lhe dinheiro. Um dia, a mãe teve que lho negar. Talvez por não o ter. O filho, até custa dizê-lo, puxou da navalha e feriu mortalmente a mãe: é o crime mais horrível que um homem pode cometer. Mas, ao vibrar o golpe, feriu-se com a arma. Pois a mãe, agonizante, ao exalar o último suspiro, voltou-se ainda para o filho, dizendo: "Magoaste-te, meu filho?"

É assim o coração da mãe, que perdoa mesmo a quem a mata. Por isso a mãe de Ca. lhe perdoou, apesar da ação que lhe moveu. Mas aquele processo pedindo alimentos quero dizer que a mãe se viu obrigada a utilizar as vias legais para o filho a não deixar morrer à fome!

Apesar disso, abstenho-me de dizer que Ca. é um criminoso nato. É um criminoso produzido por uma vida desordenada, e não preparou o crime, não matou Renato Fornaciari com premeditação.

Mas é um homem que pode ter dado uma pancada, vibrada sem intenção de matar, mas que fez logo desmaiar e depois morrer o outro.

Ca. foi, indubitavelmente, generoso para com os camponeses. Não o nego; mas isso provinha do fato dele ser um pródigo, que negava 5 liras ao filho e dava 100 ao companheiro com quem jogava no café. Bom pai, que levou a família à ruína.

Por conseqüência, por um lado, a personalidade de Ca., com a queda financeira, perdeu o freio da correção e da honestidade e chegou à usura, à falsificação, à simulação de contratos e, por outro lado, em virtude da sua constituição congênita, talvez agravada pelo álcool, é um homem violento e impulsivo que chega, facilmente, à opressão e ao ato brutal.

Terceiro fato certo

Concordo que cada um desses fatos não basta, só por si, para condenar Ca.: mas quando chegarmos ao último dos nove, dirão se pode duvidar-se de que foi ele quem matou Fornaciari. O terceiro fato certo é o rascunho do contrato de venda do aeroplano, escrito com a letra de Fornaciari e encontrado em poder de Ca. Fato indiscutível.

O que diz esse rascunho, feito à lápis de cópia, sem pena de tinta permanente? "Eu, abaixo assinado, declaro comprar ao Sr. Renato Fornaciari um aeroplano, etc. etc., com motor, etc., o qual me obrigo a pagar com tantas letras aceites por mim e pelo senhor Ca."

Já devem saber quem é o anônimo comprador! Eu julgo que a testemunha advogado S. deve ter calado muitas coisas que sabia, e se S. tivesse, ao menos, em um momento de redenção moral, escutado o seu dever de cidadão, teria podido dizer muitas coisas e teria poupado muito trabalho ao M. P. e até à parte acusadora.

O que diz o rascunho? Diz que, pelo menos, Ca. deu a entender a Fornaciari que S. estava disposto, a "comprar o aeroplano". Portanto, o aeroplano tem aqui cabimento. De qualquer forma, é inegável que Fornaciari fez um rascunho de um contrato de venda do seu aparelho, que fora para ele uma especulação errada, não sei se por culpa de Santos Dumont ou por fraqueza dos nervos de quem o devia ter pilotado.

Quarto fato certo

Quarto fato indubitável: o vencimento da letra, sacada por Fornaciari, em 31 de julho.

Ontem, parecia que o advogado Cocconi devia partir, qual Bucefalo, em grande corrida contra esse argumento, mas quando chegou à rua Berta, voltou para trás e não se tornou a ver o vencimento da letra. Esse vencimento era em 31 de julho. Se tivesse sido em 15 de agosto, como e por que razão Ca., que não tinha vintém, iria dar 2.500 francos, como pagamento adiantado, a Renato Fornaciari, se não tinha a quantia que, para mais, S. lhe exigia para essa noite? São coisas que se podem dar a entender a um filósofo, não a pessoas que vivem no mundo moderno, no meio dos vencimentos, do comércio e da indústria.

E, finalmente, existe um cartão de Renato Fornaciari, datado de 11 de julho de 1910, em que o previne de que a letra se vence em 31 de julho: "Se quiser pagar-me alguma coisa por conta ou antecipar o pagamento, estou disposto a receber".

Quinto fato certo

Quinto fato certo, que resistiu a todos os assaltos da defesa, a qual sentia que é ele um dos eixos da causa: a estada de Renato Fornaciari em casa de Ca.

A testemunha M., que estava com eles, disse Ca., quando Fornaciari se retirou, que precisava de falar com Renato e acompanhou-o. "Por que andou na praça Gioberti, no carro de Melloni?" — perguntou-lhe o advogado Ligabue. — "Andamos na praça de Armas a tomar um pouco de fresco." — "Da praça Gioberti foram para o Hotel Lobbia, para a estação: por quê?"

Foram para esses lados, porque ficava perto a casa de Ca., e não por outro motivo. E seguem pelas ruas transversais. O cocheiro recebera essa ordem. De quem recebeu essa ordem? De Ca. não, segundo este diz, mas de Fornaciari. Quando aqui se perguntou a Ca.: "Costumava seguir pelas ruas menos freqüentadas?" — "Não!" — "Então quem deu a ordem, o senhor ou Fornaciari?" — "Eu não!"

E o cocheiro Melloni, o homem honrado e simpático que faz *reclame* ao seu cavalo, disse aqui, neste julgamento: "A ordem foi-me dada por Ca.". Ca., pelo contrário, nega! O inocente não nega.

Vêm depois os depoimentos de Fenetti e das duas raparigas e enquanto essas testemunhas falavam, reparei que Cantoni mordia os lábios, com as pernas a tremer; e pensei com os meus botões: esse homem tem uns centros inibitórios de péssima qualidade. Fenetti veio aqui como homem honesto e disse coisas verdadeiras: "Estava a tomar o fresco, vi o carro de Melloni e ouvi bater às onze da noite".

E as raparigas? Foram claríssimas e precisas no que disseram. A defesa tem o direito de discutir esses depoimentos, mas dentro dos limites impostos pelo respeito devido a qualquer ser humano. Ca. é um desgraçado que cometeu um crime, tem de expiá-lo, mas as duas raparigas a tudo resistiram (reparem bem: o cérebro de Agostino Berenini, como advogado, é finíssimo e ele é um esgrimista de primeira ordem), mas as raparigas resistiram a tudo e disseram a verdade.

Marcelina Vecchi é uma parteira bem conhecida em Reggio, respeitável e respeitada por toda a gente, e veio aqui dizer que três ou quatro dias depois do homicídio as raparigas lhe falaram no seu encontro com Renato Fornaciari. Aqui era preciso saltar: e o advogado Cocconi deu, então, o outro salto mortal, depois do que havia dado em relação às letras.

Não sei se Berenini, no seu discurso, quereria aludir à pasta de Tróia. Os jurados julgarão o procedimento do notário Tróia, aqui trazido pela parte contrária: eu abandono-lho, atraído pelas manchas do pavimento.

A casa de Ca. é uma casa desabitada; o quarto nº 10 costumava estar fechado, assim como o salão e não havia, portanto, ocasião para produzir lá manchas de sangue. O comissário de polícia mostrou ser um homem preciso, ao descrever essas manchas. Não tinha um grande critério instrutório para penetrar os mistérios do crime, mas era preciso e firme como granito.

Mas ainda que existissem, diz a defesa, não se pode sustentar que, só por si, as manchas constituam uma prova. De acordo; mas primeiro dizia-se que eram de sangue e parecia, até, que provinham de uma hemorragia nasal; depois é que se disse que eram de vômitos. Mas a importância, aqui, não está tanto na natureza das manchas, como no cuidado que houve em fazê-las desaparecer. As manchas foram lavadas porque se queria fazer desaparecer um indício comprometedor; mas a tentativa não deu inteiro resultado e as manchas ficaram a ver-se. A própria tentativa para as fazer desaparecer, constitui mais um elo da cadeia probatória, que demonstra ter-se dado qualquer fato anormal naquela noite, em casa de Ca.

À meia-noite ouviram-se um ou dois ruídos. Não quero discutir esse ponto. Mas a testemunha Paltrinieri disse aqui que, tendo visto Ca. sair de casa por volta da meia-noite, notou que estava embaraçado e respondeu ao seu cumprimento com uma voz muito fraca.

Não preciso de mais nada. Ca. saía da sua casa. Não era um ladrão surpreendido, não era um amante a sair da casa de uma mulher casada.; saía da sua casa: por que estava, então, embaraçado? Porque, nas garras da ansiedade, depois da desgraça que o feriu mortalmente, que lhe tirou toda a possibilidade de fuga, principia a pensar: "Já me viram à meia-noite; há de saber-se que, a essa hora, descia eu as escadas da minha casa".

Depois de tudo isso, como é possível negar que, na noite de 9 de agosto, Renato Fornaciari foi a casa de Ca.?

Sexto fato certo

Sexto fato certo: Ca. compra os sacos na loja e espera, para isso, que ela esteja quase a fechar. Pede serapilheira porque sabe que o lojista lhe dirá: "Não tenho; veja se lhe servem uns sacos". A Rava e o Munari vêem-no nesse momento e notam ambos, sem saber um do outro, o seu aspecto "de homem ferido por uma desgraça" ou de "homem que, preocupado, procurasse um médico".

Onde foram parar os sacos? Não sei! Garofali disse que não viu nenhum saco na alquilaria de Baffino. Perderam-se?! Mas em casa de Ca. foi encontrado o papel que envolvia os sacos!

Ora, é certo que os sacos foram comprados por Ca. se é certo que foi encontrado o papel em que estavam embrulhados. Não será isso ainda o bastante para condenar Ca.; mas são nove os indícios, e indícios decisivos, que provam o crime, tal como nós o podemos reconstituir. E tudo nos leva a crer que, naquela noite, Ca., irritado, deu um formidável soco em Renato Fornaciari, muito menos robusto do que ele. Renato caiu por terra e morreu. Ca., desorientado, em vez de pensar em confessar o fato que, em parte, era uma infelicidade, pensa em tirar dali o cadáver, levando-o para sítio onde desapareçam os vestígios contra ele. E depois de ter deixado o cadáver em casa, vai comprar os sacos na noite imediata.

Sétimo fato certo

Sétimo fato certo: a saída com o embrulho na noite de 10 para 11. Já expliquei o equívoco de Bagnacani e Olmi, os guardas que viram o carro que da praça Gioberti se dirigia para a porta de S. Stefano. Um disse: "Vamos abrir"; mas tiveram de esperar, porque o carro esteve parado uns 10 ou 12 minutos. Pouco depois voltou a ouvir-se o rodar do carro. Se fosse um automóvel, o ruído teria sido diferente. E vêem um carro que avança aos ziguezagues. Era um cavalo zarolho, disse um defensor. Antes de mais, é preciso dizer que um cavalo zarolho tanto vê com um olho como com dois; mas o carro, naquela noite, seguia aos ziguezagues porque Ca. estava a viver um momento de desespero; levava um cadáver na sua companhia e precisava de atravessar a porta da cidade e passar com o macabro fardo, sem ser observado. Pensa: "nas portas da cidade encontrarei os guardas, que me conhecem".

Depois, esse homem que não está habituado a matar outros, devia sentir palpitar o coração quando teve de encostar a si aquele saco que envolvia um cadáver.

Os guardas disseram: "Todos os viajantes, especialmente quando chove, gritam antes para lhes abrirmos a porta". Pelo contrário, ele cala-se; mas logo que se apanha fora da cidade e vê que não foi descoberto, lança-se em uma corrida vertiginosa, o que leva os guardas a dizer: "aquele homem vai, certamente, matar-se". É esse o retrato de Ca., ao sair pelas portas de S. Stefano.

Esse fato é certo, não oferece dúvidas. Mas estaria Ca. naquele carro? O guarda Bagnacani não hesitou — logo que foi interrogado — em descrevê-lo como um homem gordo, corpulento, com uma barba em bico. Chega o dia do julgamento e ainda me lembro bem. Os senhores, nós, o público, sentimos estremecer a nossa consciência quando Bagnacani, voltando-se, disse: "É ele!". Portanto, na noite de 10 para 11 de agosto, à 1h e três quartos da manhã, Ca., com um grande volume no carro, saiu da cidade, a caminho da impunidade, à busca das trevas.

Oitavo fato certo

O cadáver de Renato Fornaciari foi encontrado nas condições de que todos devem recordar-se, no bosque de Cainago, naquela madrugada cuja recordação faz estremecer de horror a simples criatura humana que, ao descobrir o cadáver, teve a visão direta do crime.

Ca. conhecia o sítio, sabia que podia ali depositar um grande embrulho sem ser visto.

Era mais seguro lançá-lo ao Pó, disse o advogado de defesa. Sim, em hipótese tudo se pode fazer: Ca. podia, também, levar o cadáver para Gênova, feito em pedaços, e lançá-lo ao mar, como fez Olivo. Mas há um provérbio que diz: "O diabo tem uma capa com que cobre e outra com que descobre". Porque se os crimes tivessem de ser descobertos apenas pelo trabalho da polícia e dos juízes, haviam de descobrir-se muito menos. É que os criminosos têm lacunas no cérebro e pensam de maneira menos equilibrada e completa do que o homem normal, mesmo analfabeto e da sua classe social. Além disso, para atirar o cadáver ao Pó, Ca. teria de passar por Brescello ou por Colorno e podia ser visto por alguém.

Não se podia levar para o Pó? Podia. Uma caixa de cigarros vazia pode atirar-se de toda a parte, mas um embrulho com um cadáver é uma coisa diferente.

O certo, porém, é que o cadáver foi encontrado nas condições estabelecidas pelos peritos.

E antes deste macabro epílogo, temos a hora da morte! As duas horas depois de comer são uma circunstância que o primeiro exame estabelece de forma indubitável: aquele homem foi morto pouco depois da sua última refeição.

Mas a precisão da hora pode variar entre 5 ou 6 horas. Há, também, a digestão *post mortem,* porque o organismo morre lentamente e a digestão continua mesmo depois do golpe mortal.

O exame diz: não além de 6 horas. A própria qualidade da

comida ingerida pelo pobre Renato é um outro dado certo, uma âncora a que a vossa consciência se deve agarrar, por que é sólida, segura, inabalável: sabe-se que, nessa noite, Renato Fornaciari, à ceia, antes de ir a casa de Ca., comeu feijão verde em salada. Pois o perito, no estômago do seu cadáver, encontrou e distinguiu os restos do feijão verde, de que, então, ninguém tinha conhecimento. O que querem mais?

Tentou-se insinuar a dúvida de que a morte fosse devida à submersão. Impossível: o fato estava enxuto. Suicídio? Não, de maneira absoluta, porque os peritos observaram no cadáver a mobilidade, a deslocação da coluna vertebral: o soco dado em Renato Fornaciari atingiu-o no ponto em que os bois podem ser abatidos com uma choupa de ferro.

E foi perguntado aos peritos: com um soco poder-se-ia produzir essa lesão da coluna vertebral? Sim! Parece-me, pois, que pode considerar-se como dado certo: que Renato Fornaciari foi morto, cerca de 2 horas depois de ter comido, com um soco nas vértebras cervicais.

Nono fato certo

O nono e último fato que vou recordar em breves palavras, porque já falei nele anteriormente, é o procedimento de Ca., quando recebeu o telegrama do pai de Fornaciari, na manhã do dia 13, em Parma.

São esses, senhores jurados, os fatos certos de que dispõem para julgar. Liguem-nos uns aos outros com o vosso bom senso e com a tranqüilidade de espíritos honestos, e digam-me se pode hesitar-se em afirmar que foi Cesare Ca. quem matou Renato Fornaciari.

As explicações do acusado

Não chega ainda? Querem maior certeza? Pois bem: examinemos as explicações dadas por Ca. As explicações de um inocente são espontâneas, simples, naturais, isto é, segundo a ordem natural das coisas: não se cala, não está em guarda, nem faz esgrima. Ao contrário, as explicações de Ca. ou são inconcludentes, quando dá detalhes inúteis, a ponto de ser chamado à ordem pelos seus próprios advogados, ou são dilatórias, diferindo-as para um "depois" que nunca mais chega, ou são inverossímeis.

Primeira inverossimilhança de Ca.: a das letras que, diz ele, se venciam em 15 de agosto e de que ele foi antecipar o pagamento em 31 de julho, quando é certo que não tinha 3.000 francos para dar, nessa noite, ao advogado S... Inverossimilhança inegável.

Quando e como deu 2.500 francos a Renato Fornaciari? Naquela noite são vistos em três sítios diferentes, ceiam, por fim, juntos e Ca., quer me fazer acreditar que deu os 2.500 francos a Fornaciari no pórtico da igreja da Trindade, à luz da lâmpada pública, sem um recibo, sem a entrega da letra? E naquele dia tinham-se visto no hotel, no escritório e em casa! Mas alguém pode acreditar em semelhante coisa?

O frasco da tinta: outra afirmação inverossímil e desmentida. Àquela hora da noite acorda-se uma família, com a qual não se tem confiança, para pedir um tinteiro que devia ser restituído na manhã seguinte ou posto na janela? O tinteiro não estava na janela e a carta daquela noite foi escrita com lápis de cópia.

Ca. disse ainda que, na noite de 9 de agosto, foi ao escritório de Renato Fornaciari, mas não entrou porque ele estava em conversa íntima.

Ao contrário, a testemunha Civillini disse que entrou e se demorou uns cinco minutos. Então, para que negar ter entrado?

A ordem dada ao cocheiro Melloni para seguir pelas ruas menos freqüentadas, foi dada por Ca. Disse-o Melloni. E por que o negou Ca.?

A mentira, quando não é o efeito de uma doença mental, tem sempre um motivo. Por que motivo nega Ca. essas circunstâncias? É aos senhores que cabe julgá-lo.

Duas mentiras do acusado

Duas outras circunstâncias são de uma gravidade excepcional e juntas com todas as outras devem dissipar inteiramente as dúvidas.

O M. P. já as fez notar: Ca. disse: "Seguimos pela praça Gioberti, em direção ao pórtico da igreja da Trindade, onde entreguei o dinheiro a Renato, e depois eu segui pela rua Monzermone para ir à alquilaria do Baffino, onde estive entre 9 e meia e 10 e um quarto, para lhe dizer que me tivesse o cavalo preparado para partir nessa mesma noite".

Na alquilaria estava o empregado Garofali. Mas Garofali, pelo contrário, referiu uma circunstância decisiva; disse que Ca. foi lá às 18 horas mandar preparar o cavalo e o carro para essa noite; portanto, provavelmente, logo que saiu do escritório de Renato Fornaciari.

E foi-lhe perguntado: "Ca. voltou lá nessa tarde?" — "Não, veio à uma ou uma e meia da noite e foi-se embora com o carro".

Avaliem cuidadosamente essa circunstância e digam o que ela significa.

Na noite de 10 para 11, Ca. — contra todos os seus hábitos — encontra-se em Parma às 3 horas da manhã. Mas Ca. diz: "Cheguei a Parma antes das 3 horas", porque compreende que necessita explicar aquela hora insólita. O inocente diz "estive em casa, estive a jogar o bilhar, no café, no teatro". E indica testemunhas. Mas Ca., pelo que respeita à noite de 10 para 11, dá conta do tempo até à meia-noite e salta logo para a manhã seguinte, e quando se lhe pergunta: "Em que gastou o tempo da meia-noite às três da manhã?", responde que, para ele, depois da meia-noite é manhã.

Quando um acusado responde assim, estou tranqüilo quando peço a condenação.

Depois explica: "Em Parma, fui para o café Marchesi por volta das duas da manhã e às três fui à alquilaria".

Mas a testemunha Talvacchia, afirmou, de forma bem clara, que Ca. não esteve às duas da manhã no café Marchesi.

Aparece, então, o guarda noturno Bolzoni, testemunha de defesa, e diz que Ca., às duas da manhã, estava no café Marchesi. E onde estava o carro? Na estrada, na praça?

Chama-se de novo Talvacchia, que diz que Bolzoni é um semi-alcoolizado e desmente o guarda noturno porque, pelo seu turno de serviço, naquela noite e àquela hora, não podia estar perto do café Marchesi. O Presidente pergunta aos defensores de Ca. se pretendem a acareação do guarda noturno com a testemunha Talvacchia, que o desmente. E os advogados de Ca. não requerem a acareação... para eles, decerto, perigosa!

Depois, deve ter-se outra coisa em consideração: no café Marchesi, apesar de ser tarde, devia haver um criado. Por que não veio aqui o criado ou o patrão, a pessoa, em suma, que, naquela noite, serviu Ca. no café Marchesi?

Quem poderá acreditar afirmações dessas se não se indicam as testemunhas, como seria necessário para tranqüilizar a consciência dos julgadores?

As explicações de Ca. são, portanto, inatendíveis, são mentirosas. E assim chegamos ao fim.

Quem mais poderia ter cometido o crime?

Se não foi Ca. quem deu em Renato Fornaciari o soco que lhe causou a morte, visto que, indubitavelmente, não se trata de suicídio, mas de homicídio, outra pessoa o deve ter dado.

Reggio Emilia não é um deserto. Em 9 de agosto, no coração da vida citadina, Renato Fornaciari teria sido visto por alguém. Não é possível que a morte de um homem não tivesse deixado qualquer indício. Um homem não pode desaparecer em Reggio como nas florestas das montanhas.

Quando se dá um crime, o espírito da sociedade comove-se, tem frêmitos e palpitações, que suscitam recordações, observações e revelações. Teriam vindo à luz quaisquer circunstâncias, como sucedeu quanto a Ca., porque há sempre circunstâncias, suspeitas, indícios, que mais ou menos diretamente indicam a pista do crime e servem para descobrir o criminoso.

Assim é que, para Ca., além dos fatos certos e decisivos, que já aqui recordei, há muitas outras circunstâncias que resultam da vida desses dias. Sabemos, por exemplo, que o filho de Ca., em casa de Almansi, disse: "Renato Fornaciari entrou em nossa casa na noite de 9 de agosto, mas saiu logo em seguida". Portanto, o filho desmente o pai, pois afirma que Renato Fornaciari esteve em casa de Ca. na última noite da sua vida, ao passo que o pai negou sempre que Fornaciari tivesse ido a sua casa nessa noite! Uma testemunha de defesa referiu que a irmã de Ca., disse que, por essa altura, sucedera uma grande desgraça ao irmão. Don Terenziani disse ao juiz de instrução que na manhã de 10 de agosto encontrou Ca. que o cumprimentou com certa perturbação. Depois veio aqui e teve um escrúpulo de hesitação: talvez Don Terenziani, quando falou com o juiz de instrução, não soubesse que essa circunstância podia ter um certo valor.

Como vêem, a luz salta através de todos os poros da realidade. Ora, o mesmo teria acontecido se Renato Fornaciari tivesse sido morto por outra forma, em outro lugar, fora de Reggio. E ao contrário, nada aparece, falta em absoluto qualquer indício de que tenha sido morto por outros, em outro lugar, e em outras circunstâncias; porque isso não é a verdade, pois foi morto em casa de Ca. e por Ca.

Ainda mais: temos o depoimento de Barani o qual, antes de se ter descoberto o crime, antes do fermento da comoção ter incitado a fantasia, disse ao advogado Sanvarani: "Encontrei esta noite, perto da porta de S. Stefano, um carro com um grande embrulho, que parecia um porco morto."

Depois, a circunstância daquele carro ter as lanternas apagadas. É o Deus ignoto que surge das trevas e que da mesma forma sairia se Renato Fornaciari tivesse sido morto em outro lugar.

Senhores jurados, não lhes basta isso? São escrupulosos e severos? É o vosso dever e o vosso direito. Vamos, pois, para diante.

Habilidades da defesa

Reparem nas tentativas da defesa. A defesa jogou duas cartas. A primeira é aquela a que eu chamo "o mistério"! E falou-se, então, nos nomes de pessoas ausentes, que estão na América ou em outras regiões. É fácil jogar com o mistério, porque tudo o que não se explica é misterioso. Emílio Zola, na *Teresa Raquin*, diz: "O que não se sabe, não existe".

Mas tudo isso, como diz Hamlet, não passa de palavras, palavras, palavras. Não há nenhum fato concreto que sirva de base a um raciocínio.

A segunda carta da defesa, são os pretensos inimigos de Renato Fornaciari. Isso, porém, é uma coisa positiva e é preciso prová-la! Deu-se, para isso, uma longa lista de testemunhas. Mas no julgamento averiguou-se o contrário, isto é, que Renato Fornaciari não tinha inimigos. Nem um nome pôde ser indicado: e essa lenda, feita surgir artificialmente depois da descoberta do crime, voltou ao nada de onde havia saído.

E, pelo contrário, averiguou-se, luminosamente, que Renato Fornaciari era um bom rapaz, que pensava em constituir uma família venturosa. Mas eu conheci dois Fornaciari: o Renato honesto, anterior à morte e o Renato que se tentou criar depois da sua morte, envolvendo-o em negócios escuros. Averiguou-se, porém, que ele começou uma vida de trabalho, que lhe dava três a quatro mil liras por ano, nos primeiros tempos, e que depois atingiu dez ou doze mil liras. Só uma vez se desviou do bom caminho, mas voltou logo para ele. O negócio do aeroplano com o advogado S., a vítima dos usurários, é o único erro que se pode imputar a Renato Fornaciari. Mas não continuou por esse caminho errado porque era um desses inúmeros beneméritos da sociedade humana, um desses trabalhadores de quem a história não fala, porque quer que fiquem anônimos os inumeráveis trabalhadores das oficinas, dos campos, do comércio, da indústria e dos escritórios que todos os dias contribuem com o cumprimento do seu dever para o desenvolvimento econômico, social e moral, seu, da família, da pátria e da humanidade! Renato Fornaciari era um desses homens e, depois de o ter morto fisicamente, ainda se tenta matá-lo moralmente, no seu bom nome, e, através da sua memória enxovalhada, lançar o veneno na vida e no coração atormentado de seu pai, o garibaldino Giuseppe Fornaciari.

Não; os inocentes não se defendem assim. E se Ca. tentou essa defesa e se ela não vingou, isso confirma e garante que é ele o assassino de Renato Fornaciari!

A única explicação verdadeira

A única explicação que se harmoniza com os fatos certos que aqui expus, com os fatos indubitáveis que demonstrei, é esta: Cesare Ca. com um soco, dado sem intenção de matar, causou a morte de Renato Fornaciari e, conseqüentemente, surgiu nele a preocupação de se libertar do cadáver. O assassino é, indiscutivelmente, Cesare Ca.

Mas digamos tudo, senhores jurados. É certo que este julgamento não desvendou todos os ângulos obscuros de um mundo tenebroso. A morte de Renato não foi o resultado de um complô, como o público tinha fantasiado. Foi um crime que rasgou as nuvens que ocultavam um subterrâneo social — de vigarice e exploração — de cuja existência na cidade de Reggio Emilia ninguém suspeitava e que também em Milão acaba de ser descoberto, em um recente processo de usura. Vida patológica do mundo moderno, em que o dinheiro passou a ser a grande obsessão da vida humana. A obsessão do dinheiro e a usura, podem explicar-nos as reticências do advogado

S. e as ainda maiores do auxiliar Cantoni, preocupado em desviar a água do capote, até ao ponto de negar ter assinado uma letra, subscrita por ele.

Sim, mas eu creio, no entanto, que esses indivíduos sabem mais do que aquilo que disseram. Mas, senhores jurados, porque não podemos esclarecer todos os mistérios dos antros da usura, poderá concluir-se que Renato Fornaciari se tenha suicidado ou tenha sido morto por alguém, cujo nome se ignora? Não; todos os indícios, que constituem o processo, excluem uma e outra hipótese, desesperados artifícios da defesa, e tudo, pelo contrário, nos leva, lógica e necessariamente, à responsabilidade do acusado Ca. Não duvido, por isso, que os senhores jurados proferirão um veredicto que corresponderá à multânime consciência pública de Reggio Emilia.

Não essa consciência que ontem, pela boca do advogado Cocconi, tomou admiráveis aspectos oratórios, mas a consciência pública que resiste a toda a arte oratória e acerca da qual o colega Ligabue disse, com verdade, que nem uma só pessoa apareceu a proclamar a inocência de Ca. É essa a consciência pública neste processo.

Os senhores jurados farão, por isso, um ato de dever cívico e de educação social, condenando o homicida.

O pai da vítima

Senhores jurados: Há alguns anos que abandonei o foro criminal, que é uma arena onde se deixam muitos farrapos do coração e lampejos do pensamento. Deixei-a, para me dedicar a uma forma menos trabalhosa e mais tranqüila da nossa profissão, que é nobilíssima quando é nobremente exercida.

Há três meses, estava eu em Mantua. Um dia, à tarde, apareceu-me um velho a quem eu não conhecia, e disse-me: "Venho procurá-lo como advogado".

Eu ainda estava vibrante da luta eleitoral. O velho interessou-me. Era Giuseppe Fornaciari, que todos aqui viram, com o seu espírito garibaldino. Contou-me com voz despedaçada, com soluços espasmódicos, como lhe tinham morto o filho, que trabalhava, que era o sustentáculo da sua velhice. E concluiu, olhando-me, fremente, nos olhos: "Quero que lá vá dizer as suas palavras".

"Impossível. Eu já não advogo no crime. Quem são os seus advogados?"

"Borciani, Cocconi, Ligabue!"

"Se eles aceitaram", respondi, "isso é já, para mim, uma garantia; mas para firmar a minha convicção, preciso ver o processo".

O pobre velho julga que se trata de uma desculpa para lhe negar a minha cooperação, e chora! Prometo-lhe então que antes de voltar para Roma, renunciarei a meio dia de repouso para ir a Reggio. Vim e contaram-me a causa nos seus principais aspectos, o que me levou a dizer palavras de consolação a esse velho modesto, que é, em Reggio, um glorioso representante da luminosa ressurreição da Itália. Depois de ter estudado o processo, escrevi aos colegas dizendo que a responsabilidade do acusado me parecia formidavelmente demonstrada, apesar das deficiências da instrução. E os amigos responderam-me: "Aqui não se desconfia de mais ninguém".

Ora, eu estou aqui há quase um mês; estudo todos os atos da audiência pública, todos os dias faço um balanço dos indícios, recolho-os e formo a minha convicção a seu respeito, e porque são inatacáveis e evidentes, expu-los com toda a sinceridade. Eu também tenho filhos. E não quero voltar para casa com o remorso de vos ter pedido, sem provas, a condenação de uma criatura humana.

Não! Disse-vos, como a cidadãos honestos e livres, a minha convicção honesta e livre. A consciência pública espera dos senhores a luz da verdade acerca dos fatos que constituem a presente causa. E estou convencido que os senhores jurados vão proferir um veredicto que será a solene reafirmação da suprema lei da intangibilidade da vida humana. Darão uma resposta que ao velho pai do pobre morto restitua, ao menos, a paz nos últimos anos da sua vida. O vosso veredicto será, assim, para todos os homens, uma manifestação solene e austera de justiça social.

Disse.

A decisão foi absolutória. E provocou geral impressão de escândalo, falando-se em manobras escuras.

Algum tempo depois, o pai do assassinado, espírito ardente, matava Ca. e os jurados absolveram-no também.

Enrico Ferri*

Vida

Jurista e político italiano, Enrico Ferri nasceu em San Benedetto Po, Mantova, a 25 de fevereiro de 1856 e morreu em Roma a 12 de abril de 1929. Formou-se em 1877 na universidade de Bolonha com uma tese sobre *L'Imputabilità Umana e la Negazione del Libero Arbitrio* (*A Imputabilidade Humana e a Negação do Livre-Arbítrio*, 1879), e dois anos mais tarde foi continuar os estudos em Paris. De volta à Itália, foi catedrático de Direito Penal nas universidades de Bolonha, Siena, Pisa e Roma. Deputado em 1886, reelegeu-se mediante sucessivas legislaturas.

Diretor do jornal socialista *Avanti!*, entre 1900 e 1905, em 1919, Ferri foi nomeado presidente da comissão encarregada da reforma das leis penais italianas. O resultado de seu trabalho foi o *Progetto di Codice Penale Italiano* (*Projeto do Código Penal Italiano*, 1921) precedido de uma *Relazione*. Essa obra influenciou profundamente a legislação penal de diversos países, inclusive a do

* Fonte: *Enciclopédia Mirador*.

Brasil. Poucos anos antes de morrer, Ferri afastou-se do partido socialista e aderiu ao fascismo. Chegou a ser eleito senador, mas faleceu antes de empossado.

Projeção

Ferri é o principal representante da escola positivista no Direito Penal e o criador da sociologia criminal. Negando o livre-arbítrio e sua conseqüência, a responsabilidade moral, deslocou o problema do crime para o estudo do criminoso. O crime, segundo a escola positivista — e Ferri foi fundamentalmente um positivista que chegou ao socialismo pelas leituras da Darwin e Spencer —, é ocasionado por uma série de fatores antropológicos e sociais. Fenômeno natural e social, não pode o delinqüente ser considerado o único responsável por ele. O valor da punibilidade não está na sanção moral, a qual se justifica na medida em que se opõe aos fatores que ocasionaram a delinqüência, e como meio de evitar a reincidência. A partir daí, Ferri construiu a teorias dos *substitutivos penais*, remédios jurídicos que eliminam as razões da pena, anulando assim as razões do delito.

Obras

Entre as obras mais conhecidas de Ferri estão a *Sociologia Criminale* (*Sociologia Criminal*, 1929), *Socialismo e Criminalità* (*Socialismo e Criminalidade*, 1883), *Studi Sulla Criminalità* (*Estudos Sobre a Criminalidade*, 1926) e *Principi di Diritto Criminale* (*Princípios de Direito Criminal*, 1928).

Bibliografia

FRANCHI, Bruno. *Enrico Ferri, il Noto, il Mal Noto e l'Ignorato*. Torino, 1908.

COSTA, F. *Delitto e Pena Nella Storia del Pensiero Umano*. Torino, 1928.

RADULESCU, I. *Un Grand Savant: Enrico Ferri*. Bucarest, 1929.

Sumário

O Objetivo, a filosofia e a missão da Editora Martin Claret

O principal objetivo da Martin Claret é contribuir para a difusão da educação e da cultura, por meio da democratização do livro, usando canais de comercialização habituais, além de criar novos.

A filosofia de trabalho da Martin Claret consiste em produzir livros de qualidade a um preço acessível, para que possam ser apreciados pelo maior número possível de leitores.

A missão da Martin Claret é conscientizar e motivar as pessoas a desenvolver e utilizar o seu pleno potencial espiritual, mental, emocional e social.

O livro muda as pessoas. Revolucione-se: leia mais para ser mais!

MARTIN CLARET

Relação dos Volumes Publicados

1. Dom Casmurro
Machado de Assis
2. O Príncipe
Maquiavel
3. Mensagem
Fernando Pessoa
4. O Lobo do Mar
Jack London
5. A Arte da Prudência
Baltasar Gracián
6. Iracema / Cinco Minutos
José de Alencar
7. Inocência
Visconde de Taunay
8. A Mulher de 30 Anos
Honoré de Balzac
9. A Moreninha
Joaquim Manuel de Macedo
10. A Escrava Isaura
Bernardo Guimarães
11. As Viagens - "Il Milione"
Marco Polo
12. O Retrato de Dorian Gray
Oscar Wilde
13. A Volta ao Mundo em 80 Dias
Júlio Verne
14. A Carne
Júlio Ribeiro
15. Amor de Perdição
Camilo Castelo Branco
16. Sonetos
Luís de Camões
17. O Guarani
José de Alencar
18. Memórias Póstumas de Brás Cubas
Machado de Assis
19. Lira dos Vinte Anos
Álvares de Azevedo
20. Apologia de Sócrates / Banquete
Platão
21. A Metamorfose/Um Artista da Fome/Carta a Meu Pai
Franz Kafka
22. Assim Falou Zaratustra
Friedrich Nietzsche
23. Triste Fim de Policarpo Quaresma
Lima Barreto
24. A Ilustre Casa de Ramires
Eça de Queirós
25. Memórias de um Sargento de Milícias
Manuel Antônio de Almeida
26. Robinson Crusoé
Daniel Defoe
27. Espumas Flutuantes
Castro Alves
28. O Ateneu
Raul Pompéia
29. O Noviço / O Juiz de Paz da Roça / Quem Casa Quer Casa
Martins Pena
30. A Relíquia
Eça de Queirós
31. O Jogador
Dostoiévski
32. Histórias Extraordinárias
Edgar Allan Poe
33. Os Lusíadas
Luís de Camões
34. As Aventuras de Tom Sawyer
Mark Twain
35. Bola de Sebo e Outros Contos
Guy de Maupassant
36. A República
Platão
37. Elogio da Loucura
Erasmo de Rotterdam
38. Caninos Brancos
Jack London
39. Hamlet
William Shakespeare
40. A Utopia
Thomas More
41. O Processo
Franz Kafka
42. O Médico e o Monstro
Robert Louis Stevenson
43. Ecce Homo
Friedrich Nietzsche
44. O Manifesto do Partido Comunista
Marx e Engels
45. Discurso do Método / Meditações
René Descartes
46. Do Contrato Social
Jean-Jacques Rousseau
47. A Luta pelo Direito
Rudolf von Ihering
48. Dos Delitos e das Penas
Cesare Beccaria
49. A Ética Protestante e o Espírito do Capitalismo
Max Weber
50. O Anticristo
Friedrich Nietzsche
51. Os Sofrimentos do Jovem Werther
Goethe
52. As Flores do Mal
Charles Baudelaire
53. Ética a Nicômaco
Aristóteles
54. A Arte da Guerra
Sun Tzu
55. Imitação de Cristo
Tomás de Kempis
56. Cândido ou o Otimismo
Voltaire
57. Rei Lear
William Shakespeare
58. Frankenstein
Mary Shelley
59. Quincas Borba
Machado de Assis
60. Fedro
Platão
61. Política
Aristóteles
62. A Viuvinha / Encarnação
José de Alencar
63. As Regras do Método Sociológico
Émile Durkheim
64. O Cão dos Baskervilles
Sir Arthur Conan Doyle
65. Contos Escolhidos
Machado de Assis
66. Da Morte / Metafísica do Amor / Do Sofrimento do Mundo
Arthur Schopenhauer
67. As Minas do Rei Salomão
Henry Rider Haggard
68. Manuscritos Econômico-Filosóficos
Karl Marx
69. Um Estudo em Vermelho
Sir Arthur Conan Doyle
70. Meditações
Marco Aurélio
71. A Vida das Abelhas
Maurice Materlinck
72. O Cortiço
Aluísio Azevedo
73. Senhora
José de Alencar
74. Brás, Bexiga e Barra Funda / Laranja da China
Antônio de Alcântara Machado
75. Eugênia Grandet
Honoré de Balzac
76. Contos Gauchescos
João Simões Lopes Neto
77. Esaú e Jacó
Machado de Assis
78. O Desespero Humano
Sören Kierkegaard
79. Dos Deveres
Cícero
80. Ciência e Política
Max Weber
81. Satíricon
Petrônio
82. Eu e Outras Poesias
Augusto dos Anjos
83. Farsa de Inês Pereira / Auto da Barca do Inferno / Auto da Alma
Gil Vicente
84. A Desobediência Civil e Outros Escritos
Henry David Toreau
85. Para Além do Bem e do Mal
Friedrich Nietzsche
86. A Ilha do Tesouro
R. Louis Stevenson
87. Marília de Dirceu
Tomás A. Gonzaga
88. As Aventuras de Pinóquio
Carlo Collodi
89. Segundo Tratado Sobre o Governo
John Locke
90. Amor de Salvação
Camilo Castelo Branco
91. Broquéis/Faróis/ Últimos Sonetos
Cruz e Souza
92. I-Juca-Pirama / Os Timbiras / Outros Poemas
Gonçalves Dias
93. Romeu e Julieta
William Shakespeare
94. A Capital Federal
Arthur Azevedo
95. Diário de um Sedutor
Sören Kierkegaard
96. Carta de Pero Vaz de Caminha a El-Rei Sobre o Achamento do Brasil
97. Casa de Pensão
Aluísio Azevedo
98. Macbeth
William Shakespeare

99. **Édipo Rei/Antígona**
Sófocles

100. **Lucíola**
José de Alencar

101. **As Aventuras de Sherlock Holmes**
Sir Arthur Conan Doyle

102. **Bom-Crioulo**
Adolfo Caminha

103. **Helena**
Machado de Assis

104. **Poemas Satíricos**
Gregório de Matos

105. **Escritos Políticos / A Arte da Guerra**
Maquiavel

106. **Ubirajara**
José de Alencar

107. **Diva**
José de Alencar

108. **Eurico, o Presbítero**
Alexandre Herculano

109. **Os Melhores Contos**
Lima Barreto

110. **A Luneta Mágica**
Joaquim Manuel de Macedo

111. **Fundamentação da Metafísica dos Costumes e Outros Escritos**
Immanuel Kant

112. **O Príncipe e o Mendigo**
Mark Twain

113. **O Domínio de Si Mesmo pela Auto-Sugestão Consciente**
Émile Coué

114. **O Mulato**
Aluísio Azevedo

115. **Sonetos**
Florbela Espanca

116. **Uma Estadia no Inferno / Poemas / Carta do Vidente**
Arthur Rimbaud

117. **Várias Histórias**
Machado de Assis

118. **Fédon**
Platão

119. **Poesias**
Olavo Bilac

120. **A Conduta para a Vida**
Ralph Waldo Emerson

121. **O Livro Vermelho**
Mao Tsé-Tung

122. **Oração aos Moços**
Rui Barbosa

123. **Otelo, o Mouro de Veneza**
William Shakespeare

124. **Ensaios**
Ralph Waldo Emerson

125. **De Profundis / Balada do Cárcere de Reading**
Oscar Wilde

126. **Crítica da Razão Prática**
Immanuel Kant

127. **A Arte de Amar**
Ovídio Naso

128. **O Tartufo ou O Impostor**
Molière

129. **Metamorfoses**
Ovídio Naso

130. **A Gaia Ciência**
Friedrich Nietzsche

131. **O Doente Imaginário**
Molière

132. **Uma Lágrima de Mulher**
Aluísio Azevedo

133. **O Último Adeus de Sherlock Holmes**
Sir Arthur Conan Doyle

134. **Canudos - Diário de uma Expedição**
Euclides da Cunha

135. **A Doutrina de Buda**
Siddharta Gautama

136. **Tao Te Ching**
Lao-Tsé

137. **Da Monarquia / Vida Nova**
Dante Alighieri

138. **A Brasileira de Prazins**
Camilo Castelo Branco

139. **O Velho da Horta/Quem Tem Farelos?/Auto da Índia**
Gil Vicente

140. **O Seminarista**
Bernardo Guimarães

141. **O Alienista / Casa Velha**
Machado de Assis

142. **Sonetos**
Manuel du Bocage

143. **O Mandarim**
Eça de Queirós

144. **Noite na Taverna / Macário**
Álvares de Azevedo

145. **Viagens na Minha Terra**
Almeida Garrett

146. **Sermões Escolhidos**
Padre Antonio Vieira

147. **Os Escravos**
Castro Alves

148. **O Demônio Familiar**
José de Alencar

149. **A Mandrágora / Belfagor, o Arquidiabo**
Maquiavel

150. **O Homem**
Aluísio Azevedo

151. **Arte Poética**
Aristóteles

152. **A Megera Domada**
William Shakespeare

153. **Alceste/Electra/Hipólito**
Eurípedes

154. **O Sermão da Montanha**
Huberto Rohden

155. **O Cabeleira**
Franklin Távora

156. **Rubáiyát**
Omar Khayyám

157. **Luzia-Homem**
Domingos Olímpio

158. **A Cidade e as Serras**
Eça de Queirós

159. **A Retirada da Laguna**
Visconde de Taunay

160. **A Viagem ao Centro da Terra**
Júlio Verne

161. **Caramuru**
Frei Santa Rita Durão

162. **Clara dos Anjos**
Lima Barreto

163. **Memorial de Aires**
Machado de Assis

164. **Bhagavad Gita**
Krishna

165. **O Profeta**
Khalil Gibran

166. **Aforismos**
Hipócrates

167. **Kama Sutra**
Vatsyayana

168. **O Livro da Jângal**
Rudyard Kipling

169. **De Alma para Alma**
Huberto Rohden

170. **Orações**
Cícero

171. **Sabedoria das Parábolas**
Huberto Rohden

172. **Salomé**
Oscar Wilde

173. **Do Cidadão**
Thomas Hobbes

174. **Porque Sofremos**
Huberto Rohden

175. **Einstein: o Enigma do Universo**
Huberto Rohden

176. **A Mensagem Viva do Cristo**
Huberto Rohden

177. **Mahatma Gandhi**
Huberto Rohden

178. **A Cidade do Sol**
Tommaso Campanella

179. **Setas para o Infinito**
Huberto Rohden

180. **A Voz do Silêncio**
Helena Blavatsky

181. **Frei Luís de Sousa**
Almeida Garrett

182. **Fábulas**
Esopo

183. **Cântico de Natal/ Os Carrilhões**
Charles Dickens

184. **Contos**
Eça de Queirós

185. **O Pai Goriot**
Honoré de Balzac

186. **Noites Brancas e Outras Histórias**
Dostoiévski

187. **Minha Formação**
Joaquim Nabuco

188. **Pragmatismo**
William James

189. **Discursos Forenses**
Enrico Ferri

190. **Medéia**
Eurípedes

191. **Discursos de Acusação**
Enrico Ferri

192. **A Ideologia Alemã**
Marx & Engels

193. **Prometeu Acorrentado**
Ésquilo

194. **Iaiá Garcia**
Machado de Assis

195. **Discursos no Instituto dos Advogados Brasileiros / Discurso no Colégio Anchieta**
Rui Barbosa

196. **Édipo em Colono**
Sófocles

197. **A Arte de Curar pelo Espírito**
Joel S. Goldsmith

198. **Jesus, o Filho do Homem**
Khalil Gibran

199. **Discurso sobre a Origem e os Fundamentos da Desigualdade entre os Homens**
Jean-Jacques Rousseau

200. Fábulas
La Fontaine

201. O Sonho de uma Noite de Verão
William Shakespeare

202. Maquiavel, o Poder
José Nivaldo Junior

203. Ressurreição
Machado de Assis

204. O Caminho da Felicidade
Huberto Rohden

205. A Velhice do Padre Eterno
Guerra Junqueiro

206. O Sertanejo
José de Alencar

207. Gitanjali
Rabindranath Tagore

208. Senso Comum
Thomas Paine

209. Canaã
Graça Aranha

210. O Caminho Infinito
Joel S. Goldsmith

211. Pensamentos
Epicuro

212. A Letra Escarlate
Nathaniel Hawthorne

213. Autobiografia
Benjamin Franklin

214. Memórias de Sherlock Holmes
Sir Arthur Conan Doyle

215. O Dever do Advogado / Posse de Direitos Pessoais
Rui Barbosa

216. O Tronco do Ipê
José de Alencar

217. O Amante de Lady Chatterley
D. H. Lawrence

218. Contos Amazônicos
Inglês de Souza

219. A Tempestade
William Shakespeare

220. Ondas
Euclides da Cunha

221. Educação do Homem Integral
Huberto Rohden

222. Novos Rumos para a Educação
Huberto Rohden

223. Mulherzinhas
Louise May Alcott

224. A Mão e a Luva
Machado de Assis

225. A Morte de Ivan Ilicht / Senhores e Servos
Leon Tolstói

226. Álcoois e Outros Poemas
Apollinaire

227. Pais e Filhos
Ivan Turguêniev

228. Alice no País das Maravilhas
Lewis Carroll

229. À Margem da História
Euclides da Cunha

230. Viagem ao Brasil
Hans Staden

231. O Quinto Evangelho
Tomé

232. Lorde Jim
Joseph Conrad

233. Cartas Chilenas
Tomás Antônio Gonzaga

234. Odes Modernas
Anntero de Quental

235. Do Cativeiro Babilônico da Igreja
Martinho Lutero

236. O Coração das Trevas
Joseph Conrad

237. Thais
Anatole France

238. Andrômaca / Fedra
Racine

239. As Catilinárias
Cícero

240. Recordações da Casa dos Mortos
Dostoiévski

241. O Mercador de Veneza
William Shakespeare

242. A Filha do Capitão / A Dama de Espadas
Aleksandr Púchkin

243. Orgulho e Preconceito
Jane Austen

244. A Volta do Parafuso
Henry James

245. O Gaúcho
José de Alencar

246. Tristão e Isolda
Lenda Medieval Celta de Amor

247. Poemas Completos de Alberto Caeiro
Fernando Pessoa

248. Maiakósvski
Vida e Poesia

249. Sonetos
William Shakespeare

250. Poesia de Ricardo Reis
Fernando Pessoa

251. Papéis Avulsos
Machado de Assis

252. Contos Fluminenses
Machado de Assis

253. O Bobo
Alexandre Herculano

254. A Oração da Coroa
Demóstenes

255. O Castelo
Franz Kafka

256. O Trovejar do Silêncio
Joel S. Goldsmith

257. Alice na Casa dos Espelhos
Lewis Carrol

258. Miséria da Filosofia
Karl Marx

259. Júlio César
William Shakespeare

260. Antônio e Cleópatra
William Shakespeare

261. Filosofia da Arte
Huberto Rohden

262. A Alma Encantadora das Ruas
João do Rio

263. A Normalista
Adolfo Caminha

264. Pollyanna
Eleanor H. Porter

265. As Pupilas do Senhor Reitor
Júlio Diniz

266. As Primaveras
Casimiro de Abreu

267. Fundamentos do Direito
Léon Duguit

268. Discursos de Metafísica
G. W. Leibniz

269. Sociologia e Filosofia
Émile Durkheim

270. Cancioneiro
Fernando Pessoa

271. A Dama das Camélias
Alexandre Dumas (filho)

272. O Divórcio / As Bases da Fé / e outros textos
Rui Barbosa

273. Pollyanna Moça
Eleanor H. Porter

274. O 18 Brumário de Luís Bonaparte
Karl Marx

275. Teatro de Machado de Assis
Antologia

276. Cartas Persas
Montesquieu

277. Em Comunhão com Deus
Huberto Rohden

278. Razão e Sensibilidade
Jane Austen

279. Crônicas Selecionadas
Machado de Assis

280. Histórias da Meia-Noite
Machado de Assis

281. Cyrano de Bergerac
Edmond Rostand

282. O Maravilhoso Mágico de Oz
L. Frank Baum

283. Trocando Olhares
Florbela Espanca

284. O Pensamento Filosófico da Antiguidade
Huberto Rohden

285. Filosofia Contemporânea
Huberto Rohden

286. O Espírito da Filosofia Oriental
Huberto Rohden

287. A Pele do Lobo / O Badejo / o Dote
Artur Azevedo

288. Os Bruzundangas
Lima Barreto

289. A Pata da Gazela
José de Alencar

290. O Vale do Terror
Sir Arthur Conan Doyle

291. O Signo dos Quatro
Sir Arthur Conan Doyle

292. As Máscaras do Destino
Florbela Espanca

293. A Confissão de Lúcio
Mário de Sá-Carneiro

294. Falenas
Machado de Assis

295. O Uraguai / A Declamação Trágica
Basílio da Gama

296. Crisálidas
Machado de Assis

297. Americanas
Machado de Assis

298. A Carteira de Meu Tio
Joaquim Manuel de Macedo

299. Catecismo da Filosofia
Huberto Rohden

301. Rumo à Consciência Cósmica
Huberto Rohden

302. **Cosmoterapia**
Huberto Rohden

303. **Bodas de Sangue**
Federico García Lorca

304. **Discurso da Servidão Voluntária**
Étienne de la Boétie

305. **Categorias**
Aristóteles

306. **Manon Lescaut**
Abade Prévost

307. **Teogonia / Trabalhos e Dias**
Hesíodo

308. **As Vítimas Algozes**
Joaquim Manuel de Macedo

309. **Persuasão**
Jane Austen

Série Ouro
(Livros com mais de 400 p.)

1. **Leviatã**
Thomas Hobbes

2. **A Cidade Antiga**
Fustel de Coulanges

3. **Crítica da Razão Pura**
Immanuel Kant

4. **Confissões**
Santo Agostinho

5. **Os Sertões**
Euclides da Cunha

6. **Dicionário Filosófico**
Voltaire

7. **A Divina Comédia**
Dante Alighieri

8. **Ética Demonstrada à Maneira dos Geômetras**
Baruch de Spinoza

9. **Do Espírito das Leis**
Montesquieu

10. **O Primo Basílio**
Eça de Queirós

11. **O Crime do Padre Amaro**
Eça de Queirós

12. **Crime e Castigo**
Dostoiévski

13. **Fausto**
Goethe

14. **O Suicídio**
Émile Durkheim

15. **Odisséia**
Homero

16. **Paraíso Perdido**
John Milton

17. **Drácula**
Bram Stocker

18. **Ilíada**
Homero

19. **As Aventuras de Huckleberry Finn**
Mark Twain

20. **Paulo – O 13º Apóstolo**
Ernest Renan

21. **Eneida**
Virgílio

22. **Pensamentos**
Blaise Pascal

23. **A Origem das Espécies**
Charles Darwin

24. **Vida de Jesus**
Ernest Renan

25. **Moby Dick**
Herman Melville

26. **Os Irmãos Karamazovi**
Dostoiévski

27. **O Morro dos Ventos Uivantes**
Emily Brontë

28. **Vinte Mil Léguas Submarinas**
Júlio Verne

29. **Madame Bovary**
Gustave Flaubert

30. **O Vermelho e o Negro**
Stendhal

31. **Os Trabalhadores do Mar**
Victor Hugo

32. **A Vida dos Doze Césares**
Suetônio

34. **O Idiota**
Dostoiévski

35. **Paulo de Tarso**
Huberto Rohden

36. **O Peregrino**
John Bunyan

37. **As Profecias**
Nostradamus

38. **Novo Testamento**
Huberto Rohden

39. **O Corcunda de Notre Dame**
Victor Hugo

40. **Arte de Furtar**
Anônimo do século XVII

41. **Germinal**
Émile Zola

42. **Folhas de Relva**
Walt Whitman

43. **Ben-Hur — Uma História dos Tempos de Cristo**
Lew Wallace

44. **Os Maias**
Eça de Queirós

45. **O Livro da Mitologia**
Thomas Bulfinch

46. **Os Três Mosqueteiros**
Alexandre Dumas

47. **Poesia de Álvaro de Campos**
Fernando Pessoa

48. **Jesus Nazareno**
Huberto Rohden

49. **Grandes Esperanças**
Charles Dickens

50. **A Educação Sentimental**
Gustave Flaubert

51. **O Conde de Monte Cristo (Volume I)**
Alexandre Dumas

52. **O Conde de Monte Cristo (Volume II)**
Alexandre Dumas

53. **Os Miseráveis (Volume I)**
Victor Hugo

54. **Os Miseráveis (Volume II)**
Victor Hugo

55. **Dom Quixote de La Mancha (Volume I)**
Miguel de Cervantes

56. **Dom Quixote de La Mancha (Volume II)**
Miguel de Cervantes

58. **Contos Escolhidos**
Artur Azevedo

59. **As Aventuras de Robin Hood**
Howard Pyle